La Crise

POUR LES NULS

« Pour les Nuls » est une marque déposée de Wiley Publishing, Inc.
« For Dummies » est une marque déposée de Wiley Publishing, Inc.
© Éditions First-Gründ, Paris, 2012. Publié en accord avec Wiley Publishing, Inc.
60, rue Mazarine
75006 Paris – France
Tél. 01 45 49 60 00
Fax 01 45 49 60 01
Courriel : firstinfo@efirst.com
Internet : www.editionsfirst.fr

ISBN : 978-2-7540-3987-1
Dépôt légal : octobre 2012
Imprimé en France

Ouvrage dirigé par : Benjamin Arranger
Secrétariat d'édition : Capucine Panissal
Correction : Marion Bello
Dessins humoristiques : Marc Chalvin
Mise en page : ReskatoЯ 🐞
Fabrication : Antoine Paolucci
Production : Emmanuelle Clément

Le Code de la propriété intellectuelle interdit les copies ou reproductions destinées à une utilisation collective. Toute représentation ou reproduction intégrale ou partielle faite par quelque procédé que ce soit, sans le consentement de l'auteur ou de ses ayants cause, est illicite et constitue une contrefaçon sanctionnée par les articles L335-2 et suivants du Code de la propriété intellectuelle.

La Crise
POUR LES NULS

Michel Musolino

À propos de l'auteur

Michel Musolino est professeur d'économie. Formé à Sciences Po, d'abord dans la section économique et financière puis, sous l'autorité de Raoul Girardet, dans le cycle d'histoire du XXe siècle, il enseigne l'économie en classes préparatoires et dans des écoles de commerce à vocation internationale, comme l'Institut supérieur de gestion.

Il est l'auteur de plusieurs essais économiques, dont *Crises et fluctuations économiques* (Ellipses, 1997, nouvelle édition 2010), *L'Imposture économique* (Textuel, 1997), ouvrage traduit en plusieurs langues dont le coréen, *La Défaite du travail* (L'Écart, 1999), *Le Trader et la Ménagère : enquête sur l'hypercapitalisme* (First, 2009) et le best-seller *L'Économie pour les Nuls* (First, 2e édition, 2011), qui s'est vendu à plus de 60 000 exemplaires.

Michel Musolino est également l'auteur d'un roman policier (*Plus dur sera le chiite*, Baleine, 1998), d'un livre consacré à la géopolitique du Vatican (*Le Troisième Secret de Fatima*, Le Cherche Midi, 2006), d'une petite anthologie des «pensées» de Silvio Berlusconi (*Berlusconneries*, Le Cherche Midi, 2009) et de *150 idées reçues sur la France* (First, 2012).

Remerciements

Tous mes remerciements à Thomas Rigaudeau, pour son aide précieuse.

Sommaire

Introduction 1

À propos de ce livre 3
Les conventions utilisées dans ce livre 5
Comment ce livre est organisé 5
    Première partie : Qu'est-ce qu'une crise ? 5
    Deuxième partie : L'engrenage 5
    Troisième partie : Tous coupables ? 5
    Quatrième partie : La partie des Dix 6
    Cinquième partie : Annexes 6
Les icônes utilisées dans ce livre 6
Et maintenant, par où commencer ? 7

Première partie : Qu'est-ce qu'une crise ? 9

Chapitre 1 : La mécanique des crises 11

Pannes et dysfonctionnements 12
    Trop ou pas assez ? 12
    Structure et conjoncture 13
Complexité des crises 14
La crise comme révélateur de tensions 15
    La nouveauté destructrice 15
    Décalages 16
    Évolution ou révolution ? 17
La crise comme dépassement 17

Chapitre 2 : Les crises du passé 21

Les crises du XIXe siècle 21
    Les crises agricoles ou d'« Ancien Régime » 22
    Les crises mixtes 22
    Les crises capitalistes 23
La crise de 1929 25
    Les années (complètement) folles 25
    L'engrenage 27
La crise de 1973 28

Une crise paradoxale 28
Le couple infernal inflation-chômage 29
L'inefficacité des politiques économiques 30
Les impasses structurelles 30

Chapitre 3 : Crise de tête : explications et controverses 33

La crise est due à l'insuffisance de la demande 34
   Marx et le suicide du capital 34
   Keynes le réformateur 35
Les explications libérales et monétaires 36
   Friedman et la stagflation 36
   Les théories monétaristes 37
   L'erreur monétaire 38
Les explications en termes d'innovation et de régulation 39
   Schumpeter et le rôle de l'innovation 39
   L'école de la régulation 41
Crise ou cycle ? 44
   Le cycle Juglar 44
   Le cycle Kondratiev 45
   Les explications des cycles 47

Chapitre 4 : Spécificités de la crise actuelle 51

Jeux de miroirs 51
La logique des crises 53
   Quand la crise rencontre la crise 54
   Le sens de la crise 54
   Paradoxes d'une crise 55
   La crise que nous vivons pourrait bien être la crise de l'endettement 56
Le Déjeuner sur l'herbe ou le déni français 57
   L'exception française 57
   La France dans le doute 58
   Le déni français 59
   Faiblesse ou vertu ? 60

Deuxième partie : L'engrenage *63*

Chapitre 5 : Endettement et financiarisation 65

Le piège de l'endettement 65

Vivre à crédit ... 66
« Ninja », le client idéal ... 67
La titrisation ... 68
Fannie et Freddie sont sur un bateau... ... 69
La main au panier ... 70
Les CDO ... 70
Assurance et notation ... 71
Une folie planétaire ... 74
Royaume-Uni ... 74
Islande ... 75
Irlande ... 75
Espagne ... 76

Chapitre 6 : L'implosion des banques ... 79

L'effondrement ... 79
Le « Ninja » casse la baraque ... 79
L'été meurtrier ... 80
Pertes et tracas ... 83
Des mariages et un enterrement ... 84
Crise bancaire, deuxième ... 88
Le spectre du credit crunch ... 90

Chapitre 7 : L'effondrement des Bourses ... 95

Le krach permanent ... 95
Une instabilité chronique ... 96
Le krach d'octobre 2008 ... 96
Les dégâts de la spéculation ... 98
Explications et faux-semblants ... 99
Il n'y a de nouveau que ce qui a été oublié ... 100
Une myopie schizophrène ... 100
La rumeur et la peur ... 101
The science of trading ... 103

Chapitre 8 : De la crise de la dette à la crise de l'euro ... 107

La dette des États (ou comment la solution devient le problème) ... 107
La (grosse) goutte qui fait déborder le vase ... 107
L'envolée de la dette française ... 108
L'étau des taux ... 109
L'euro dans la tourmente ... 111

La faille 112
La descente aux enfers de la Grèce 112
Un cruel jeu de dominos 114
Il y a du défaut dans l'Eire 115
Le fado du Portugal 116
L'immobilier ou le vice-roi d'Espagne 117
Le naufrage de la dolce vita italienne 118
L'euro au banc des accusés 119

Chapitre 9 : Rigueur et récession 123

Échec à la relance ? 123
La contagion 123
Le sauvetage de l'automobile américaine :
une exception ? 124
Courbe en « U » ou en « W » 127
Le poids de la rigueur 127
Serrez les ceintures 128
Monti ou l'étreinte du python 129
Le tournant ou l'impasse ? 131
Le modèle allemand et ses limites 132
Les risques du modèle allemand 133
Le cas de la France 134
Sur la même galère 136

Troisième partie : Tous coupables ? 139

Chapitre 10 : Accusé n° 1 : la finance et la banque 141

Greed is good 141
L'éthique est toc 143
Une « délinquance sans délinquants » 145
La théorie financière : « un édifice bâti sur du sable » 148
Chevaucher le chaos 149
« Hasard sage » contre « hasard sauvage » 150
Les errements de la banque 151
Erreurs coupables 151
L'opacité et l'aléa 152
Mauvaises notes 153
Le rôle pervers des nouvelles règles comptables 154
La bonne et la mauvaise finance 155

Chapitre 11 : Accusé n° 2 : le marché ... 159

Market rules the world ... 159
La rationalité douteuse des marchés financiers ... 161
   Esprits animaux et concours de beauté ... 162
   Des marchés, malgré tout, efficients ? ... 163
   Esprits critiques ... 164
   Le trader est un caméléon ... 166
   Stiglitz et la théorie de la défaillance des marchés
   par l'information imparfaite ... 167
Les (faux) adieux du marché ... 168
   Chronique d'une mort annoncée ... 168
   Garde-fou ... 170
Le gai savoir des économistes : règlements de comptes
à Éco-Corral ... 171
   Les claques de la « main invisible » ... 171
   Courant alternatif ... 172

Chapitre 12 : Accusé n° 3 : la mondialisation et l'UE ... 175

La mondialisation, source de tous les maux ? ... 175
   Éloge et dégâts du libre-échange ... 176
   Les dindons et les oies sauvages ... 178
L'Europe, mère de tous les maux ? ... 182
Tentations protectionnistes et nouvelle donne planétaire ... 186
   Le protectionnisme nouveau est arrivé ... 186
   Un débat dépassé ... 188
   Le retour de Marshall ... 190

Chapitre 13 : Accusé n° 4 : l'État ... 193

Le déclin et la chute de l'État providence ... 194
L'État dans l'impasse ... 195
   Le dépècement de l'État et la démission
   des politiques ... 196
Vivons-nous au-dessus de nos moyens ? ... 198
   Le passager clandestin et la vache à lait ... 199
   Un modèle social de luxe ... 200
L'ineptie de la politique monétaire ... 201
   La leçon du prix Nobel ... 202
   Von Hayek ou la leçon autrichienne ... 204

Chapitre 14 : Comment en sortir ? 209

Sortir de la dette 209
    La rigueur 210
    La croissance 213
    La dette, l'inflation et la déflation 214
    Des solutions plus radicales 216
Peut-on lutter contre le chômage ? 219
    Chômage, ô désespoir… 220
    La croissance et la flexibilité ? 221
    Modèle scandinave ou modèle allemand ? 222
Réguler le capitalisme 223

Quatrième partie : La partie des Dix 227

Chapitre 15 : Dix conséquences de la crise au quotidien 229

La baisse de la consommation 229
La métamorphose du travail 230
La difficulté d'accès au logement 230
La famille comme recours 231
Le vieillissement 232
Le suicide 233
L'épargne 234
La « panne » de l'automobile 235
La pauvreté 236
La santé 236

Chapitre 16 : Dix questions sur la crise 239

La crise a-t-elle été prévue et pouvait-elle être évitée ? 239
Les responsables sont-ils connus et ont-ils été sanctionnés ? 240
La croissance peut-elle revenir, ou sommes-nous condamnés à la récession ? 242
L'euro et l'Europe sont-ils condamnés ? 243
Où sont partis les 5 milliards de Jérôme Kerviel ? 243
Les prix vont-ils encore augmenter ? 244
Existe-t-il des États non endettés ? 245
La crise touche-t-elle tous les pays ? 246

Si nous sortons de cette crise, y en aura-t-il une autre,
et à quoi ressemblera-t-elle ? 247
Quel monde laisserons-nous à nos enfants ? 248

Chapitre 17 : Dix points de vue sur la crise 251

Les économistes atterrés 251
La leçon posthume de Maurice Allais 252
Le mea culpa d'Alan Greenspan 253
Le Vatican fait des bulles 254
La vieille dame indignée 255
Le milliardaire éclairé 256
Crise et chuchotements : un soupçon de complot 256
Les libéraux et la crise : la « défense autrichienne » 259
Robert Boyer : définanciariser l'économie 260
L'Apocalypse selon Paul 260

Chapitre 18 : Les dix piliers de la sagesse financière 263

« Le génie financier précède la chute » 263
« Les marchés sont amnésiques » 264
« Les marchés financiers sont à la recherche permanente de
l'invention de la roue… » 264
« Les sots sont, tôt ou tard, séparés de leur argent » 265
« Les arbres ne poussent jamais jusqu'au ciel » 265
« Acheter la rumeur et vendre l'information » 266
« Acheter au son du canon et vendre au son du violon » 267
« On ne rattrape pas un couteau qui tombe » 268
« Bulls can win, bears can win, but pigs get killed » 268
« L'efficience des marchés n'est que celle des institutions qui
les encadrent » 269

Cinquième partie : Annexes *271*

Annexe A : Lexique 273

Annexe B : Pour aller plus loin 281

Margin Call 281
It's a Free World 282
Keynes vs Hayek 282
Le B.-a.-ba de la crise des subprimes 284

XVIII La Crise pour les Nuls

    Españistan 284
    Inside Job 285
    Crise de lire 286

Index *287*

Introduction

*P*endant l'été 2007, le monde a été suspendu au-dessus du gouffre. Les comportements irresponsables de la finance ont mis le système bancaire mondial en situation de faillite.

Immédiatement, le souvenir de la crise de 1929 est revenu à la mémoire des observateurs, avec son enchaînement catastrophique : faillite des banques, effondrement du crédit, dévastation de l'industrie, chômage massif.

Les gouvernements, instruits par l'expérience historique, nous ont, semble-t-il, évité le pire. Mais, depuis cet été de tous les dangers, la crise s'est propagée dans nos économies, prenant des formes changeantes mais dans tous les cas inquiétantes : krach boursier, crise de la dette des États, crise de l'euro, austérité, récession.

Des errements de la finance au désordre généralisé, la crise s'est installée.

La situation est d'autant plus sérieuse que resurgissent de vieux problèmes, jamais réellement réglés depuis la crise des années 1970.

Quand on se retourne sur les dernières décennies, l'impression s'impose d'une crise qui dure depuis cet automne de 1973, lorsque le choc pétrolier est venu mettre fin de manière péremptoire à une période glorieuse de trente ans de croissance.

Les expressions utilisées pour décrire les années qui ont suivi (les «trente piteuses») soulignent la réalité d'une crise qui dure. Ainsi, depuis 1973, les crises succèdent aux crises. Une nouvelle crise commence, sans que personne n'ait eu l'idée, ou le courage, d'annoncer la fin de la précédente. Pourtant, des périodes fastes, l'économie mondiale en a connu depuis les sombres années 1970. En commençant par la décennie 1980-1990, celle de la victoire sur l'inflation, marquée aux États-Unis par la croissance la plus longue et la plus forte de ce pays, avec un nombre d'emplois créés mirobolant. Ou la renaissance impressionnante du Royaume-Uni dans la même période. Sans oublier le décollage de pays de l'ancien tiers-monde que l'on croyait condamnés à un sommeil perpétuel : la Chine, le Brésil, l'Inde sont devenus des géants. Même la France a connu des moments relativement heureux : croissance, excédents commerciaux, réduction de la dette. C'était à la fin des années 1990.

Aujourd'hui, la nouvelle crise se présente sous des aspects d'une gravité extrême et, des années après son commencement, on a l'impression qu'au lieu d'en sortir nous nous y engluons de plus en plus profondément. Et certains n'hésitent pas à nous souffler à l'oreille que nous n'avons encore rien vu, que le pire est pour demain.

En attendant, les ravages de la crise sont chaque jour plus visibles : les usines ferment, le taux de chômage, notamment des jeunes, atteint dans les pays d'Europe du Sud des niveaux ahurissants : 30 % en Italie, 50 % en Espagne. Les plans de rigueur étranglent les ménages, les revenus sont à la peine, alors que le poids des impôts, des taxes et de l'énergie s'alourdit.

Les tensions sociales sont exacerbées ; en Grèce ou en Espagne, des affrontements violents se multiplient. Des mouvements de contestation se développent même dans des pays paisibles comme les États-Unis ou le Canada.

Autre phénomène inquiétant, la France voit se multiplier autour de ses frontières le cas de pays qui tombent ou qui menacent de tomber : la Grèce, l'Irlande, l'Espagne, l'Italie.

L'État, qui jusque-là semblait être le dernier rempart inexpugnable face à toutes les calamités, se révèle fragile, impuissant, réduit lui aussi à rendre des comptes comme n'importe quel débiteur imprévoyant.

L'impact politique est ravageur. Aux élections, les gouvernements en place, gauche et droite réunies, sont sortis sans ménagement. Dans toute l'Europe, des mouvements radicaux se développent. Des propos indignes sont tenus, non par quelque groupuscule irresponsable, mais par des députés ou des ministres.

Pour rendre la situation encore plus inquiétante, la cacophonie médiatique s'amplifie : journalistes, économistes, hommes politiques viennent nous dire, avec une belle assurance, l'exact contraire de ce qu'ils affirmaient hier.

Les uns accusent la finance et son avidité, les autres s'en prennent à l'État et à ses largesses, aux assistés, aux immigrés. D'autres désignent l'euro comme la source de tous les maux, d'autres la Chine perfide qui copie nos produits, paie ses ouvriers un bol de riz et pollue le pays et la planète. Le marché ou l'État est, un jour, le problème, et le lendemain la solution.

L'éparpillement des analyses et des jugements n'a d'égal que l'éparpillement apparent des faits. Quel rapport entre la dette grecque et le prix des maisons en Floride ? Entre les problèmes de la monnaie thaïlandaise et la flambée du prix des matières premières ? Entre les problèmes de l'euro et l'endettement américain ?

À propos de ce livre

L'ambition de ce livre est de recomposer le puzzle de la crise. De montrer qu'il existe un fil conducteur entre les folies de la finance américaine et le drame de la Grèce. Que la crise, dans un monde unifié, est un mécanisme implacable qui touche toute l'humanité et dans lequel chacun a sa responsabilité.

Recomposer cette mécanique est une tâche d'autant plus délicate que les analyses ne nous renvoient plus à des positions idéologiques rassurantes où l'on aurait, par exemple, d'un côté la droite conservatrice et de l'autre la gauche progressiste – les keynésiens généreux et des libéraux rigoureux. Nous sommes dans un monde où la gauche privatise et où les libéraux nationalisent. Où les conservateurs, voire les réactionnaires, prônent la «réforme», et où les «progressistes» se muent en défenseurs des acquis. Où l'extrême gauche et l'extrême droite s'opposent violemment tout en proposant la même chose – la sortie de l'euro par exemple.

Au milieu de cette cacophonie, image pathétique, les ouvriers se mettent en grève, arrêtent la production pour protester contre la fermeture de leur usine. Pendant ce temps, les industries qui se portent le mieux sont celles du luxe.

C'est un autre aspect de la crise, et des plus consternants.

Quelques évidences s'imposent toutefois :

- **La crise est grave.** Les faits sont éloquents : lorsque 1 jeune sur 2 ou sur 3 est privé d'emploi, lorsque tel État ou telle région annonce qu'il ou elle « n'a pas assez d'argent pour finir le mois » (cas de la Catalogne en juillet 2012), lorsque les entreprises ferment leurs usines et annoncent des pertes colossales, la situation ne peut être que grave.
- **L'urgence domine.** L'autre évidence est que la crise a instauré la dictature de l'urgence. La crise est profonde, structurelle, mais certains problèmes sont à régler sans délai. Ainsi, on nationalise telle banque en quelques jours ; ainsi, un chef de gouvernement fait voter la réforme des retraites la veille d'un sommet européen pour « ne pas se présenter les mains vides ». Sans parler de ces plans improvisés de soutien à l'automobile, ou à un autre secteur en difficulté.
- **Les problèmes sont difficiles à régler et ne le seront pas forcément.** On comprend bien que la crise est structurelle, qu'elle demande une refonte de nos structures économiques et une révision de nos modes de vie. La dictature de l'urgence nous oblige à en régler certains (retraites), mais il n'est pas sûr que nous apportions des solutions durables aux problèmes les plus profonds.

Ce livre fait donc le pari de rendre la compréhension de la crise accessible au plus grand nombre sans sacrifier la qualité du propos. Nous avons essayé de nous mouvoir entre deux écueils : celui d'une présentation simpliste de phénomènes complexes, inévitablement fautive, et celui d'une présentation complaisamment ésotérique de phénomènes qui ne le sont pas forcément.

Toutefois, par moments, le propos sera inévitablement délicat. Mais, avec un peu de patience, le lecteur pourra accéder, nous l'espérons, peut-être pas au nirvana du savoir économique, mais du moins au savoir auquel a droit tout honnête homme. Et puis c'est la crise, non ? Il faut bien faire un petit sacrifice !

Les conventions utilisées dans ce livre

Lorsque je parle d'un organisme ou d'une organisation économique et que, dans le langage courant, ils sont désignés par un sigle (par exemple, le FMI), je donne leur nom complet entre parenthèses à la première occurrence ; par la suite, je les écris normalement en utilisant l'abréviation usuelle.

Comment ce livre est organisé

Ce livre est divisé en cinq parties.

Première partie : Qu'est-ce qu'une crise ?

Cette partie est une présentation d'ensemble du phénomène « crise », avec le rappel des grandes crises du passé et les explications que les théoriciens en ont données.

Deuxième partie : L'engrenage

Cette partie porte sur les mécanismes de la crise, sur son déroulement. On a particulièrement souligné l'enchaînement des différents épisodes, et leur logique.

Troisième partie : Tous coupables ?

Cette partie est axée sur la recherche des responsabilités de la crise et, à travers elle, aux éclairages différents sur la nature même de la crise.

Quatrième partie : La partie des Dix

C'est l'inévitable « partie des Dix ». Ici, elle condense l'essentiel du propos autour des questions que l'on se pose sur la crise, ou de son impact sur la vie quotidienne.

Cinquième partie : Annexes

Cette partie comprend des outils pédagogiques, un lexique, l'index des noms et quelques conseils de lectures (ou autres) pour aller plus loin.

Les icônes utilisées dans ce livre

Des icônes placées dans la marge tout au long de l'ouvrage vous permettront de repérer en un clin d'œil le type d'informations proposées selon les passages du texte. Elles orientent votre lecture au gré de vos envies ou vous aident à revenir sur tel ou tel point précis. En voici la liste :

Cette icône vous met en garde contre des affirmations ou des simplifications qui peuvent être fausses ou discutables. Elles abondent en ce qui concerne la crise.

Rien ne vaut un bon exemple pour asseoir une démonstration, un mécanisme ou une situation.

Des faits, des analyses parfois étonnantes qui peuvent jeter un éclairage nouveau sur le problème étudié.

C'est le rappel de vérités ou de données fondamentales à bien garder en tête : mécanismes, faits, personnages qui ont particulièrement marqué l'histoire de la crise.

La crise donne lieu à d'âpres controverses. Cette icône indique une opposition ou un débat théorique entre économistes. Chacun choisira son camp, après avoir compris.

 Cette icône signale la présence d'explications un peu plus difficiles. Un petit effort s'impose, mais tout demeure accessible.

Et maintenant, par où commencer ?

Par où vous voulez ! En commençant par le début, de façon traditionnelle, ou bien en picorant dans les différents chapitres en fonction de vos thèmes de prédilection. Vous voulez savoir quel est le milliardaire qui déclare payer moins d'impôts que sa femme de ménage ? Où sont partis les 5 milliards de Kerviel ? Comment les États-Unis ont sauvé leur industrie automobile ? Quel est le pays qui a refusé de payer sa dette ? Toutes les réponses sont dans ce livre.

Première partie
Qu'est-ce qu'une crise ?

Dans cette partie...

Nous partirons à la découverte de la crise et des crises, et verrons que l'affaire est assez délicate et la mécanique des crises assez complexe. Nous rappellerons les grandes crises de l'histoire et nous passerons en revue les grandes théories et explications.

Chapitre 1

La mécanique des crises

Dans ce chapitre :
- Les « pannes » de l'économie
- La complexité des crises
- La crise comme révélateur de tensions
- La crise comme dépassement

*C*ommençons par une image, un parallèle.

Votre voiture est en panne ; quelque chose en elle ne tourne pas rond. Vous allez voir votre garagiste et vous lui expliquez votre problème. Peu de temps après, vous avez un diagnostic et, après les réparations nécessaires, vous repartez avec une voiture qui fonctionne parfaitement. Une crise, cela pourrait être ça. Mais ce serait une crise très sympathique.

L'affaire peut se corser. Le garagiste peut vous présenter une liste de réparations longue comme un jour sans pain. Lui-même pourrait vous conseiller, la mine triste, de mettre votre voiture à la ferraille et de changer de modèle. C'est ce qui est arrivé à nos amis anciennement soviétiques : le système est irrécupérable, c'est la crise finale.

Une crise économique, c'est plus complexe que cela. Imaginez que pour faire un diagnostic les garagistes se réunissent à 20 (c'est le fameux « G20 ») et qu'ils débattent pendant des heures, des jours, des semaines. Les médias s'emparent de l'affaire : le 20 heures en fait ses titres. « Bonsoir, la voiture de M. Papamikelis est toujours en panne, les garagistes se sont enfin mis d'accord sur l'augmentation du débit de la pompe d'injection. » Vous essayez de redémarrer ; la voiture a des ratés. On recommence. On fait appel aux experts de la Fédération mécanique internationale (FMI), mais d'autres problèmes surgissent. La FMI vous suggère de changer le moteur. Vos amis manifestent violemment pour protester contre ce diagnostic sévère. La banque qui vous a fait crédit pour acheter la voiture vous fait comprendre que, quoi qu'il arrive, vous devez la rembourser. Vous faites appel à la famille. Helmut, votre cousin germain, veut bien vous prêter 100 euros pour finir le mois, mais pas plus. Il dit que si vous n'aviez pas les moyens il fallait acheter une voiture moins chère. Entre-temps, on découvre que le centre de contrôle technique avait quelque peu maquillé les chiffres pour que les papiers de la voiture soient en règle. Des intellectuels de renom publient des livres sur votre cas : *La Panne, et après ?*, d'autres essaient, plus modestement, d'expliquer le problème au plus grand nombre (*La Panne pour les Nuls*)…

Pannes et dysfonctionnements

Depuis la révolution industrielle, l'économie est le monde de la dynamique, du changement, du mouvement. Elle porte l'instabilité en elle comme le cycliste porte la possibilité de la chute.

Dans la mécanique complexe qu'est l'économie, tout peut être source d'instabilité : la consommation, la production, l'épargne, l'investissement. Chaque rouage peut se gripper, mal fonctionner : le marché du travail, la Bourse, le commerce extérieur, la monnaie.

Trop ou pas assez ?

Les dysfonctionnements peuvent être très complexes. Un flux économique peut poser problème aussi bien s'il est insuffisant que s'il est excessif. Prenons l'exemple de l'investissement. Investir, c'est créer un outil de production ; c'est grâce à l'investissement que la richesse du pays augmente. La première « panne » possible de l'investissement, c'est qu'il n'y en ait pas assez (sous-investissement). Les explications peuvent être nombreuses : est-ce qu'investir rapporte assez ? Est-ce qu'on a les sources nécessaires pour financer l'investissement ? On imagine les débats.

En attendant, la production stagne et le chômage augmente. Mais l'investissement peut aussi être trop important (surinvestissement). L'investissement étant une projection sur l'avenir, on peut se tromper, par excès d'optimisme ou par mauvais calcul. Pour remédier au problème, on ferme les usines et on licencie les gens. On le voit : le même problème peut avoir des causes diamétralement opposées.

Ainsi, si les salaires sont élevés, les entreprises sont moins compétitives ; s'ils sont trop bas, la consommation est insuffisante. Si le prix du pétrole est trop fort, ça fait augmenter les prix ; s'il est trop bas, on en consomme trop, et les vendeurs peuvent avoir des problèmes (c'est arrivé à plusieurs reprises à la Russie ou à l'Algérie). Si l'État intervient trop, il étouffe l'économie ; s'il n'intervient pas assez, l'économie peut s'étouffer toute seule. Si une monnaie est trop forte, les exportations sont difficiles ; si elle est trop faible, les importations deviennent trop chères.

Structure et conjoncture

Au-delà de la multitude de dysfonctionnements qui peuvent intervenir, une autre dimension doit être prise en compte : celle de la nature conjoncturelle ou structurelle des crises.

Dans le premier cas, le dysfonctionnement, lié à un accident quelconque (climatique, politique, commercial), est de nature bénigne et pourra être dépassé facilement si les mesures adéquates sont prises. Dans le deuxième cas, le problème est tout autre. Tout d'abord, il faut s'en rendre compte, ce qui n'est pas toujours évident, puis faire le bon diagnostic et enfin trouver les bons remèdes.

Une vieille dame glisse sur une peau de banane et se casse le col du fémur. L'accident conjoncturel, c'est la peau de banane ; le problème structurel, c'est l'ostéoporose. Les deux problèmes ne se traitent pas de la même manière.

Remarquons ici que l'accident conjoncturel peut mettre au jour des problèmes structurels profonds qui deviennent visibles justement grâce à la crise, qui joue le rôle de révélateur.

Complexité des crises

Ce qui rend les choses complexes, c'est le fait que dans la mécanique économique tous les rouages sont liés. Qui plus est, ces liens ne sont pas à sens unique : un rouage en entraîne un autre, mais il est aussi *entraîné* par l'autre. L'investissement détermine la consommation, et la consommation détermine l'investissement. C'est ce qu'on appelle l'*effet de rétroaction* (feed-back). On imagine déjà les débats : « Pour que l'investissement augmente, il faut augmenter la consommation ! – Mais non ! C'est exactement le contraire ! » Le plus drôle, c'est que les deux éléments, apparemment liés, peuvent être, en réalité, déterminés par un troisième élément, une tierce cause, que les responsables peuvent très bien ne pas voir.

Dans ces conditions, que les chefs d'entreprise ou que les politiques commettent des erreurs (de diagnostic ou de thérapie) n'est pas étonnant. On verra que la crise est aussi due à ces erreurs de jugement.

La crise est d'autant plus complexe qu'elle ne se limite pas à la seule sphère de la vie économique : elle a inévitablement une dimension sociale, politique, géopolitique, culturelle. On considère généralement que c'est la sphère économique qui détermine les autres. C'est vrai. La crise de 1929 a provoqué une montée du chômage, des forces politiques extrémistes et, *in fine*, la guerre. Mais le contraire est aussi vrai : les conditions sociales, culturelles et géopolitiques déterminent l'économie. L'émergence d'un état d'esprit particulier, d'une classe sociale, d'une domination géopolitique peut bouleverser la sphère économique. On connaît les analyses de Max Weber, qui voit l'origine du capitalisme dans l'éthique protestante.

La plupart du temps, les relations courent dans les deux sens : l'économie est aussi bien *déterminée* que *déterminante*.

On sait que notre économie est le produit de la montée de la bourgeoisie et que l'industrialisation a fait naître la classe ouvrière. La domination militaire de l'Angleterre au XIXᵉ siècle ou celle des États-Unis au XXᵉ ont été le résultat de leur avance technologique, mais elles ont aussi permis à ces puissances d'approfondir leur leadership économique, commercial ou monétaire.

La crise comme révélateur de tensions

Lorsqu'un tremblement de terre se produit, les dégâts, la ruine, le malheur sont immédiatement visibles. Mais ils sont le résultat de mouvements profonds qui existaient bien avant le séisme.

La crise est toujours le produit d'une tension, d'un «stress tellurique». Dans une économie comme la nôtre, qui se nourrit de nouveauté, la tension intervient régulièrement entre deux types de force : les forces de renouveau et de changement, qui se heurtent à l'inertie des structures en place. Cette tension peut intervenir à plusieurs niveaux : au sein même de la sphère économique, ou entre celle-ci et les autres domaines de la vie sociale (stratification sociale, organisation politique, culture).

La nouveauté destructrice

Les tensions inhérentes à la sphère économique sont toujours axées sur le problème essentiel de la production : son efficacité. La crise économique peut être (ou est toujours?) le symptôme de l'émergence de modes de création de richesses plus performants que ceux qui sont établis et dominants. Dans ces cas, la crise correspond à l'abandon plus ou moins rapide des anciens modes de production et au temps nécessaire à la mise en œuvre des nouveaux procédés (la *destruction créatrice*). Le développement de l'industrie a été ponctué par de telles crises : l'introduction du machinisme au début du XIXe siècle, l'apparition du taylorisme au début du XXe siècle, ou le changement des sources d'énergie (le remplacement du charbon par le pétrole) se sont accompagnés d'une multitude de tensions et de conflits économiques ou sociaux. Aujourd'hui, c'est la montée de la finance qui a un effet ravageur. Si l'on dispose d'un capital à investir, on a un choix simple à faire : ou on fabrique des voitures et on a un rendement de 7 %, ou on le place dans un fonds spéculatif et on gagne 15 %. Dans ce monde-là, l'usine d'Aulnay-sous-Bois n'a plus de raison d'être, ni les jolies HLM que l'on a construites autour.

Décalages

Un autre type de tension est celui qui est créé par le décalage entre l'évolution économique et la situation sociale et politique. Ainsi, le développement d'un mode de production nouveau se heurte aux structures sociales ou politiques existantes et qui sont issues d'un mode de production précédent. La crise de 1973 est un bon exemple de cette situation : le mode de production émergent (robotisation, automatisation, mondialisation) apparaît dans une société façonnée par l'ancien mode de production (le fordisme), et caractérisée notamment par l'existence d'une classe ouvrière très importante qui avait tendance à se reproduire socialement, mais qui était économiquement condamnée.

De même, une structure sociale, lentement mûrie, peut entrer en rupture avec un cadre politique qui, lui, n'a pas su évoluer (révolutions française ou russe). Notre État providence est le produit des « trente glorieuses » ; la crise actuelle pose la question de sa survie dans un monde qui a totalement changé. C'est aussi vrai pour les structures scolaires, l'urbanisme, l'habitat. Ce qui est toujours en jeu, dans une crise, c'est l'inadéquation des structures économiques, sociales, politiques. Dans le passé, le développement du mode de production industriel s'est heurté à des formes d'organisation sociale et politique qui en freinaient l'essor (servage, corporatisme, cloisonnements juridiques, régimes politiques autoritaires). Notre société postindustrielle a du mal à vivre dans les cadres anciens de la société industrielle. Mais dans ce bas monde tout est possible. Comme le montre l'extraordinaire particularité chinoise (« Un pays, deux systèmes »), un régime politique et un système économique diamétralement opposés peuvent cohabiter ; mais il n'est pas sûr que ce système survive aux mutations de la société chinoise. Notamment à la montée d'une classe moyenne.

Évolution ou révolution ?

L'intensité des tensions renseigne sur la gravité de la crise. Si le système est capable de s'adapter graduellement aux mutations qui agissent en son sein, la crise se résout progressivement et sans violence. Une des particularités des pays anglo-saxons, dont le capitalisme a hérité, a été leur capacité permanente d'adaptation. L'histoire de l'Angleterre ou celle des États-Unis sont ponctuées par des tensions, pourtant très fortes, qui se sont résorbées sans heurts excessifs.

La France n'a pas cette tradition. Son histoire est plus saccadée, ponctuée par des crises d'une extrême violence : les révolutions du XVIIIe et du XIXe siècle ou les «événements» de 1936 ou de 1968. Ces crises aiguës sont le résultat de la très grande inertie qu'a toujours opposée ce pays au changement. La preuve en est la tendance chronique à vouloir «revenir en arrière» : on l'a vu avec la Restauration, après la Révolution, ou, de manière plus dramatique, avec Vichy.

Une crise n'a pas d'issue prévisible : les différences culturelles peuvent déterminer le déroulement de la crise. La cessation d'activité d'une entreprise est une simple formalité aux États-Unis, un véritable drame en France. Une négociation salariale évite généralement la grève en Allemagne, en France on fait d'abord la grève, et on négocie ensuite. Ces traditions différentes sont le résultat de l'histoire et des traumatismes propres à chaque peuple. Ainsi, en Allemagne, le souvenir de la grande inflation de 1923 fait que toute tension sur les prix est perçue comme une véritable catastrophe. La France était, autrefois, plus sensible aux problèmes de la monnaie nationale : une dévaluation du franc était perçue comme une atteinte à la grandeur du pays. Que dire alors de sa disparition ?

La crise comme dépassement

La «crise» n'est pas seulement le moment où un problème se manifeste (par l'émergence de symptômes), mais aussi le moment où le problème est réglé. La crise a deux dimensions : celle, bien connue, de la crise comme moment de manifestation, de *révélation* aiguë des difficultés, et l'autre, peut-être moins évidente, de la crise comme moment de *dépassement* des problèmes. La crise est le moment qui court entre ces deux moments.

La crise ne peut être comprise qu'en fonction de l'expansion qui la précède. Elle marque donc une rupture, la fin d'une période faste. On ne peut toutefois se contenter d'une telle approche qui, tout en étant on ne peut plus juste, reste largement insatisfaisante. La crise peut être aussi un moment éminemment positif au cours duquel on prend conscience des difficultés, et où les problèmes, enfin révélés, sont surmontés.

Sans forcer le trait, on pourrait comparer la crise à l'adolescence dans la vie de l'homme : changement d'état qui se fait souvent dans le doute et la douleur mais qui ouvre inévitablement la voie à un âge d'épanouissement et de liberté (si tout va bien...). Les crises majeures du capitalisme doivent être comprises dans ce sens. Les exemples ne manquent pas d'avancées, de progrès qui ont pu se produire grâce aux crises. Les «trente glorieuses» ont pu avoir lieu grâce aux bouleversements induits par la crise de 1929. La crise de 1907 a débouché aux États-Unis sur la création de la Banque fédérale (Federal Reserve Bank, «Fed»). Il se peut que la crise de l'euro donne (enfin) naissance à l'Europe.

La crise de 1968 (une crise d'adolescence typique) est un autre exemple de cet impact bénéfique : la société française avait connu dans l'après-guerre une croissance extraordinaire, mais ses structures universitaires, ses habitudes sociales et surtout culturelles dataient d'un autre âge. Le choc de 1968 a permis de faire sauter un certain nombre de verrous qui bloquaient la société française. Non seulement la crise s'est résorbée avec une rapidité extraordinaire, mais elle a surtout permis le triomphe d'une société de consommation profitant au plus grand nombre et sensible aux nouvelles préoccupations (émancipation de la femme, écologie, communication). Les années Pompidou (1969-1974) furent dans le souvenir des Français les plus heureuses des «trente glorieuses».

Les crises sont toujours le moment de la nécessaire mise en cause de certitudes et de structures dépassées. Essayer de «faire tenir des mutations fondamentales dans les vieux

Chapitre 1 : La mécanique des crises 19

cadres qu'elles vouent à l'implosion», c'est «discuter du sexe des anges dans Constantinople assiégée», comme l'écrivait André Gorz («Forger un autre avenir», *Le Monde*, 8 octobre 1996).

Mais il ne faut céder à aucun déterminisme béat : l'issue de la crise n'est jamais prédéterminée.

Le sens ultime de la crise est que le changement est impératif.

Chapitre 2

Les crises du passé

Dans ce chapitre :
- Les crises du XIXe siècle
- La crise de 1929
- La crise de 1973

L'histoire des crises est pleine d'enseignements. En commençant par celui-ci : « Les économies ont les crises de leur structure. » Cette idée d'Ernest Labrousse doit être prise comme fil conducteur d'une brève histoire des crises.

Car il n'existe pas de crise « générique » qui toucherait toutes les économies : chacune a la sienne propre. Comme les femmes ont le cancer du sein et les hommes le cancer de la prostate.

Cette vérité fondamentale est confirmée par l'histoire : les économies agricoles ont des crises agricoles, les économies industrielles ont des crises industrielles. Un monde financiarisé et mondialisé ne peut avoir qu'une crise financière globalisée.

Les crises du XIXe siècle

Entre la fin du XVIIIe et la fin du XIXe siècle, le monde a changé. À l'exemple de l'Angleterre, les pays accomplissent leur révolution industrielle. Les crises qui touchent régulièrement nos économies s'inscrivent dans le cadre de cette mutation. Au début du XIXe siècle, les crises sont de nature agricole ; ensuite elles sont mixtes, pour devenir enfin industrielles et capitalistes.

Les crises agricoles ou d'« Ancien Régime »

Elles se déroulent dans des pays qui n'ont pas encore fait leur révolution industrielle. Les activités sont essentiellement agraires, les marchés sont peu développés, la Bourse est quasiment inexistante.

Les mécanismes des crises d'Ancien Régime sont simples.

Le point de départ est la baisse de la production agricole, provoquée généralement par de mauvaises conditions climatiques. Il s'ensuit immédiatement une hausse des prix, d'autant plus forte que les quantités offertes sur les marchés sont sévèrement amputées par l'autoconsommation. La hausse se généralise à tous les produits agricoles, même ceux qui ne sont pas touchés par la mauvaise récolte : la contagion se fait par le glissement de la demande entre denrées substituables ou par l'augmentation des coûts de production induits par la hausse initiale.

La hausse des prix ne compensant pas pour les producteurs la baisse des quantités vendues, le revenu agricole diminue, entraînant la baisse des achats de produits industriels. La baisse est d'autant plus forte que la part du revenu consacrée à l'alimentation augmente. La crise arrive ainsi en ville, où elle prend ses aspects les plus violents.

Les difficultés des industries et des activités artisanales débouchent directement sur la hausse du chômage, et celle-ci sur la baisse des salaires. Les ouvriers des villes sont donc confrontés à l'écroulement de leur pouvoir d'achat s'ils ont la chance de garder leur emploi ou à la misère la plus absolue s'ils sont au chômage.

Exemple : la crise française de 1787.

Les crises mixtes

Les crises mixtes se déroulent dans des pays qui ont amorcé leur révolution industrielle mais qui gardent une part importante d'activités agricoles. Les marchés, le commerce et les activités bancaires se sont développés, il existe désormais une Bourse.

Le déroulement de la crise mixte n'est pas linéaire : le déclenchement se situe dans la sphère agricole alors que les dysfonctionnements industriels boursiers et bancaires deviennent centraux lors de la phase d'extension de la crise et de généralisation de la dépression.

Le processus est le suivant : à la suite de mauvaises conditions climatiques ou d'une catastrophe biologique (maladie de la pomme de terre par exemple), la production de biens agricoles s'écroule, entraînant la baisse du revenu des agriculteurs. Cette baisse des revenus, combinée à la hausse des prix des denrées alimentaires, fait chuter la demande de produits industriels. L'évolution divergente des prix industriels (en baisse) et agricoles (en hausse) pousse les détenteurs de capitaux à déserter la Bourse pour se tourner vers la commercialisation de produits agricoles, que l'on peut importer grâce au développement des transports. Les difficultés industrielles sont aggravées par le renchérissement des matières premières d'origine agricole (coton). En période de hausse des prix, les entreprises ont tendance, dans un but spéculatif, à accumuler des stocks, mettant leur trésorerie en situation délicate et devenant très vulnérables face aux variations de la demande. L'État, face à la spéculation sur les produits agricoles, infléchit la politique monétaire et rend la création monétaire difficile par la hausse du taux d'escompte. La dépression s'installe, avec son cortège de chômage, de misère et d'agitations sociales qui peuvent aboutir à de véritables révolutions.

Exemple : la crise de 1847.

Les crises capitalistes

La crise capitaliste se déroule selon un processus immuable et renouvelé jusqu'à la Grande Dépression de 1929. Celle-ci est d'ailleurs considérée par certains auteurs comme la « dernière crise du XIXe siècle ». Elle touche des économies qui ont mûri leur processus d'industrialisation. L'industrie est le secteur économique dominant, secondé, comme il se doit, par des activités bancaires et boursières désormais incontournables.

Les Banques centrales jouent un rôle important dans la garantie de la valeur de la monnaie, en assurant sa parité-or.

La crise se déroule en quatre temps :

1. **Spéculation et crise boursière.** La phase de préparation de la crise connaît toujours des phénomènes spéculatifs importants. La croissance se dirigeant vers de nouveaux « filons » de prospérité, les détenteurs de capitaux accourent vers ces secteurs en amplifiant outre mesure la montée des cours des valeurs. Notons le « manque de mémoire » des marchés financiers, souligné par John K. Galbraith. Au XIXe siècle, la construction de chemins de fer a régulièrement alimenté les grandes vagues spéculatives, avant que les industries électriques ou pétrolières ne les remplacent. La vague de spéculation aboutit à des situations irréalistes que la crise boursière vient sanctionner : un accident mineur, souvent lié à l'imprudence d'un spéculateur, déclenche la panique.

2. **La crise bancaire et la contraction du crédit.** Le krach boursier provoque la faillite des banques les plus engagées dans des opérations risquées. Ainsi, en 1890, la Baring Brothers, qui s'était particulièrement engagée dans des crédits à l'Argentine, est incapable de faire face à quelque 8 millions de livres de traites tirées sur elle. Les faillites s'enchaînent en cascade. Le crédit se raréfie d'autant plus que l'expansion précédente avait en quelque sorte épongé l'épargne disponible et poussé les autorités monétaires à augmenter le taux d'escompte.

3. **La crise industrielle.** L'industrie est asphyxiée par la rareté des capitaux et par l'effondrement des débouchés commerciaux induit par la crise du crédit. Les prix connaissent immédiatement une chute sévère. Les profits baissent, l'investissement se tarit. Les industries les plus exposées font faillite, entraînant d'autres activités dans le marasme (bâtiment).

4. **La crise sociale.** Les difficultés industrielles débouchent directement sur la montée du chômage et sur la baisse des salaires, qu'aucune législation sociale ne garantit. Les baisses de salaires sont le prétexte à des conflits

sociaux d'une extrême violence. La fin du XIXe siècle est marquée par des affrontements sévères dans tous les pays. Les États-Unis sont particulièrement touchés. Le 1er mai 1884, par exemple, les meneurs d'un conflit à Chicago sont purement et simplement pendus. Le 1er Mai restera la date symbolique du mouvement ouvrier (avant que Pétain n'en fasse la fête du «vrai» travail).

Exemple : les crises de 1873, 1882, 1907...

La crise de 1929

La crise de 1929 est, dans la mémoire collective, la crise absolue, une sorte de référence effroyable dans le domaine des catastrophes économiques. Le fait que l'on compare souvent la crise de 2007 à celle de 1929 n'a rien de rassurant.

Les années (complètement) folles

Les années qui ont précédé la crise de 1929 signent une rupture profonde avec la période précédente. Tout a été bouleversé. La Première Guerre mondiale marque une fracture brutale et irréversible : des destructions massives, 15 millions de morts, la révolution russe, l'irruption sur la scène internationale des États-Unis, qui deviennent la première puissance mondiale. La guerre a précipité la planète dans une ère nouvelle.

La paix qui a suivi semble avoir été une période faste, mais elle ne l'a pas été pour tout le monde et dans tous les domaines. Bien sûr, l'exemple américain domine et fascine déjà : nouveaux produits (automobile, radio), production de masse, optimisme à tous crins, joie de vivre ostentatoire – sport, jazz, cinéma. La richesse ne se cache plus : c'est le temps de la «classe de loisir» si bien décrite par Thorstein Veblen. L'architecture, la mode connaissent elles aussi des révolutions : c'est l'époque du «style nouveau» et du tailleur Chanel. La femme entre dans l'ère de son émancipation : travail, droit de vote, pantalon, cheveux courts.

Derrière cette vitrine étincelante, la situation est inquiétante à plus d'un titre. Les tensions sociales sont extrêmes : l'exemple russe fait craindre une contagion révolutionnaire (Italie, Allemagne). Aux États-Unis, les instincts et les mouvements les plus réactionnaires se manifestent : prohibition (et montée en puissance de la mafia), isolationnisme, recrudescence du racisme (Klu Klux Klan) et de l'antisémitisme (dont un des chefs de file est Henry Ford lui-même). En Italie, le fascisme est déjà au pouvoir et se présente comme un modèle.

La situation économique n'est pas réellement saine. Le commerce mondial est entravé par la mise à l'écart de l'URSS, par l'isolationnisme américain, par l'« autarcie » de l'Italie. Le système monétaire international ne s'est pas remis de l'effondrement du *gold standard*, l'étalon-or.

Ce système, qui était fondé sur la garantie de la valeur des monnaies par le stock d'or du pays, et qui pratiquait la convertibilité-or de la monnaie, a été condamné par l'explosion, pendant la guerre, des masses monétaires et par la raréfaction de l'or en Europe, qui a servi à payer les achats massifs de marchandises aux États-Unis.

L'Europe fait ainsi connaissance avec une nouvelle horreur économique : l'*inflation*. Tous les pays en souffrent, mais l'Allemagne, qui la connaît sous une forme exacerbée, va en être durablement traumatisée. C'est la période où l'on brûle les billets dans les poêles, parce que ça coûte moins cher que de brûler du charbon. Le dollar, qui valait 190 marks en 1919, en vaut 4 200 milliards en 1923.

Les autres grandes puissances (notamment la France et le Royaume-Uni) vont se lancer dans une politique déflationniste sévère pour rétablir la parité-or de leur monnaie, ce que Keynes appelait la « relique barbare ». Les salaires et les revenus sont comprimés. Les inégalités se creusent. C'est ce qui va faire le lit de la Grande Crise.

L'engrenage

La mécanique de la crise de 1929 est celle des crises capitalistes du XIXe siècle, mais à une échelle inconnue jusque-là.

1. **Le krach.** Tout commence par le tristement célèbre «jeudi noir», le 24 octobre 1929. Une séance folle où, selon John K. Galbraith, des millions d'actions «changèrent de mains à des prix qui brisèrent les rêves et les espoirs de ceux qui les possédaient». Dans l'immédiat, on prend des mesures d'urgence, les banquiers rachètent les actions pour éviter la baisse, mais rien n'y fait. Au «jeudi noir» succède un «mardi noir» la semaine suivante. La Bourse ne cessera plus de baisser jusqu'en 1933.

2. **L'implosion des banques.** Les banques qui s'étaient engagées dans la spéculation en prêtant 90 % des sommes investies (système dit des *call loans*) sont ruinées par le défaut de leurs clients. Les banques sont nombreuses et fragiles. Elles tombent les unes après les autres : 1 300 banques font faillite en 1930, 2 200 suivent en 1931. L'effondrement des banques provoque l'implosion du crédit. C'est le *credit crunch*.

3. **Crise industrielle et crise sociale.** L'industrie est touchée par l'assèchement du crédit bancaire. Sevrées de crédit pour leur trésorerie et leurs investissements, les entreprises réduisent la production ou disparaissent. La baisse de la production entraîne inévitablement la hausse du chômage (non indemnisé à l'époque) et l'effondrement des revenus. À partir de là s'enclenche la spirale déflationniste : les salaires baissent, la consommation s'effondre, les prix baissent. À chaque tour de circuit, la situation économique empire.

4. **L'internationalisation.** La crise sort des États-Unis d'abord par la voie bancaire. Privées de liquidités, les banques américaines rapatrient l'argent qu'elles avaient prêté en Europe, notamment en Allemagne et en Autriche. Dans un deuxième temps, c'est l'effondrement du commerce international et la généralisation du protectionnisme qui coulent l'économie mondiale.

En réalité, la crise de 1929 est une crise internationale aussi par ses causes. Causes et conséquences se rejoignent : la montée du protectionnisme était sensible dès les années 1920 ; les politiques déflationnistes ont été pratiquées aussi bien avant qu'après la crise.

5. **La crise politique.** La montée du chômage et le malaise social se traduisent par une recrudescence des forces extrémistes. En Allemagne, les 6 millions de chômeurs (30 % de la population active!) sont particulièrement sensibles aux propagandes communiste et nazie. La peur du communisme jette les classes moyennes et le patronat dans les bras des nazis. On connaît la suite.

Comment le monde est-il sorti de cette crise effroyable ? On considère généralement que le « New Deal » de Roosevelt a permis aux États-Unis de retrouver la croissance.

Paul Krugman, avec un cynisme amer, rappelle que ce qui a sorti le monde de la crise fut un colossal plan de relance appelé « Seconde Guerre mondiale ».

La crise de 1973

Nous appelons « crise de 1973 » la longue période d'incertitudes, de dysfonctionnements et de difficultés qui commence avec le choc pétrolier d'octobre 1973, mais qui ne se confond aucunement avec lui.

Une crise paradoxale

La longue crise qui s'ouvre en 1973 et qui a gangrené nos économies pendant au moins deux décennies (et qui continue à le faire sous certains aspects) est avant tout une crise paradoxale.

Paradoxale d'abord parce qu'elle a été pendant longtemps indolore. La « crise » a été caractérisée par un fléchissement du taux de croissance plus que par une véritable récession ; les pays n'ont connu que quelques années de croissance réellement négative (1975, 1980, 1991). Ses deux principales

manifestations (l'inflation et le chômage) n'ont pas été ressenties avec violence pendant une longue période.

D'ailleurs, la crise a été longtemps davantage dans les têtes que dans le vécu. Lorsque Carrefour a présenté en 1976 ses « produits libres », qui anticipaient le hard discount, les gens n'en ont pas voulu ; c'est peut-être la crise, mais quand même...

Le chômage a été principalement combattu par un « traitement social » d'inspiration *keynésienne* : allocations généreuses et longue période d'indemnisation. Ainsi, le chômeur pouvait garder son mode de vie, mais l'aggravation du mal et le développement du « chômage de longue durée » ont rendu intenable la générosité. Le phénomène a débouché sur les difficultés des caisses d'assurances.

L'inflation a été, elle aussi, amortie par les systèmes de fixation des revenus. Ainsi, pendant des années, les salaires ont augmenté parallèlement aux prix. Notamment dans les pays (comme le Royaume-Uni et l'Italie) où il existait de véritables systèmes d'indexation, qui se sont d'ailleurs soldés dans ces États par des taux d'inflation record (proches de 20 %).

Cette crise ne s'inscrit donc pas dans la tradition des crises du XIXe siècle et de 1929.

Pas de krach boursier, pas de récession, et encore moins de déflation. Ce qui la caractérise, au contraire, c'est une inflation chronique qui à la fin des années 1970 dépasse les 10 % voire les 20 % dans certains pays.

C'est une crise fondamentalement structurelle : la crise d'un système qui est arrivé au bout de sa logique, qu'il a épuisée (à l'image du pétrole), et qui accumule lentement mais sûrement les dysfonctionnements.

Le couple infernal inflation-chômage

Les gouvernements ont cru pendant longtemps que chômage et inflation étaient incompatibles. Le dogme keynésien (traduit dans la célèbre « courbe de Phillips ») sous-entendait qu'on pouvait lutter contre le chômage en acceptant une certaine dose d'inflation, et que, si on voulait lutter contre l'inflation, il fallait accepter un fort taux de chômage (le « cruel dilemme » de Paul Samuelson).

La plupart des pays ont choisi de donner la priorité à la lutte contre le chômage (souvenir de 1929 aidant). Malheureusement, à partir des années 1970, un phénomène nouveau s'est produit : inflation et chômage ont augmenté de conserve. Les hommes politiques et les économistes ont été désarçonnés par ce phénomène, impossible à expliquer dans le schéma keynésien. On a inventé un nouveau mot pour le définir (« stagflation »), mais on a été incapable de le combattre.

L'inefficacité des politiques économiques

Tout au long des années 1960, les États avaient acquis la certitude de leur toute-puissance dans le domaine de la maîtrise de la conjoncture économique. Le développement de nouveaux outils économiques et statistiques avait donné à l'État, qui occupait une place importante dans l'économie, un sentiment de contrôle total. Ainsi, pendant des années, on a utilisé à outrance les recettes du modèle keynésien : plans de relance, aides à l'industrie, indemnisation généreuse du chômage, manipulation des taux de change (dévaluations). Rien n'y fit.

Les impasses structurelles

L'inefficacité des politiques économiques signifiait simplement que la crise était bien plus qu'un simple choc lié à la hausse du prix du pétrole : la crise était le produit de structures économiques et sociales dépassées.

Les maux, on les connaît : un État trop présent, trop lourd, trop coûteux ; des entreprises prisonnières du modèle de production et d'organisation fordiste ; des effectifs pléthoriques, une productivité en déclin et une incapacité à s'adapter aux changements de la demande. On arrivait au bout d'un cycle technologique et du mode de vie qui y était attaché.

Les grands équilibres mondiaux sont bousculés. Les États-Unis vont de difficulté en difficulté. Les déficits commerciaux provoqués par la montée de l'Europe et du Japon mènent à l'affaiblissement du dollar (qui devient inconvertible en or en 1971), sans parler des échecs cuisants en politique étrangère (guerre du Vietnam, révolution iranienne) et des crises internes (contestations, Watergate).

C'est pourtant des États-Unis affaiblis qu'est venue la solution : la «révolution conservatrice» de Reagan va sortir le pays de la crise et lui redonner un leadership conforté par son avance technologique (informatique) et par la chute du rival de toujours, l'URSS.

La crise exemplaire des pays socialistes

La crise qu'ont connue les pays socialistes à la fin des années 1980 est exemplaire à plus d'un titre. Elle est, bien entendu, d'une autre nature que celle qui touche les pays capitalistes (qui est l'objet de ce livre), mais elle est porteuse d'enseignements précieux.

L'effondrement de l'URSS a conforté le système capitaliste et marqué son apogée. En Occident, on n'a guère essayé de l'expliquer, de le comprendre. On n'en a tiré qu'une seule leçon : le socialisme était vraiment un système pourri. Soit.

Mais de quoi est mort le socialisme? Le socialisme est mort de pénurie. Comme l'a brillamment démontré (par anticipation qui plus est) l'économiste hongrois Janos Kornai, l'économie soviétique avait un mode de fonctionnement qui permettait aux agents économiques (notamment les entreprises) de disposer en abondance de facteurs de production (capital, hommes, matières premières)... L'idée de profit, mal comprise et idéologiquement douteuse, était bannie. Les prix, fixés de manière autoritaire et sans tenir compte de l'offre et de la demande, manquaient totalement de pertinence.

Ainsi, après quelques décennies de croissance extensive, le système s'est révélé incapable de produire de la croissance intensive. Il a abouti à une impasse où l'on détruisait de plus en plus de richesses pour en produire de moins en moins. Pour un système économique dont le but ultime est de produire plus de richesses qu'il n'en consomme, c'était suicidaire.

L'exemple soviétique nous concerne-t-il ?

Nous devrions avoir, dans notre système, tout ce qui a fait défaut aux Soviétiques : la liberté d'agir, un système des prix qui est censé donner la vraie valeur des choses, des marchés qui, mieux que l'État, savent canaliser les ressources vers la meilleure utilisation possible.

Nous avons, surtout, un stimulateur ultime, bien plus efficace que n'importe quel stakhanovisme : le profit.

Le problème est que notre système a aussi montré à quel point il pouvait créer de gaspillage, détruire des richesses. Gardons en tête la différence fondamentale entre les deux systèmes (au-delà du régime de la propriété et de la régulation) : le socialisme était un système contraint par l'offre. Les Soviétiques avaient le pouvoir d'achat, mais pas grand-chose à acheter. Le système n'a pas survécu à son incapacité de produire plus. Le nôtre est un système contraint par la demande, ce qui veut dire qu'il n'a pas de limites dans sa capacité de production, mais qu'il en a une dans la capacité des gens à acheter...

Chapitre 3

Crise de tête : explications et controverses

Dans ce chapitre :
▶ Les explications par la demande
▶ Les explications monétaires
▶ L'innovation et les cycles

Les analyses que les économistes ont avancées, depuis deux siècles, pour expliquer les crises sont nombreuses et contradictoires. Si aucune n'est parfaite, aucune n'est à écarter, car elles présentent toutes des aspects pertinents.

Bien entendu, il n'existe pas *une* théorie des crises. Si l'une ou l'autre semble par moments s'imposer, il s'agit la plupart du temps d'une victoire historique ou politique. Car en économie, comme dans d'autres domaines, il y a des modes. Il ne faut pas tomber dans ce piège.

On peut, pour simplifier, regrouper les explications en trois grandes familles : celles qui mettent l'accent sur la sous-consommation, celles qui mettent l'accent sur la monnaie, et celles qui privilégient l'innovation et les cycles. Les deux premières théories occupent le devant de la scène, notamment parce qu'elles sont porteuses de recettes concrètes, de politiques. La troisième famille, celle qui axe la réflexion sur l'innovation et les cycles, est probablement moins utile en termes de cuisine de politique économique, mais elle est sûrement très féconde en termes de réflexion et de compréhension.

La crise est due à l'insuffisance de la demande

Très tôt, la sous-consommation a été considérée comme l'élément central des crises ; depuis Malthus et Sismondi en passant par Marx, pour aboutir à Keynes.

L'idée fondamentale est que dans le système capitaliste la répartition des richesses se fait de manière inégalitaire ; c'est cette inégalité qui fait que le système est incapable de vendre ce qu'il produit.

Certains pensent que le système peut être amendé ; d'autres, qu'il est condamné.

Marx et le suicide du capital

Karl Marx (1818-1883) et les marxistes pensent que le capitalisme est condamné, car sa logique même le pousse à sacrifier les créateurs mêmes de la richesse : les ouvriers.

Marx (comme Smith ou Ricardo) part de l'idée que la seule source de la richesse est le travail ; le travail physique, qui crée des biens réels. Or, la propriété privée du capital (les usines, les outils) permet de détourner la richesse créée par le travail et de la mettre dans les mains des capitalistes (la bourgeoisie), qui l'accumulent. Seule une partie infime de la richesse revient aux ouvriers, sous forme de salaires.

Le capitaliste est pris, pour survivre à la concurrence, dans l'obligation impérieuse d'investir (« Accumulez, accumulez, c'est la loi et les prophètes »).

Le capitaliste est pris en tenaille entre la nécessité d'extorquer de la richesse aux producteurs et l'impératif d'investir et donc de réduire le nombre d'ouvriers. Pour maintenir les salaires bas, le capitalisme a une botte secrète, l'« armée de réserve du capital » : le chômage. Ainsi, plus l'investissement génère de la croissance et de la richesse, plus les ouvriers en sont privés, soit parce qu'ils sont au chômage, soit parce que leurs salaires baissent, à cause du chômage.

Le capitalisme arrive ainsi au bout de sa logique : il produit de plus en plus alors que les capacités de consommer cette richesse diminuent. La crise finale du capitalisme est donc une crise de *surproduction* (ou de sous-consommation).

Bien entendu, l'analyse de Marx est bien plus complexe que ce court résumé. Marx envisage notamment la capacité qu'a le capitalisme de restaurer la « profitabilité » du capital, mais *in fine* c'est bien l'impasse de la surproduction qui le condamne.

Keynes le réformateur

John Maynard Keynes (1883-1946) est l'un des économistes les plus importants du XXe siècle. Ses analyses sont au cœur de toutes les crises, de celle de 1929 (décortiquée dans *La Théorie générale de l'emploi, de l'intérêt et de la monnaie*, 1936) à celle de 1973, dans laquelle la pensée keynésienne joue le rôle d'accusé.

La pensée (complexe) de Keynes est axée sur deux idées fortes : le marché est incapable de s'autoréguler ; l'État doit avoir un rôle important dans l'économie. Son rôle consiste à contrer le mauvais fonctionnement des marchés et, surtout, à éviter la sous-consommation.

L'apport de Keynes est fondamental à plus d'un titre : d'un point de vue strictement théorique, il a inventé l'économie moderne, la macroéconomie, la vision globale des flux économiques et de leur logique.

Son analyse du chômage est à ce titre exemplaire. Selon les classiques, le chômage provoque la baisse des salaires, mais, la baisse des salaires rendant le travail moins cher, les entreprises vont embaucher plus. Le problème se résorbe automatiquement sans qu'il soit nécessaire d'intervenir. Keynes, qui constate qu'en 1929 rien de tel ne s'est produit, a une autre analyse : les entreprises n'embauchent pas en fonction du salaire mais en fonction de la demande. Or, pour qu'il y ait demande, il faut que les salaires ne baissent pas.

Du point de vue de l'action concrète, c'est cette analyse qui a justifié la nécessité de réguler les marchés et de fixer, par exemple, un salaire minimum. C'est ce même raisonnement qui a servi de base théorique aux allocations chômage, et aux systèmes d'assurance sociale.

Les explications libérales et monétaires

L'idée que le marché est capable de réguler, seul, l'activité économique est le pilier incontournable des théories libérales depuis Adam Smith (1723-1790). Dès lors, si la crise intervient, cela ne peut être qu'accidentel ou, plus probablement, parce que quelque chose vient empêcher le marché de fonctionner normalement. La crise de 1929 a passablement malmené cette idéologie : son déroulement a montré exactement l'inverse. L'effondrement des salaires n'a eu aucun effet positif sur l'emploi. Bien au contraire. Il s'ensuivit une période de « traversée du désert » pour les théories libérales, du « New Deal » de Roosevelt aux « trente glorieuses ».

Friedman et la stagflation

La crise de 1973 a totalement changé la donne, et, grâce aux travaux d'économistes comme Milton Friedman (1912-2006), le libéralisme a repris le dessus. La bataille décisive s'est jouée autour du problème de la *stagflation*. Les économistes keynésiens n'ont jamais réussi à expliquer pourquoi inflation et chômage pouvaient coexister et augmenter de conserve. Milton Friedman a répondu à cette question épineuse. En mettant le rôle pervers de l'inflation au cœur des dysfonctionnements des mécanismes économiques, Friedman a non seulement expliqué la stagflation, mais il a littéralement ridiculisé l'école keynésienne et lui a enlevé toute crédibilité. Toute une génération d'économistes s'est engouffrée dans la brèche.

Ainsi, dans les années 1980, c'est un libéralisme régénéré, sûr de lui et dominateur, qui a repris l'ascendant sur les esprits. L'analyse libérale de la crise est axée sur deux dogmes :

> ✔ **La réduction du rôle de l'État et la déréglementation.**
> C'est un thème bien connu sur lequel nous reviendrons.
> ✔ **La primauté du contrôle de la monnaie.**

Les théories monétaristes

Si la théorie libérale se limitait à l'éloge du marché, la tâche du lecteur serait somme toute facile. Le problème est que Friedman et von Hayek (1899-1992), pour ne citer qu'eux, ont plus d'un tour dans leur sac théorique. La face la plus abrupte du libéralisme, c'est sa dimension monétaire, primordiale, essentielle, au point que «monétariste» et «libéral» peuvent être considérés comme des synonymes.

De quoi s'agit-il? C'est une histoire relativement complexe; le lecteur devra être patient et faire un petit effort. Mais le jeu en vaut la chandelle. Il ne serait pas étonnant que cette dimension des crises soit essentielle. Même les ennemis idéologiques des «monétaristes» s'inclinent devant cette partie de leurs analyses.

Dans le dogme classique et néoclassique, la monnaie est neutre. Qu'est-ce que cela signifie? Que théoriquement la monnaie est une sorte de grandeur «extraéconomique» qui vient se plaquer sur la réalité, comme la couleur d'une paire de lunettes de soleil, qui vous fait voir le monde en bleu ou en jaune, sans bien évidemment le modifier. C'est ce que les classiques appelaient le «voile monétaire». La «couleur» que la monnaie donne aux choses, c'est tout simplement le *prix*. Si la quantité de monnaie change, le prix change. C'est la découverte d'Irving Fisher (1867-1947); sa théorie quantitative de la monnaie peut (après quelques bricolages) s'écrire ainsi : $p = MM/Y$. Le niveau général des prix (p) est donné par le rapport entre la masse monétaire (MM) et la production (Y)... Si MM augmente trop, il y a hausse des prix; si elle baisse, il y a baisse des prix. C'est là que les choses amusantes commencent. Si la monnaie est neutre, le prix, lui, ne l'est absolument pas. C'est même la grandeur économique déterminante. Le cœur de l'économie de marché, c'est le prix. C'est ce qui fait fonctionner son logiciel; c'est l'alpha et l'oméga, la loi et les prophètes.

Pour que la monnaie garde sa neutralité, il faudrait qu'elle n'influence pas les prix, dont la *vraie* valeur est fixée par la rencontre de l'offre et de la demande. Il faudrait donc que MM augmente de manière strictement identique à la production.

Or, qui est responsable de la gestion de MM? Vous l'avez compris... c'est l'État. Et là où il y a État, pour les libéraux, il y a problème...

L'erreur monétaire

L'État, et plus précisément la Banque centrale, peut commettre une erreur fatale : utiliser la monnaie comme moyen de la politique économique. Jouer, comme d'ailleurs le préconisent les keynésiens, de la monnaie comme d'un levier, pour accélérer ou freiner l'activité économique. Dans ce cas-là, inflation et déflation guettent, avec des conséquences catastrophiques, puisque les prix seront faussés par le «voile monétaire»; les marchés deviendront aveugles et sourds et ne pourront plus s'autoéquilibrer.

La crise de 1929 est due, selon Milton Friedman, à l'ineptie de la politique monétaire de la Fed. En ne contrôlant pas la création monétaire, la Banque centrale a d'abord créé les conditions de la bulle boursière par sa politique laxiste, puis, quand elle s'est rendu compte de son erreur et qu'elle a adopté une politique plus restrictive, elle a provoqué l'éclatement de la bulle et la crise.

S'agissant de la crise de 1973, le cœur de l'analyse de Friedman est dans sa critique de la courbe de Phillips. Cette courbe établissait, dans le cadre de la théorie keynésienne, un lien entre inflation et chômage : l'augmentation de l'un exclut l'augmentation de l'autre. On a cru ainsi que l'on pouvait lutter contre le chômage en laissant filer l'inflation. Résultat : on a eu encore plus d'inflation et de chômage. Friedman a mis K.-O. les keynésiens en montrant que cette vision était fausse et dangereuse et qu'accepter l'inflation, c'était se condamner à encore plus de chômage. Selon Friedman, il existe un «taux naturel de chômage» contre lequel il n'y a rien à faire, et contre lequel il ne *faut* rien faire. Dans ces conditions, il se stabilise à un niveau faible. C'est la leçon qu'ont retenue Reagan et Thatcher, et, comme cette analyse a semblé se vérifier, la domination des monétaristes s'est durablement installée dans les hautes sphères de l'économie; ainsi, le prix Nobel d'économie, dans les années 1990-2000, a surtout récompensé des «friedmaniens».

Les explications en termes d'innovation et de régulation

Des théories non moins pertinentes ont été formulées tout au long du XXe siècle, mais elles ont été quelque peu éclipsées par les théories dominantes, l'explication keynésienne d'abord, l'explication libérale ensuite. Il s'agit d'analyses que l'on pourrait appeler «hétérodoxes», justement parce qu'elles ne s'inscrivent pas dans le dogme (l'«orthodoxie») des deux chapelles dominantes.

Schumpeter et le rôle de l'innovation

Joseph Alois Schumpeter (1883-1950), Autrichien émigré aux États-Unis, a consacré l'essentiel de son œuvre à l'étude de la dynamique économique, des cycles et du devenir du capitalisme. On lui doit surtout une explication de la croissance et des crises en termes d'innovation que beaucoup considèrent comme incontournables pour la compréhension de notre système.

Sa démarche, diamétralement opposée à celle de Keynes, et ses conclusions pessimistes sur l'avenir du capitalisme (*Capitalisme, socialisme et démocratie*, 1942) lui ont valu d'être quelque peu oublié dans l'après-guerre, avant que la crise de 1973 ne remette son œuvre sur le devant de la scène.

L'innovation au cœur de la dynamique du capitalisme

Selon Schumpeter, les économies ayant précédé l'apparition du capitalisme étaient fondamentalement stationnaires.

Le capitalisme rompt avec cette société figée par ses trois caractères essentiels : la propriété privée, l'innovation et le crédit. La généralisation de la propriété privée brise les anciennes solidarités, qui, ayant comme fonction de limiter les risques (comme les corporations du Moyen Âge), en arrivaient à inhiber la *prise de risque*. Le capitalisme naît, au contraire, de l'acceptation du risque. Cette acceptation prend deux formes : l'innovation et le crédit. Ce sont les deux formes d'un même pari sur l'avenir : renoncer à une satisfaction immédiate, et certaine, au profit d'une satisfaction future plus importante mais, par définition, aléatoire. Il n'est pas nécessaire de souligner combien ces « paris » demandent de mutations culturelles profondes : l'Europe de la Renaissance ou du siècle des Lumières en fut le plus bel exemple.

L'innovation peut prendre plusieurs formes : l'introduction d'un produit nouveau, d'une nouvelle technologie, de nouvelles formes d'organisation, l'apparition de nouvelles sources de matières premières, l'émergence d'un nouveau marché. Le rôle des entrepreneurs est de mettre en œuvre les inventions ou les découvertes. Ce sont des hommes « au tempérament sanguin et d'esprit constructif jouant un jeu mixte d'adresse et de hasard », selon la jolie définition de Keynes. Ce sont eux, les véritables héros du capitalisme. Si on peut imaginer l'entrepreneur agissant seul, il lui faudra la plupart du temps l'appui d'un banquier, qui lui donnera les moyens financiers de réaliser son innovation.

Une fois une innovation opérée dans un secteur, elle se diffuse en tache d'huile, d'autres entrepreneurs imitant le premier dans des activités proches, ou adaptant son innovation dans d'autres secteurs. L'innovation se développe en « grappes » qui en diffusent l'effet bénéfique sur l'ensemble de l'économie.

Innovation, croissance et crise

La diffusion des innovations et leur tarissement commandent le rythme de l'alternance des phases de croissance et de récession.

Les « grappes d'innovations » se mettent en place. Leur diffusion entraîne l'expansion : augmentation de la production, de l'emploi et des profits. Parallèlement, la forte demande des biens (matières premières par exemple) nécessaires aux nouvelles productions entraîne une hausse de leurs prix que les entreprises ne travaillant pas dans les secteurs dynamiques ont du mal à supporter. Une restructuration des activités se produit : c'est la mutation structurelle qui accompagne toute phase de croissance – la fameuse *destruction créatrice*. Seules les entreprises les plus efficaces survivent ; les autres disparaissent.

Progressivement, les conditions d'exploitation des innovations changent. Les entrepreneurs qui les avaient pratiquées les premiers perdent progressivement leur monopole et doivent faire face à une concurrence acharnée qui pèse sur les prix. Les innovations deviennent, dans ce contexte, plus risquées et diminuent. Sur le plan monétaire, les crédits contractés par les entrepreneurs sont progressivement remboursés (« autodéflation »), mais il n'y a pas de nouvelle vague de demande : la masse monétaire se contracte et amplifie la baisse des prix. À ce stade, les entreprises les plus fragiles font faillite. L'activité économique ralentit mais se situe à un niveau de satisfaction supérieur et avec des structures profondément modifiées, du point de vue tant de la production que de l'emploi. Notons que, pour Schumpeter, le crédit joue un rôle important dans le cycle, mais qu'il est subordonné au rythme des innovations.

L'école de la régulation

L'analyse en termes de « régulation » de la crise s'est développée en France dans les années 1970 et 1980 à la suite de la publication de textes tels que *Régulation et crises du capitalisme : l'expérience des États-Unis*, de Michel Aglietta, en 1976. Si l'école de la régulation ne donne pas de réponses satisfaisantes dans tous les domaines, elle a le mérite d'intégrer les deux crises majeures du XXe siècle dans le même schéma logique, ce qui est souvent impossible dans le cadre d'autres approches.

Les économistes de la régulation partent du constat que le capitalisme a su survivre aux plus aiguës de ses contradictions en se transformant et en modifiant son mode de fonctionnement. Ce qui permet au capitalisme de survivre et de renaître de ses crises, plus performant et dynamique que jamais, c'est justement la *régulation*. On peut définir la régulation comme l'ensemble des procédures et des mécanismes, automatiques ou volontaires, qui permettent la reproduction du système.

La régulation s'opère dans cinq « formes institutionnelles » : le rapport salarial, la concurrence, la monnaie, l'intervention de l'État, l'insertion dans l'économie mondiale. Ces «formes» sont en quelque sorte les rouages de base du système.

Les crises de régulation

Les économistes de la régulation distinguent deux types de crise. D'un côté les crises qui ne remettent pas en cause le système (qui correspondent aux cycles Juglar) et celles, appelées *grandes crises*, qui se manifestent lorsqu'un type de régulation atteint ses limites et ne peut plus fonctionner.

Ainsi, la crise des années 1930 a marqué la fin d'un type de régulation, la *régulation concurrentielle*, et a ouvert la voie à une *régulation monopoliste*. La crise des années 1970 signe l'épuisement de la régulation monopoliste et devrait déboucher sur une nouvelle forme de régulation : la *régulation monopoliste internationale*.

Le passage de la régulation concurrentielle à la régulation monopoliste peut être résumé par les modifications suivantes des «formes institutionnelles» :

- **Rapport salarial.** La modification essentielle est liée à l'adoption du mode de production fordiste. Production de masse et salaires relativement élevés. Les systèmes de protection sociale garantissent le revenu.
- **Formes de la concurrence.** C'est le passage de formes de concurrence ouvertes à des situations d'oligopole ou de monopole. Forte concentration des entreprises induite par la production fordiste. Les besoins énormes de financement donnent une place privilégiée au capitalisme financier.
- **Formes monétaires.** L'élément important est l'abandon de l'étalon-or au profit d'un système axé sur l'abondance de crédit. Le pouvoir de la Banque centrale s'accroît.
- **Le rôle de l'État.** C'est le passage bien connu de l'État gendarme à l'État providence.
- **L'insertion dans l'économie mondiale.** Le passage de la régulation concurrentielle à la régulation monopoliste se traduit par une forte ouverture des économies nationales. Le développement du libre-échange est parallèle à la croissance supranationale des entreprises.

L'internationalisation des échanges de marchandises s'accompagne du développement de flux financiers et monétaires que les États finissent par ne plus contrôler.

Boyer ou le sens des mutations

L'explication de la crise de 1973 est peut-être moins convaincante, mais elle a permis à Robert Boyer (né en 1943) de souligner le fait que les mutations peuvent être brouillées par les interférences entre trois phénomènes : *pesanteur*, *innovation* et *résurgence*.

- **La *pesanteur* est causée par l'inertie du mode de régulation antérieur : elle se manifeste notamment par le maintien de certains mécanismes et de situations acquises.** Ainsi, le fordisme reste, malgré ses limites, le mode de production le plus universellement pratiqué. Les contrats de travail se définissent selon des conventions collectives que les syndicats défendent avec acharnement, selon le principe de l'IAA (irréversibilité des avantages acquis). L'État reste prisonnier des compromis établis, qu'il assume au prix de déficits qui se creusent. Au niveau international, l'inertie se traduit par le maintien du libre-échange, mais également par une organisation des paiements qui continue à faire la part belle à une monnaie, le dollar, qui n'est plus le pilier d'un SMI (Système monétaire international) totalement délabré.

- **Les *innovations* sont nombreuses tant au niveau de l'organisation du travail dans l'entreprise (informatisation, automatisation, toyotisme) que dans l'expérimentation d'autres formes d'activité (télétravail).** Elles s'expriment parfois dans le glissement d'un secteur à un autre de formes bien expérimentées d'organisation du travail. Ainsi, l'OST (organisation scientifique du travail), qui est de plus en plus appliquée dans les activités tertiaires (fast-foods, call centers).

- **Le phénomène le plus intéressant est celui de la *résurgence* de modalités, de fonctionnements qui appartiennent non pas à la régulation monopoliste en voie d'épuisement, mais bel et bien à l'ancienne régulation concurrentielle.** C'est particulièrement évident dans la sphère du rapport salarial. Ainsi, on voit apparaître des phénomènes qui ne semblent nouveaux que parce qu'on les croyait oubliés : le *sweating system* (exploitation du prolétariat), le travail des enfants, la précarité de l'emploi ou encore le retour à des formes individuelles de contrats de travail. De même, il n'est pas facile de distinguer dans la nouvelle définition du rôle de l'État ce qui est réellement nouveau de ce qui n'est que le retour de vieux dogmes de neutralité et d'équilibre des finances publiques. Notons que la pire des résurgences se présente sous forme de menace récurrente : le repli sur soi des pays, le retour du protectionnisme et l'établissement de « zones monétaires ».

On voit que ces analyses mènent au paradoxe central de la crise actuelle, entre le « nouveau » et l'« ancien ».

Crise ou cycle ?

L'idée que l'économie est animée par des rythmes cycliques est très ancienne. Dans la Bible, l'épisode du pharaon qui rêve de « vaches maigres » et de « vaches grasses » est expliqué par Joseph par l'idée d'une succession de périodes de prospérité et de difficultés. Avec une durée de sept ans qui, *a posteriori*, ne manque pas de pertinence.

Au XIXe et au XXe siècle, l'idée que l'économie est animée par des cycles a été soulignée plus particulièrement par deux auteurs : Clément Juglar et Joseph Schumpeter.

Le cycle Juglar

En 1860, Clément Juglar publie *Des crises commerciales et de leur retour périodique en France en Grande-Bretagne et aux États-Unis*. Le constat est simple : à intervalles réguliers, entre huit et onze ans, les prix et la production, après s'être élevés, connaissent une baisse brutale. La crise qui se produit ouvre une période de dépression. Juglar établit le premier un véritable modèle de récurrence dans l'évolution économique ;

la crise est perçue non pas comme un accident exogène mais comme un moment d'un cycle qui en compte trois :

1. **Une phase d'expansion** caractérisée par la hausse des prix, l'expansion de l'emploi, de la production et du crédit.

2. **Une crise brève** (quelques jours ou quelques semaines) mais violente qui se manifeste par la chute des cours à la Bourse, la baisse des prix et la contraction du crédit.

3. **Une phase de dépression** qui a des caractères opposés à ceux de l'expansion (baisse des prix, de la production, de l'emploi et des crédits). La dépression crée automatiquement les conditions d'une reprise par l'abondance de capitaux et la baisse des coûts de production.

Les travaux empiriques de Juglar ont été confirmés par l'histoire jusqu'en 1929. Jusqu'à cette date, on observe en effet des crises périodiques d'une grande régularité (1867, 1873, 1882, 1907...). Depuis 1929, les rythmes économiques semblent avoir changé, avec des périodes d'expansion plus longues (« trente glorieuses »).

Le cycle Kondratiev

L'idée de « cycles longs » a été mise au point par Joseph Schumpeter sous la forme de ce qu'il a lui-même appelé « cycles Kondratiev », du nom de l'économiste russe qui le premier a « découvert » des cycles de cinquante à soixante ans avec des phases d'expansion et de récession d'environ trente ans. Ces cycles se superposent aux cycles Juglar et à des cycles « courts » (cycles Kitchin) de trois ou quatre ans.

Cette théorie a fasciné bon nombre d'économistes et de profanes dans les années 1970-1980, lorsque les « trente glorieuses » se sont achevées, semblant valider totalement le schéma de Schumpeter. Aucune autre théorie n'avait prévu cette alternance de trente années fastes et de trente années néfastes.

Le cycle Kondratiev est lui aussi avant tout caractérisé par l'évolution des prix. Les phases d'expansion (« phase A ») sont des périodes de hausse des prix, de la production et de l'emploi ; les phases de dépression («phase B»), des périodes de baisse.

Selon Schumpeter, le monde aurait connu trois cycles longs : le cycle de la révolution industrielle (1787-1840), celui des chemins de fer (1843-1897) et celui de la chimie et de l'électricité (1989-1939). Chacun de ces cycles comporte en son milieu une crise particulièrement grave (1825, 1873, 1929), caractérisée notamment par la coïncidence du retournement des trois cycles (Kitchin, Juglar et Kondratiev). Ses disciples y ajoutent un quatrième «Kondratiev», qui est celui des «trente glorieuses». Ce cycle-là, pour fascinant qu'il soit, pose quand même de sérieuses difficultés : si la phase A (1945-1973) et la crise qui en marque la fin ne présentent aucun problème, la phase B, elle, soulève bien des doutes. D'abord, on ne sait pas quand elle finit (si elle est finie...) ; ensuite, il est difficile d'y retrouver la moindre trace d'une baisse des prix. Mais comme les économistes ne manquent pas de ressources, ni d'imagination, certains ont réussi à en trouver une : il suffit de mesurer les prix... en or.

Toujours est-il que cette approche de l'évolution économique en termes de cycles soulève d'infinies controverses et des batailles techniques d'une complexité folle.

Que peut-on en retenir ?

L'histoire semble conforter l'existence des cycles Juglar au XIXe siècle. Le XXe siècle, avec ses deux grandes crises, serait plutôt proche de l'hypothèse Kondratiev, qu'on pourrait éventuellement enrichir d'un zeste de régulation. Certains disciples de Schumpeter vont dans ce sens (Christopher Freeman). Quant à la période plus récente, le manque de recul empêche d'émettre une quelconque analyse sereine. Est-ce le «Kitchin» qui l'emporte ? Le «Kondratiev» aurait-il subi quelque métamorphose ? Assistons-nous au retour fracassant du «Juglar» ? La séquence 1987-1997-2007 ne manque pas d'allure : une crise tous les dix ans, cela rappelle certaines séquences du passé.

Rappelons les dates des principales crises du XIXe siècle : 1816, 1825, 1836, 1847, 1857, 1866, 1873, 1882, 1890, 1900, 1907. Belle série, n'est-il pas ?

Les explications des cycles

Dans les nombreuses explications des cycles, on peut en retenir deux : l'innovation et le crédit.

L'innovation

L'analyse de Schumpeter et de ses disciples est, bien entendu, axée sur le rôle dominant de l'innovation. Elle pourrait expliquer notamment le quatrième «Kondratiev». Les «grappes d'innovations» sont évidentes dans les années 1950-1960 (aviation, nucléaire, pétrole, chimie…), tout autant que leur épuisement dans les années 1970-1980. Les années suivantes, sans qu'il y ait de frontière nette entre les deux périodes, sont de toute évidence des années truffées d'innovations (informatique, Internet, biotechnologies…).
Il semble peu probable en revanche que la crise de 2007 ait été provoquée par un quelconque tarissement technologique. Cela dit, les analyses schumpeteriennes ont plus d'un tour dans leur sac. Selon Gerhard Mensch, les inventions et découvertes se produisent pendant les périodes de dépression. Le problème est de les transformer en véritables innovations, c'est-à-dire d'en faire la base de l'activité économique. Selon Mensch, il peut se produire des situations d'«impasse technologique» caractérisées par la surabondance de connaissances scientifiques et l'incapacité de les transformer en véritables innovations. Aujourd'hui, on peut fabriquer des voitures électriques, à l'hydrogène ; le tout est de le faire de manière économiquement viable.

Les explications monétaires et le rôle du crédit

Elles s'appliquent surtout aux cycles Juglar et semblent très convaincantes. Elles font porter la responsabilité du cycle aux évolutions de la monnaie.

On a vu que l'élément central des cycles, c'est l'évolution des prix : hausse en période d'expansion, baisse en période de récession. On sait depuis Fisher et Friedman (mais on en avait l'intuition avant) que ce qui détermine le niveau des prix, c'est la quantité de monnaie en circulation, la masse monétaire. De très nombreux économistes ont fait de la monnaie et du crédit le moteur des cycles (Sombart, Hawtrey).

La mécanique est la suivante : en période d'expansion, le crédit est facile et peu cher. Les banques en distribuent de grandes quantités, favorisant l'investissement, la production et la consommation. La hausse des prix nourrit l'expansion. Mais, à un moment, la mécanique s'enraye. Pourquoi ?
La première raison est à chercher dans l'attitude des Banques centrales. Le gonflement de la masse monétaire fait peser des menaces : inflation, dévaluation, rupture de la parité-or de la monnaie.

Cette préoccupation, typique du XIXe siècle, est selon de nombreux économistes ce qui donne leur régularité de métronome aux cycles Juglar au XIXe siècle. Les gouvernements ont fait de la convertibilité-or de la monnaie un dogme absolu. Dans un monde où la monnaie fiduciaire (les billets) est encore jeune et fragile, le fait que cet argent soit échangeable en or est la condition *sine qua non* de son existence et, accessoirement, de la crédibilité des États.

Le taux d'intérêt et la « relique barbare »

Toujours est-il que l'immense majorité des crises commence par une décision technique bien précise : la hausse des taux d'intérêt. Ce fut le cas au XIXe siècle, ce fut le cas en 1929, ce fut le cas en 1987, et, bien entendu, ce fut le cas en 2007.

Selon John K. Galbraith, le retour à la parité-or de la livre en 1925 fut « la mesure la plus radicalement désastreuse de l'histoire moderne en matière monétaire ». Pourquoi ? Parce qu'il n'a été possible que par une politique déflationniste violente, notamment à coups de forts taux d'intérêt, qui ont fait le lit de la crise de 1929.

Le fait que les dernières crises se soient produites dans un monde débarrassé de la « relique barbare » (c'est ainsi que Keynes appelait l'étalon-or) ne change en définitive pas grand-chose à l'affaire. La fin de l'étalon-or (qui a survécu jusqu'en 1971 pour les États-Unis), si elle a permis dans un premier temps de « libérer » la création monétaire, n'a pas mis fin à la phobie de l'inflation, bien au contraire. Par ailleurs, le maintien de la « crédibilité » de la monnaie est de nos jours devenu vital pour des pays surendettés comme les États-Unis.

La création de l'euro et sa survie ont été obtenues également par une politique de rigueur. C'est pour cela que l'euro mérite, selon ses adversaires, l'appellation de monnaie «radicalement désastreuse» : ce serait elle la «relique barbare» contemporaine.

Chapitre 4
Spécificités de la crise actuelle

Dans ce chapitre :
- Ressemblances et différences
- La logique des crises
- Le déni français ?

La crise qui commence en 2007 est d'une nature bien particulière.

Dans le triptyque qu'elle compose avec les deux grandes crises du XXe siècle, elle présente une palette complexe de similitudes et de différences.

On peut, pour déblayer le terrain, souligner quelques similitudes, mais on verra que cette crise a une identité propre et que l'histoire, même si elle balbutie, ne se répète jamais. Elle s'amuse seulement à nous poser des énigmes.

Jeux de miroirs

Ce qui frappe d'abord, c'est la ressemblance avec la crise de 1929, par sa mécanique, par son déroulement : la crise de 2007 commence avec une forte spéculation, continue avec un krach et semble devoir aboutir à un effondrement des banques et du crédit et, par là, à la récession et au chômage.

Notons immédiatement que cette ressemblance a peut-être sauvé le monde d'une catastrophe de plus grande ampleur. Lorsque les banques ont commencé à montrer des difficultés, les responsables politiques ont réagi unanimement : en aucun cas il ne fallait que la crise aille plus loin. Il fallait sauver les banques. Cette analyse, et cette rapidité d'exécution, a été dictée par le souvenir bien précis du déroulement de la crise de 1929. Compte tenu des mentalités dominantes, surtout dans le monde anglo-saxon, on peut considérer cela comme un miracle.

Il aura fallu attendre cette crise pour voir des libéraux impénitents nationaliser des banques sans sourciller ou implorer l'aide de l'État. Il est loin, le temps où Reagan annonçait fièrement : « Dans la crise actuelle, le gouvernement n'est pas la solution à nos problèmes ; le gouvernement, c'est le problème. »

Une autre ressemblance est l'aspect dramatique de la crise. L'existence de systèmes d'assurance et de solidarité nous avait fait oublier, pendant longtemps, l'impact quasiment physique que les problèmes économiques peuvent avoir sur la vie de chacun. Avec la crise de 2007, cet impact est douloureux : chômage, baisse des revenus, précarité, faillites, paupérisation, suicides.

Pour couronner le tout, la crise s'accompagne (comme sa devancière bien qu'à une moindre échelle) de troubles sociaux et de la montée de forces politiques extrémistes qui n'ont de cesse de chercher des boucs émissaires et de désigner dans l'« autre » (l'immigré, l'Europe, la Chine, etc.) la source de tous nos maux.

Mais la crise qui commence en 2007 ne peut être considérée comme une simple réplique de la crise de 1929. C'est une crise double : elle a un versant financier et bancaire et un versant étatique. Si le premier évoque inévitablement 1929, le second se rattache directement à la crise de 1973. Les problèmes de la dette des États et de l'Europe semblent être l'aboutissement d'un long processus de déchéance et de réformes de l'État providence.

La crise se présente donc comme une synthèse des crises qui l'ont précédée – la crise des crises

La diversité des analyses qu'on en a faites et leur aspect totalement contradictoire soulignent ce caractère ambivalent de la crise : crise du marché, ou crise de l'État ? Crise des excès de l'un, ou de l'excessive lourdeur de l'autre ?
La réponse est souvent idéologique. Chacun voit midi à sa porte. Mais chacun est bien obligé de constater que son verre est à moitié vide.

La logique des crises

Au-delà de ce jeu de ressemblances/différences, qui n'a qu'un intérêt apéritif, une autre logique semble relier ces crises majeures du capitalisme. Pour simplifier, on pourrait dire que chaque nouvelle crise est le résultat des remèdes apportés à la précédente.

Ainsi, la crise de 1929 ayant été analysée en termes keynésiens, on l'a « soignée » avec les remèdes imaginés par le maître de Cambridge.

Là où le marché semblait défaillant, on l'a bâillonné, réglementé, limité dans ses ambitions, amputé dans ses mécanismes. Là où l'absence de l'État semblait être rédhibitoire, on a renforcé la présence et le rôle de celui-ci. Là où la baisse des salaires semblait compromettre la croissance, on s'est arrangé pour qu'ils augmentent, ou au moins qu'ils ne baissent plus.

Là où il y avait sous-consommation, on a tout fait pour que la consommation devienne le moteur de l'économie, quitte à accepter les excès de ce système.

Et, pour finir, là où la déflation semblait le mal absolu, on a pratiqué vis-à-vis de l'inflation un laxisme coupable.

Peu à peu, on a laissé se construire, et se développer par inertie, un système où le marché était engoncé dans une sorte d'économie mixte : une économie dans laquelle l'État jouait un rôle de plus en plus important (y compris au moment où cette économie entrait en crise) et où le dynamisme du marché s'épuisait du fait de sa propre logique (création de monopoles, saturation de la consommation) et du fait des critiques de ses « ennemis » (syndicats, étudiants, intellectuels)...

La période qui va de 1968 à 1979 est celle de l'accumulation de toutes sortes de dysfonctionnements, d'impasses, d'aberrations.

La réaction à cet état de fait est ce que l'on a appelé la « révolution conservatrice ». Initiée par le couple Thatcher-Reagan, elle a par la suite gagné la plupart des pays. Depuis les années 1980, on a ainsi détricoté l'économie keynésienne, l'État providence, on a rétabli le marché comme instance suprême du fonctionnement économique.

Quand la crise rencontre la crise

Lorsque la crise a commencé, à l'été 2007, la plupart des observateurs y ont vu la crise des excès du libéralisme. Comme en 1929.

Cette crise serait due aux solutions apportées à la crise du keynésianisme dans les années 1980, qui aurait provoqué un retour à la case départ – à l'économie d'avant Keynes.

Une autre approche suggère que la crise fut en réalité provoquée par l'insuffisance des remèdes apportés à la crise de 1973.

La crise actuelle pose donc une question simple mais incontournable : sommes-nous dans la crise des excès du libéralisme issus de la « révolution conservatrice », ou sommes-nous (encore) dans l'agonie de l'État providence ?

Nous avons là un véritable débat.

La rencontre de ces deux crises constitue le nœud gordien de la question, de l'énigme que doit affronter le monde en ce début de XXIe siècle.

En filigrane, le problème de la mondialisation suscite d'autres interrogations.

Croire qu'une nouvelle crise est comme celles qui l'ont précédée, c'est juger avec les yeux dans le dos. C'est un peu comme à la guerre : si on commence la nouvelle comme on a fini la dernière, on risque d'avoir une stratégie de retard. C'est ce qui est arrivé aux Français en 1940.

Le sens de la crise

De quelles nouveautés la crise est-elle porteuse ?

Les pistes ne manquent pas :

> ✔ Est-ce la crise de la domination occidentale sur le monde ?

- Est-ce la crise de notre mode de vie ?
- Est-ce la crise de notre mode de production de richesses ?

Car, en même temps que les économies occidentales plongent dans le marasme, celles de la Chine, de l'Inde ou du Brésil affichent des taux de croissance deux fois plus élevés que ceux qui furent les nôtres pendant les «trente glorieuses». Des centaines de millions d'hommes jeunes, dynamiques, assoiffés de consommation et ayant probablement moins d'états d'âme que les Occidentaux vieillissants investissent des parts croissantes de la production et des échanges, lançant à nos industries un défi permanent...

Paradoxes d'une crise

La crise de 2007 commence comme une crise de la finance ; elle a plongé le monde dans de très graves difficultés parce que le monde est dominé par une finance qui a gonflé jusqu'à devenir autonome par rapport au reste de l'économie et de l'État. Cette crise n'a pas dégénéré en chaos planétaire parce que l'État a sauvé les banques et la finance. Mais, en sauvant les banques, l'État s'est lui-même enserré dans les filets de l'endettement à outrance où il avait glissé progressivement au cours des dernières décennies.

Cette crise américaine est bientôt remplacée par une crise européenne où l'État fait figure de principal accusé par le biais de la dette... Or, derrière le problème de la dette se cache en réalité le problème de ce qui reste de l'État sous sa forme «providence».

À première vue, les pays qui sont sur la sellette sont ceux qui ont pratiqué un excès d'État providence (Grèce, Italie, France) ; on en oublie les pays qui se trouvent dans une situation similaire sans avoir connu ce type d'État (Espagne, Irlande, Islande, Royaume-Uni).

Le problème de la dette doit être vu dans son intégralité : il y a la dette publique, mais il y a aussi la dette privée. En 1929, c'est la dette privée qui a fait exploser la mécanique : dette des ménages, dette des banques... Aujourd'hui, dettes privées et dettes publiques non seulement cohabitent mais sont probablement liées, l'une compensant ou remplaçant l'autre. Ainsi, en France et en Italie, les ménages ne sont pas endettés, alors que la dette publique est importante. En Espagne, c'est l'inverse. Aux États-Unis, symptôme intéressant, les ménages *et* l'État sont endettés.

Au jeu des ressemblances, la crise de 2007 se prête à de drôles de conclusions : violente comme celle de 1929, elle est aussi larvée, sournoise, insaisissable comme celle de 1973. Une sorte d'hybride repoussant, né de l'accouplement de deux monstruosités. Il en découle sa nature ambiguë, pour ne pas dire schizophrène. Elle se présente en effet comme ce qu'elle est, et *tout son contraire*. Les aspects aberrants ne manquent pas : des banques au bord de la faillite mais qui annoncent encore des milliards de bénéfices; la misère des uns qui côtoie la réussite insolente des industries du luxe et de leurs clients; un monde encore miné par l'inflation et qui manque de liquidités, qui risque à tout moment de sombrer dans la déflation; un monde à la dérive, sauvé *in extremis* par l'État et qui ne cesse de dire que l'État est, encore et toujours, le coupable...

La crise est à chaque fois une nouveauté. C'est une énigme perpétuellement réinventée.

La crise que nous vivons pourrait bien être la crise de l'endettement

Si l'on essaie de trouver un fil conducteur entre toutes les difficultés auxquelles la crise nous renvoie, on se prend les pieds inévitablement dans l'écheveau de l'endettement.

Endettement des ménages, des banques, des États.

Cet endettement est à chaque fois le symptôme d'un problème et une cause profonde de la crise :

- L'endettement des ménages pose le problème crucial des revenus.
- L'endettement des banques, et éventuellement des entreprises, pose la question du rôle et de la nature même du capital.

> ⮕ L'endettement des États pose le problème de leur fonction dans la société et de leur capacité à mener une politique économique.

Le Déjeuner sur l'herbe ou le déni français

En mars 2012, *The Economist* met en couverture une drôle de scène. Sous le titre *France in Denial* («Le déni français»), un *Déjeuner sur l'herbe* d'Édouard Manet revu et corrigé avec, dans les habits des personnages masculins, Sarkozy et Hollande. Nu, comme d'habitude, le personnage féminin a quelque chose d'une France que les deux prétendants à la présidence se disputent mais qui est, quoi qu'il arrive, ruinée.

Le message de ces coquins de journalistes anglais est clair : la France déjeune sur l'herbe, alors qu'elle est déjà sur la paille.

L'exception française

Les Français ne font rien comme les autres. En 1936, au milieu des affres de la Grande Dépression, alors que d'autres Européens se livrent aux dictatures d'extrême droite, la France porte au pouvoir le Front populaire. En 1981, alors que les autres viennent de s'engager dans le grand tournant libéral, la France élit François Mitterrand. En 2012, c'est au tour de François Hollande. La France aurait-elle un esprit de contradiction hypertrophié ?

D'autant plus que la France n'a pas attendu la victoire de la gauche pour cultiver les paradoxes. L'expérience du quinquennat de Nicolas Sarkozy n'a pas été pas avare en ambiguïtés. Élu comme «Sarkozy l'Américain», il était en 1997 l'homme de la «réforme». Réforme au sens libéral, anglo-saxon. S'étant lancé dans quelques opérations de *tax cut* (bouclier fiscal) et de libéralisation (autonomie des universités), il s'est trouvé confronté aux affres de la crise. Il en est résulté l'action équivoque d'un président à deux visages (pour le moins) : l'un pourfendant le capitalisme financier et ses excès, l'autre prônant le réalisme et la rigueur. Le premier s'est étonnamment fait le défenseur de la « refondation du capitalisme » et de l'instauration de la taxe Tobin, jusque-là uniquement défendue par les altermondialistes (Attac). L'autre a mis en chantier l'importante réforme des retraites et entamé le « dégraissage » de la fonction publique et, *in fine*, est devenu avec Angela Merkel le défenseur de la rigueur budgétaire. Les prédécesseurs d'Hollande et Sarkozy n'ont pas été en reste dans le domaine de l'ambiguïté : Jacques Chirac a été élu, la première fois, comme champion du libéralisme, et réélu comme ennemi impavide de la « fracture sociale ». François Mitterrand quant à lui a opéré le grand tournant dans l'autre sens : des grandes réformes de 1981 à la rigueur de Maastricht, des nationalisations aux privatisations...

La France dans le doute

L'Europe regarde interdite cette France qui semble, tout en zigzaguant, s'entêter à nier la réalité...

En France, la crise vient se greffer sur de vieilles plaies, mal ou pas du tout cicatrisées : l'idée du déclin qui hante le pays depuis des décennies, le débat sans fin sur les 35 heures, les affrontements et les diatribes sur les « assistés » et les immigrés.

Pendant la première phase de la crise, les nostalgiques du keynésianisme ont triomphé : ils ont montré du doigt les excès du libéralisme anglo-saxon, les folies de la défiscalisation à l'irlandaise et se sont complu à voir la France, avec son État lourd et sa protection sociale généreuse, résister mieux que les autres à la tempête.

Ils ont vite déchanté. Avec la montée du problème de la dette, le pays a dû faire face à une réalité bien triste : poussée du chômage, résultats catastrophiques du commerce extérieur, désindustrialisation, perte du « triple A ».

La France est vite retombée dans ses doutes.

Elle renoue avec un exercice qu'elle adore : un jeu de miroirs où elle regarde ses voisins et essaie de se reconnaître. Mais se reconnaître en qui ? Dans l'Allemagne vertueuse, austère et efficace, qui sait prendre les problèmes à bras-le-corps et se sortir des difficultés, ou dans l'Italie, talentueuse mais incapable de mettre fin aux tares qui la minent ? La France sera-t-elle entraînée dans le tourbillon du sud de l'Europe ? Certains ont joué de cette possibilité dans les bas-fonds de la campagne électorale : « Si vous votez Hollande, vous aurez la Grèce. »

Le déni français

La France est-elle dans le déni ? Refuse-t-elle de regarder la réalité en face ?

C'est arrivé pendant la crise de 1929. Pour de multiples raisons (dont son « provincialisme »), la France n'a été touchée que tardivement, vers 1932.

Elle s'est crue, pendant ce laps de temps, à l'abri de la tourmente. Elle a donc vécu la crise avec une certaine nonchalance, d'autant plus que la crise a été, en France, moins violente qu'ailleurs, notamment en Allemagne. Mais en arrivant dans le pays, la crise a revêtu des caractères bien particuliers : au-delà des vicissitudes économiques, elle a tourné à l'affrontement idéologique. Le terreau français était truffé de vieilles tares et de sombres rancunes. La corruption, l'inefficacité du pouvoir d'un côté, l'antiparlementarisme, l'antisémitisme de l'autre. À la suite de l'affaire Stavisky, la République faillit être renversée : le 6 février 1934, l'Assemblée dut être défendue par le feu de la troupe. En réaction, on eut le Front populaire et la victoire de la gauche en 1936.

Cette année-là, la France était plus proche de l'Espagne que de l'Allemagne ou de l'Italie. Le gouvernement Blum apporta les réformes que le monde ouvrier attendait depuis longtemps, notamment les 40 heures et les congés payés. Une fracture profonde coupa la France en deux : d'un côté ceux qui, justement, profitaient pour la première fois de leurs droits, de l'autre ceux qui pestaient contre cette République irresponsable qui envoyait les ouvriers en vacances pendant qu'une bonne partie de l'Europe marchait au pas. Cette fracture-là allait envenimer la vie politique et culturelle de la France et aboutir à l'épisode calamiteux de la Collaboration.

Il serait bien imprudent d'isoler ces quatre années de ce qui les a provoquées.

Peut-on dire que la France était dans le déni, ou bien sa spécificité, idéologique et économique, était-elle bien réelle ? La question est beaucoup plus délicate qu'on l'imagine. La gauche revient au pouvoir en 1981, là aussi à la suite d'une grande crise. La France est-elle tombée dans le refus de voir la réalité en face ? Cette fois-ci, on connaît la réponse, puisque les acteurs eux-mêmes l'ont donnée.

Lorsque Mitterrand arrive au pouvoir, en 1981, la gauche a un programme, mûri dans le long séjour du côté de l'opposition. C'est un programme rédigé avant la crise, mais qui semble contenir de bons remèdes contre le marasme économique dans lequel la France est tombée Il s'agit de relancer la consommation par l'augmentation des bas revenus. La retraite à 60 ans fera de la place aux jeunes sur le marché du travail. L'État prendra une part plus active dans l'économie, qu'il va encadrer par une série importante de nationalisations – dont celle, ne l'oublions pas, de la quasi-totalité des banques et du crédit. Du keynésianisme pur et dur.

On connaît la suite : inflation, déficits, augmentation du chômage. L'expérience du gouvernement Mauroy sera la preuve ultime de l'échec du keynésianisme, de l'aveu des socialistes eux-mêmes.

Faiblesse ou vertu ?

Et aujourd'hui ?

Il est difficile de faire dans le débat actuel la part entre ce qui relève de l'analyse réelle des problèmes et de la pure polémique politicienne. L'affrontement droite-gauche nous fournit sa ration quotidienne d'accusations mutuelles, d'invectives, de récriminations qui s'adressent plus au public des fans qu'à une quelconque intelligence objective.

Faire l'analyse de la crise française pour en extraire les spécificités n'est pas chose aisée. Les problèmes sont sur la place publique : dette de l'État, déficit commercial, croissance en berne.

La situation de la France est-elle critique, comme l'affirment les uns, ou est-elle, si l'on ose dire, « normalement grave » ?

Nous laisserons le lecteur trancher. Un coup d'œil rétrospectif sur les dernières décennies nous remémore ces longues années où la France était vilipendée parce qu'elle ne faisait pas comme les autres. L'exemple, à l'époque, c'étaient les États-Unis, le Royaume-Uni, l'Irlande. La France a beaucoup lorgné vers ce modèle tout en ne montrant aucun empressement à le suivre de trop près. Bien lui en a pris. Vous souvenez-vous de cet homme politique qui voulait que les Français accèdent à la propriété et que l'on rende les crédits hypothécaires plus faciles, comme aux États-Unis ? Lui-même n'est heureusement pas allé au bout de ce projet.

Aujourd'hui, c'est l'Allemagne et sa rigueur extrême qui donnent le ton. La France n'a pas l'air pressée de verser dans la rigueur à outrance. Faiblesse ou vertu ? L'histoire nous le dira.

Deuxième partie
L'engrenage

Dans cette partie...

Nous étudions les mécanismes de la crise actuelle. On a construit, sur le sable d'un endettement généralisé, des châteaux de titres financiers. Le temps d'un été, l'édifice bancaire s'effondre, suivi de la Bourse, puis de l'économie en général. Les États interviennent, mais on découvre bientôt qu'eux-mêmes sont surendettés. La crise accomplit sa métamorphose : de crise financière, elle devient crise de l'État. De crise américaine, elle devient crise de l'Euro(pe).

Chapitre 5

Endettement et financiarisation

Dans ce chapitre :
- Le piège de l'endettement
- Les délices de la financiarisation
- Une folie planétaire

L'économie des années 2000, comme nous allons le voir, a fait le lit de la crise. L'excès d'endettement et les nouvelles techniques financières sont au cœur du problème.

Le piège de l'endettement

Vivre au-dessus de ses moyens, le monde occidental sait ce que cela signifie. Notamment les Américains. Le taux d'épargne des ménages américains était de l'ordre de 9 % de leur revenu, des années 1950 aux années 1980 ; il était plus faible que celui d'autres pays développés, mais comparable. Dans les années 2000, le taux d'épargne est tombé à des niveaux proches de zéro, il est même devenu négatif en 2005.

« La disparition de l'épargne chez les ménages américains constitue sans doute l'un des phénomènes macro et microéconomiques les plus stupéfiants de la dernière décennie », observe justement Jacques Mistral (*Vingtième Siècle*, n° 97).

Parallèlement, le taux d'endettement a augmenté : 100 % du revenu en 2002, 120 % en 2004.

Les plus riches sont traditionnellement les plus endettés, mais leur modèle s'est répandu dans les catégories sociales plus modestes.

On met généralement sur le compte de l'optimisme américain ce mode de gestion des finances personnelles, qui est aussi un mode de vie. Et ce n'est pas la première fois que cela se produit dans l'histoire des États-Unis. Certains soulignent que dans le passé, par exemple à la fin du XIXe siècle, l'endettement était aussi important. De même dans les années 1920.

Vivre à crédit

Au cours des dernières décennies, l'augmentation de l'endettement a été accélérée par des innovations techniques et par des mutations sociales.

Au milieu des années 1990 s'est développé un système de notation (« rating ») des consommateurs appelé « Fico » (de Fair, Isaac & Company).

Ce système, comparable à celui des agences de notation bien connues, donnait aux banques et aux bureaux de crédit un « score » mis à jour quotidiennement, pour tout consommateur demandant un crédit (crédits en cours, retards de paiement, saisies). Ce système informatique a sans doute joué un rôle dans l'emballement du crédit.

Parallèlement s'est généralisée l'utilisation des cartes de crédit. On dit qu'un Américain dispose en moyenne de sept cartes de crédit. En 2004, les trois quarts des détenteurs de ces cartes avaient un découvert permanent de 7 500 dollars en moyenne. Chaque Américain reçoit par année une cinquantaine de propositions de cartes de crédit. Robert D. Manning a consacré à cet engouement un livre au titre explicite : *Credit Card Nation. The Consequence of America's Addiction to Credit*.

Un autre élément ayant probablement favorisé l'endettement est la législation américaine de la « faillite personnelle ». Il existait traditionnellement aux États-Unis deux régimes juridiques pour les individus incapables d'assumer le remboursement de leurs dettes : le « chapitre 7 » et le « chapitre 13 » de la loi sur les faillites. Concrètement, le premier est utilisé comme mise en liquidation lorsqu'il n'y a que peu de biens, le « chapitre 13 » permettant une réorganisation des dettes. Ces régimes permettent aux ménages surendettés de repartir après avoir « mis les compteurs à zéro ».

Les crédits, y compris immobiliers, sont très souvent « vendus » aux clients non par la banque mais par des démarcheurs, souvent d'anciens vendeurs de voitures reconvertis, qui en faisant du porte à porte n'ont aucune difficulté à convaincre les gens de souscrire un crédit immobilier qui ne pèserait pas plus sur leur budget qu'un loyer. Leur préoccupation est plus de faire du chiffre que de vérifier la solvabilité des clients.

« Ninja », le client idéal

Avec un don inné de l'acronyme, les banquiers américains ont appelé « Ninja » certains de leurs clients. « Ninja » signifie *No Income, no Job or Asset* (« pas de revenus, pas d'emploi – stable –, pas de garanties »). Il s'agit là de ces 30 ou 40 millions d'Américains pauvres, produit de vingt ans de reaganisme, qui vivotent dans l'ombre de la croissance retrouvée. Croissance qui a fait exploser les inégalités.

Les banquiers trouvent là un nouveau client idéal pour innover. Le principe bien connu d'une banque qui se respecte est de ne « prêter qu'aux riches ». Or, la banque sait aussi faire preuve d'imagination et d'innovation. Et le propre de l'innovation, c'est justement de faire ce que personne auparavant n'avait osé faire.

Le contexte est favorable à l'innovation :

- Les taux d'intérêt n'ont jamais été aussi bas.
- Les lois et règlements bancaires n'ont jamais été aussi souples : le Glass-Steagall Act, séparant banque d'affaires et banque de dépôt, a été aboli en 1999 par le Financial Services Modernization Act, permettant entre autres la création du géant bancaire Citicorp.
- L'ingénierie financière a fait des progrès fulgurants.
- Le contexte économique est favorable (hausse des prix de l'immobilier).
- L'État, depuis Clinton, favorise l'accès au logement des plus pauvres.

L'idée est la suivante : on va prêter de l'argent à des ménages aux revenus faibles ne remplissant pas les conditions « normales » d'attribution de crédit (crédits « subprimes », en opposition aux crédits « primes »). Le taux sera bien entendu plus fort et révisable (taux variable). La différence entre le taux auquel la banque se procure l'argent (très bas) et celui auquel elle le prête dégage assez de marge pour que la banque puisse envisager l'opération. Pour rendre le remboursement plus facile, on prévoit une période longue de remboursement (trente ans ou plus). Beaucoup de crédits étaient du type 2+28 ARM (*Adjustable Residential Mortgage*). Pendant les deux premières années, on payait seulement les intérêts, puis on remboursait le capital prêté à des taux réajustés.

La solvabilité des clients est le plus souvent vérifiée par un traitement informatique des dossiers. Et la machine peut manquer de discernement : ainsi, bon nombre de « Ninjas » n'avaient dans leur historique aucun incident de paiement – et pour cause, jamais jusque-là personne n'avait songé à leur accorder un crédit !

Les crédits subprimes sont garantis par l'hypothèque, ce qui, compte tenu de la hausse du prix de l'immobilier, semble être un dernier recours imparable.

Voilà un premier élément. Mais le problème de l'endettement ne se limite pas aux seuls ménages américains, loin de là.

La titrisation

Les banques savent que, malgré tout, le risque demeure. C'est là qu'intervient l'ingénierie financière et plus particulièrement la *titrisation*.

Depuis les années 1980, les techniques financières ont fait des progrès considérables. En quelques années, les traders ont mis au point une multitude de produits nouveaux. Parmi ceux-ci règnent en maître les produits dérivés. Au départ, il s'agit de produits d'assurance. Des contrats à terme qui permettent de fixer par avance le prix de vente ou d'achat d'un produit quelconque : actions, pétrole, devises. Ils contribuent puissamment à réduire le risque et sont en même temps de fabuleux outils de spéculation.

Une autre technique s'est généralisée : la titrisation.
Un procédé proche a été mis au point par Michael Milken dans la fabrication de ce qu'on a appelé dans les années 1980 les *junk bonds*. La titrisation a d'abord été utilisée par deux banques aux surnoms sympathiques : Fannie Mae et Freddie Mac.

Fannie et Freddie sont sur un bateau...

La Federal National Mortgage Association (Fannie Mae) a été créée en 1938 par Roosevelt. C'est une société publique ayant pour but de créer un marché secondaire des crédits hypothécaires. Elle rachetait les crédits aux banques et les finançait par des emprunts qu'elle effectuait à long terme. Elle endossait le risque, notamment par sa diversification sur tout le territoire. Elle n'achetait que des crédits «conformes». Dans l'après-guerre, cela a donné d'excellents résultats, et les obligations de Fannie Mae représentent une part importante de l'endettement public.

En 1970, Fannie Mae est privatisée, et on crée, à son côté, la Federal National Mortgage Corporation (Freddie Mac) pour assurer la concurrence. Les deux groupes restent «parapublics» (il s'agit de GSE, ou *Government Sponsored Enterprises*). C'est au sein de ces deux groupes que naît et se développe la titrisation. Sans aucun problème pendant longtemps, car ils titrisent surtout des crédits de «premier ordre», c'est-à-dire des crédits sûrs.

Mais le marché, très profitable, a fini par attirer les privés : au début du millénaire, Fannie Mae et Freddie Mac émettaient 80 % des titres adossés à des crédits hypothécaires ; en 2006, la part de ces derniers est tombée à 43 %. Des banques privées réalisent désormais plus de la moitié de la titrisation ; des banques comme Lehman Brothers, Goldman Sachs, Bear Stearns, Wells Fargo. Ainsi que des instituts de crédit spécialisés dans le crédit à risque (IndyMac, WaMu, Countrywide).

Bien entendu, les banques privées émettent surtout des titres adossés à des titres risqués. Leur montant explose en très peu de temps : le montant des crédits à risque augmente de 300 % entre 2003 et 2006 (*Problèmes économiques*, n° 2945).

La main au panier

L'idée de la titrisation, au départ, est simple. Il s'agit de diminuer (ou d'annuler) le risque inhérent à certaines créances en les « diluant » dans d'autres créances. C'est le principe que l'on utilise pour fabriquer des Sicav.

On crée un SPV (*Special Purpose Vehicle*), une société spécifique qui détient les créances et dont on va vendre les actions et obligations. C'est ainsi que sont constitués des « paniers » de titres. On crée ainsi des ABS (*Asset Backed Securities*), et surtout des RMBS (*Residential Mortgage Backed Securities*), titres adossés à des crédits hypothécaires.
Ce n'est qu'un début. Le génie financier ne pouvait pas se limiter à ça.

Les CDO

En recommençant l'opération, en mélangeant les RMBS, on crée les CDO (*Collateralized Debt Obligations*). Des « paniers de paniers ». Pour rendre la vente de ces titres plus facile, ou plus attractive, on les découpe en tranches. Trois tranches sont prévues :

- Senior ;
- Mezzanine ;
- Equity (ou junior).

La première est la plus sûre. Elle rapporte des intérêts faibles. Les deux autres sont plus risquées, elles ne sont remboursées qu'après que les tranches « senior » l'ont été, mais elles ont un avantage : elles rapportent des intérêts plus forts.

On présente donc au marché des produits diversifiés permettant à chacun d'investir selon ses besoins et son tempérament.

Il va de soi que les tranches les plus appétissantes du point de vue du rendement sont les tranches « equity » ou « junior ». Ce sont celles que les fonds spéculatifs vont acheter en priorité, de plus en plus souvent au fur et à mesure que l'expérience leur donnera l'impression que le risque est neutralisé. L'appétit vient en mangeant.

C'est là qu'intervient un coup de génie supplémentaire, qui sera au cœur des problèmes futurs. Ces produits, ces titres ne sont pas achetés au comptant mais *à crédit*.

Le crédit, aux taux de ces années-là, est quasiment gratuit. On s'endette à des taux bas et on profite d'intérêts élevés. Élémentaire. L'effet de levier est d'autant plus puissant que le risque et fort.

Mais les tranches les plus risquées peuvent, elles aussi, être digérées par une autre opération de titrisation. On va ainsi fabriquer des « paniers de paniers de paniers ». Des CDO dits « au carré » (*squared*), puis, pourquoi s'arrêter en si bon chemin, des CDO « au cube » (ajoutez un panier). Pour couronner cette construction abracadabrantesque, on crée *in fine* les CDS (*Credit Default Swaps*), des produits dérivés qui, comme leur nom l'indique, sont censés assurer leurs détenteurs contre le « défaut » des débiteurs.

Les fonds d'investissement et les banques se lancent donc dans une mécanique infernale qui consiste à :

- ✔ S'endetter à des taux bas ;
- ✔ Acheter des produits à forte rentabilité ;
- ✔ Les « titriser » et les revendre ;
- ✔ En acheter d'autres (toujours à crédit) encore plus rentables ;
- ✔ Recommencer.

Assurance et notation

Deux autres acteurs jouent un rôle important dans cette mécanique : les « monolines » et les *agences de notation*.

Les « monolines » ou *rehausseurs de crédits* sont des instituts financiers spécialisés dans l'assurance des détenteurs de crédits titrisés. Leur présence et leur action stimulent bien entendu le marché par la « sécurité » qu'ils donnent. Certaines banques françaises s'étaient aventurées sur ce terrain (Dexia, Natixis, Crédit agricole).

Les agences de notation (le fameux trio Standard & Poor's, Moody's et Fitch) notent les produits titrisés. Elles testent les titres avec des modèles mathématiques complexes qui les soumettent à toutes sortes d'hypothèses. Des dizaines de milliers de « lancers de dés » sont effectués. On appelle ça, justement, la « simulation Monte Carlo ».

Les agences, payées par les banques, notent facilement AAA les titres assurés, et les monolines les assurent d'autant plus facilement qu'ils sont bien notés. Un cercle vertueux s'installe où le risque est considéré comme maîtrisé.

Les affaires sont prospères. Les subprimes titrisés s'arrachent. Qui les achète ? Les banques bien sûr et les *hedge funds*, mais aussi des clients ignares, des individus ou des collectivités locales des quatre coins de la planète.

Il va sans dire qu'un des points essentiels de cette construction collective est l'opacité dans laquelle elle se produit.

Les produits que les traders mettent au point sont parfaitement illisibles. Nous y reviendrons.

My name is bond... junk bond

Il était jeune, riche et sémillant avec son smoking impeccable et son nœud papillon. Pour fêter sa réussite, il avait invité Frank Sinatra, Laura Bush et le gratin de la finance new-yorkaise. Frankie avait chanté *New York, New York : Start spreading the news...* La nouvelle qu'il fallait répandre, c'est que Michael Milken avait inventé un truc extraordinaire : les OHR, les obligations à haut rendement. Il s'agissait de titres rapportant pas moins de 20 % de taux d'intérêt. Dans l'Amérique reaganienne des années 1980, les rachats d'entreprise allaient bon train. L'économie était en pleine mutation et les vieilles entreprises de l'ancienne économie étaient à la peine. Écrasées par des coûts (notamment salariaux) excessifs, et incapables de se renouveler, elles étaient comme des yachts somptueux à la dérive, n'attendant que quelques pirates audacieux pour succomber.

Et les pirates aux dents longues ne manquaient pas ; encore fallait-il trouver de l'argent, et beaucoup. Milken avait mis au point un moyen révolutionnaire pour financer ces abordages : émettre des obligations gagées sur la réussite de ces LBO (*Leverage Buy Out*, « achats sur effet de levier »). Immédiatement, les journalistes ont taxé les titres de Milken de *junk bonds* (« obligations pourries »). Les obligations étaient certes risquées puisque les opérations pouvaient échouer, mais Milken avait calculé que statistiquement les gains réalisés sur les opérations réussies compensaient largement les pertes liées aux échecs. Les entreprises convoitées étaient en difficulté et leurs actions sous-cotées, mais elles cachaient des « actifs dormants » (bâtiments, terrains, marques) à la valeur inestimable. Il suffisait d'en prendre le contrôle, de licencier leur personnel, de les dépecer, et de vendre les actifs au meilleur offrant.

Pendant quelques années, la machine a bien fonctionné : les *junk bonds* ont fait la fortune des clients de Milken et la sienne. En 1987, il avait gagné la coquette somme de 550 millions de dollars (l'équivalent du revenu annuel de 60 smicards par jour. Quelque temps après, sa banque a fait faillite, et il s'est retrouvé en prison.

Dans les années 2000, les banquiers ont mis au point une autre sorte de *junk bonds* : eux-mêmes les ont appelés *toxic waste* (« déchets toxiques »). Ce sont les CDO et autres CDS. Le principe est le même : beaucoup de risques et un très fort rendement. Décidément, il y a quelque chose de pourri au royaume de la finance.

Une folie planétaire

Les Américains, particuliers et banques, ne sont pas les seuls à se laisser aller aux joies de l'endettement.

Le phénomène a tout d'une pandémie. La plupart des pays sont touchés par un endettement excessif ; la seule chose qui change, c'est l'identité de l'agent économique qui s'endette. Parfois ce sont les ménages, parfois les États. Les banques, dont c'est le métier, sont au cœur de cette mécanique.

Voyons quelques exemples.

Royaume-Uni

L'Angleterre est la patrie du libéralisme, c'est aussi l'autre pays de l'endettement.

Au milieu des années 2000, elle avait tout de l'économie modèle.

Qu'on en juge. En 2006, le chancelier de l'Échiquier du moment, Gordon Brown, soulignait, en plaisantant mais pas trop, que son pays venait de connaître sa plus longue période de croissance depuis 1701 : 2,8 % de croissance annuelle moyenne pendant dix ans. Symboliquement, cette année-là, le Royaume-Uni dépassait la France en PIB par tête. On présentait cela comme le résultat des réformes Thatcher. C'était probablement le cas. Mais l'économie britannique avait un autre moteur : pendant ces dix années, la consommation avait bondi de 3,5 % l'an. Comment ? Les revenus avaient certes augmenté, mais le crédit avait littéralement explosé. Le taux d'épargne avait été divisé par deux (de 10 à 4 %) et l'endettement était passé à 150 % du revenu – le deuxième taux d'endettement du monde, derrière le Japon.

Comme aux États-Unis, « le sentiment de richesse des ménages britanniques est largement alimenté par la progression considérable des prix de l'immobilier (180 % depuis 1997) ».

Islande

Autrefois, l'Islande était le pays des pêcheurs de morues. Dans les années 2000, ces anciens marins pêcheurs sont devenus capitaines de finance. Ils pratiquent une sorte de pêche miraculeuse : ils s'endettent à l'étranger (en yens, en euros, en livres) et prêtent à des taux trois à quatre fois plus importants à leurs compatriotes qui achètent au prix fort à travers le monde tout ce qui leur tombe sous la main : compagnies aériennes de second rang, banques scandinaves mourantes, magasins londoniens, équipes de foot...

En 2007, les Islandais possédaient 50 fois plus de biens à l'étranger qu'en 2002.

Des «docteurs en finance» frais émoulus de l'université font comme si le monde de la finance n'avait attendu qu'eux ; ils sont jeunes, inexpérimentés et sans retenue. Certaines pratiques sont ubuesques. Ainsi, la banque Kaupthing prête 19 millions de livres à ses dirigeants pour qu'ils achètent des actions de... Kaupthing, agrémentées d'options permettant de les revendre à Kaupthing avec profit garanti.

En 2007, les activités financières représentaient huit fois le PIB du pays.

Début 2006, Lars Christensen, analyste de la Danske Bank, rédige un rapport où il présente l'Islande comme une bulle. On le traîne dans la boue. Bob Aliber, professeur d'économie à Chicago, fait le même constat : invité à l'université d'Islande en mai 2008, il dit «Je vous donne neuf mois...». Aucun responsable politique ou monétaire ne le rencontre.

Toujours est-il que l'Islande est prospère. Dans le classement en termes d'IDH (indice de développement humain), elle se place première en 2007-2008.

Irlande

Le gouvernement a transformé le pays en véritable paradis fiscal. Non seulement le taux d'imposition des bénéfices est faible (12 %), mais le gouvernement est assez peu regardant sur leur transfert vers des lieux fiscalement

encore plus paradisiaques. *The Economist* était formel :
« L'Irlande démontre incontestablement » qu'embrasser « la
"mondialisation" représente la voie la plus rapide vers
l'opulence » (15 mai 1997).

L'éditorialiste du *New York Times* Thomas Friedman
admoneste la France et l'Allemagne, qui ont comme
alternative « se transformer en Irlande ou se transformer en
musée » (1er juillet 2005).

L'État n'a pas besoin d'argent, sa dette n'est que de 25 %. Les
entreprises affluent, ainsi que des cohortes de jeunes gens
dynamiques qui arrivent de toutes parts. Comme il faut loger
tout ce beau monde, l'immobilier se transforme en mine
d'or. Notamment l'immobilier commercial. À Dublin, les prix
augmentent de 500 %.

Avec de telles perspectives, les banques prêtent sans compter
aux promoteurs.

Fin 2007, le montant des emprunts immobiliers représentait
deux fois et demie le PIB.

Espagne

Ce ne sont pas des châteaux que l'on a construits en Espagne
dans les années 2000, mais ce qui est sûr, c'est que l'on a
beaucoup construit. Plus qu'en France, Allemagne et Italie
réunies !

En 2005, la dette immobilière des ménages espagnols était
de 650 milliards d'euros, en croissance de 25 % par an depuis
2001.

Depuis son entrée dans l'Union européenne, l'Espagne
(comme le Portugal et la Grèce) est saisie par un optimisme
sans bornes. Cet optimisme se traduit par des initiatives
institutionnelles (comme l'organisation de jeux Olympiques,
de compétitions de football ou d'Expositions universelles),
la construction d'infrastructures (financées entre autres
par l'UE). L'optimisme se manifeste surtout par la mise en
chantier de logements, accélérée par une loi de 1998 qui
« libéralise » la constructibilité des terrains.

Chapitre 5 : Endettement et financiarisation

Le problème est que, derrière cet optimisme, l'économie espagnole ne présente guère d'atouts...

Peu à peu se met en place à travers le monde une situation qui ressemble en tout point à celle qu'avaient connue le Japon d'abord puis l'Asie du Sud-Est dans les années 1980 et qui s'était soldée par la double crise du Japon en 1990 puis par la crise asiatique en 1997.

Un point essentiel à souligner est que ces situations d'endettement excessif ne sont pas des cas particuliers additionnés. L'endettement des ménages américains, des banques islandaises ou de l'État français n'a pu gonfler que dans un monde où la finance est globalisée, où les capitaux sont devenus mobiles à l'échelle planétaire. Cette mobilité a commencé avec le choc pétrolier et la hausse du prix du pétrole, elle s'est prolongée avec l'effondrement du système de Bretton Woods et la généralisation des changes flottants. Elle a été encore amplifiée par les excédents commerciaux des pays d'Asie.

Ces capitaux, qu'on appelait justement «fébriles» (*hot money*), se déplacent à travers le monde à la recherche de placements juteux. Quand ils arrivent, il y a bulle ; quand ils partent, il y a krach.

La liste des crises des dernières années suit leur itinéraire.

Chapitre 6

L'implosion des banques

Dans ce chapitre :
- La chute de l'immobilier
- Les banques au bord de la faillite
- Le *credit crunch*

Été 2007 : les banques perdent pied. En quelques semaines, le système bancaire mondial s'effondre. L'économie mondiale est au bord du précipice. « Ce qui semblait un jour être la fin se révélait, le lendemain, n'avoir été que le commencement » (John K. Galbraith).

L'effondrement

Comment le système financier de la première puissance mondiale peut-il voler en éclats en quelques mois et risquer d'entraîner l'économie mondiale dans le gouffre ?

Les conditions de la catastrophe étant en place, la mécanique s'est mise en marche comme un rouleau compresseur. À chaque tour, l'engrenage infernal s'aggrave et assume plus de force ; il faudra toute la puissance des États du monde entier pour essayer de l'enrayer.

Le « Ninja » casse la baraque

Le crédit abondant a déversé sur les États-Unis un tapis de dollars. Avec cet argent, les Américains ont acheté des maisons, ont consommé à outrance. Cela s'appelle l'*effet de patrimoine*. La situation malsaine incite les autorités monétaires à intervenir. On essaiera d'effacer l'erreur de la baisse des taux par une autre erreur qui se révélera encore plus grave : leur augmentation.

La Fed augmente en effet les taux à partir de 2004. Inévitablement, les banques répercutent la hausse sur les contrats de prêt immobilier, qui étaient le plus souvent à taux variable. La première phase des contrats 2+28 ARM étant révolue, les mensualités de remboursement s'alourdissent d'autant plus que les taux ont augmenté. Des mensualités de 700 dollars passent à 1 000, 1 500 dollars. Dans ces conditions, beaucoup de familles américaines sont incapables de faire face à leurs engagements. La mécanique judiciaire se met en branle : saisies, expulsions. Souvent, il ne peut pas y avoir négociation parce que l'opacité créée par la titrisation fait qu'il n'y a pas de rapports entre la banque et le débiteur. Les banques, pressées de récupérer l'argent, précipitent la procédure, y compris en ignorant la loi. Privés du rêve de leur vie et se retrouvant du jour au lendemain à la rue, beaucoup d'expulsés cèdent au désespoir et, avant de quitter leur maison, la ravagent. Les parois sont éventrées, les équipements réduits en miettes.

Dans les quartiers de certaines villes, là où se concentrent les « Ninjas », des rues entières sont mises en vente. Le nombre important de maisons offertes et leur état font inévitablement baisser les prix. Les taux d'intérêt plus élevés et la méfiance des banques, qui accordent beaucoup moins de crédits, font le reste : la demande s'effondre.

Baisse de la demande, augmentation de l'offre : le marché accomplit son œuvre. Contrairement à ce que l'on avait cru pendant des années, le prix de l'immobilier peut baisser. L'élément qui avait permis de construire la pyramide se dérobe.

L'été meurtrier

Dès le mois de juin, le magnifique château de cartes se met à trembler. Certains ont tiré rapidement les leçons des premiers signes alarmants : fléchissement des prix, augmentation des impayés. On commence à se débarrasser des titres les plus toxiques. La banque Bear Stearns, la première, annonce l'effondrement de la valeur de deux de ses fonds impliqués dans les subprimes. En juillet, la situation précipite. Les *hedge funds* sont obligés de vendre des titres pour faire face à leurs engagements. La peur de voir ces titres, achetés à crédit, s'effondrer pousse les opérateurs à essayer de se désendetter. Les appels de marge se multiplient. De nombreux LBO sont retardés ou abandonnés. Au mois d'août, la panique s'est généralisée. Tous ceux qui possèdent des titres douteux projettent des pertes sur les CDO et découvrent qu'un gouffre est en train de s'ouvrir sous leurs pieds. Les agences de notation sont obligées de revoir leur copie. Les déclassements se multiplient. Les émissions de nouveaux titres s'effondrent, alors que celles de CDS, censés protéger contre la défaillance des débiteurs, vont bon train.

La faille s'ouvre au niveau des fonds qui avaient acheté les titres les plus spéculatifs. Leur situation devient très délicate. Or, ce sont bien eux qui assuraient, en dehors de tout contrôle et de toute visibilité, la liquidité du marché des CDO. Il s'agit là d'un marché *over the counter* (de gré à gré) fonctionnant sans chambre de compensation ni contrôle. Et la brèche est de taille : la défaillance des fonds signifie qu'il n'y a plus de marché pour les produits toxiques. Il n'est même plus possible de vendre les titres à des prix cassés. Ceux qui en possèdent sont obligés de les garder alors que leur valeur fond comme neige au soleil de ce mois d'août.

L'opacité des produits et des marchés porte le coup fatal : après des années d'enthousiasme, on passe à la méfiance extrême. La titrisation a joué son rôle de diffusion du risque – de contagion. Désormais, on se méfie de tout titre, parce qu'on réalise enfin qu'on ne sait pas ce qu'il contient. Les banques se méfient les unes des autres, et à raison ! Chacune n'a qu'une envie : refiler à l'autre les « patates chaudes » avant qu'elles ne lui brûlent les mains.

La spirale baissière est accentuée par le principe de comptabilisation *mark to market* (on comptabilise au prix du marché).

Les banques qui voient baisser leur ratio de solvabilité se débarrassent des actifs à faible pondération Bâle 2 contre des actifs à forte pondération. Ces cessions d'actifs en font baisser le prix, et les autres banques sont touchées par la dépréciation.

Ce n'est qu'en octobre 2008 que l'International Accounting Standards Board autorise les banques à comptabiliser les actifs au coût d'acquisition (au ciable le *mark to market*, on passe au *mark to model*), à condition de les garder jusqu'à échéance.

Trois Bâle perdus

Créé en 1974 par les Banques centrales du G10 après la chute d'une banque allemande qui faillit entraîner un effet domino, le Comité de Bâle s'est donné pour mission de renforcer la fiabilité du système financier en établissant les standards minimaux de contrôle prudentiel, et de favoriser la coopération et la communication financière internationale.

Le comité a surtout produit trois séries de recommandations, connues sous les noms de « Bâle 1 », « Bâle 2 » et « Bâle 3 ».

Les premières, formulées en 1988, fixent pour les banques un taux minimal de 8 % de fonds propres par rapport à l'ensemble des crédits émis. La plupart des pays de l'OCDE adoptent ce « ratio Cooke » en 1992, mais il ne s'applique pas aux activités hors bilan et n'empêche pas la faillite retentissante de la Barings en 1995. Faute de séparation entre le front office et le back office, le trader Nick Leeson, saisissant lui-même les sommes engagées, va grâce à son célèbre « compte 8888 » pouvoir dissimuler des pertes abyssales, plus de la moitié du capital de son employeur, pertes totalement ignorées par le contrôle de la banque.

D'autres scandales éclateront dans les années suivantes avec les faillites frauduleuses d'Enron, de WorldCom, d'Arthur Andersen, qui entraîneront l'adoption de nouvelles règles comptables au niveau mondial, les normes IFRS (*International Financial Reporting Standards*), parallèlement aux recommandations de Bâle 2, publiées en juin 2004.

Celles-ci intègrent désormais tous les risques bancaires, de crédit, de marché, opérationnels, y compris la fraude, l'erreur, les pannes informatiques... ainsi que des règles plus strictes de transparence bancaire.

Le ratio McDonough prévoit que les fonds propres de la banque soient supérieurs à 8 % des risques de crédit (85 % du ratio), aux risques de marché (5 % du ratio), aux risques opérationnels (10 % du ratio).

L'une des recommandations de Bâle 2 va bientôt prendre toute son importance : le rôle majeur qui est accordé aux notations des risques, que ces notes viennent des agences ou des banques elles-mêmes.

Lehman Brothers était d'ailleurs très bien notée... mais elle n'avait pas appliqué les recommandations de l'accord.

Si Bâle 2 n'a pu empêcher la crise, c'est que le hors-bilan des banques n'est toujours pas pris en compte, et que les titrisations ne sont pas évaluées par les banques. Ajoutons à cela que Bâle 2 n'avait pas été appliqué en Amérique du Nord ; voilà qui suffit, pour le moins, à expliquer que la crise de liquidité de 2007 n'ait pas été anticipée.

Le comité s'est néanmoins attelé en décembre 2010 à la rédaction d'un Bâle 3 qui prévoit cette fois deux ratios de liquidités : LCR (*Liquidity Coverage Ratio*), un ratio à un mois qui permet de faire face à une crise aiguë, et le NSFR (*Net Stable Funding Ratio*), un ratio à un an. Nouvelle encourageante : les États-Unis se rallient à l'entreprise et viennent de lancer la préparation de l'application d'un « Bâle 2,5 ». L'Union européenne, bonne fille, a déjà inscrit une partie des recommandations dans sa réglementation bancaire. Le consensus est loin d'être parfait : Bâle 3 prévoit que les banques devront se procurer 460 milliards de fonds propres d'ici à 2019, un projet ambitieux quand on sait que les économies se préparent à des taux de croissance négatifs. D'ici à penser que les banques ne joueront plus leur rôle de financement des particuliers et des PME, il n'y a qu'un pas que les mauvaises langues franchissent allègrement. Mais, d'ici à 2019, la crise a le temps de voir venir...

Pertes et tracas

Le premier bilan de la tornade est calamiteux. Rien que pour le 4e trimestre de 2007 :

- Merrill Lynch perd 9,8 milliards de dollars et subit 14 milliards de dépréciations.
- Citigroup perd 9,8 milliards de dollars. Sur l'année, le bénéfice n'est que de quelque 3 milliards : une misère par rapport aux 21 milliards de bénéfices en 2006.
- Morgan Stanley perd 3,5 milliards de dollars.

La crise se répand très vite en dehors des États-Unis, notamment en Grande-Bretagne, où, en septembre 2007, on assiste à un premier exemple de *bank run* (« panique bancaire ») : les clients de Northern Rock, cinquième banque britannique, spécialisée dans le crédit immobilier, font la queue devant les guichets pour retirer leur argent. La Banque d'Angleterre doit lui octroyer un prêt d'urgence pour éviter la faillite – avant de la nationaliser. En Allemagne, en Suisse, les banques provisionnent, elles mettent de l'argent «de côté» en prévision des pertes à venir.

UBS, la première banque suisse, a perdu 7,8 milliards d'euros sur le seul 4e trimestre 2007 pour des positions liées au marché hypothécaire subprime aux États-Unis. Elle termine l'année avec un déficit de 2,75 milliards d'euros, le premier de son histoire.

En France, en Italie, en Espagne, le premier moment de stupeur passé, on se congratule de la sagesse des banques qui n'ont pas trop trempé dans les subprimes. Tremonti, le ministre italien de l'Économie, dira avec malice : « Ce qui a sauvé nos banquiers, c'est qu'ils ne savent pas parler anglais.»

Les banques françaises vont quand même y laisser quelques plumes ; notamment Dexia, la BNP, le Crédit agricole.

Des mariages et un enterrement

Au cours de l'année qui suit, les difficultés qui s'abattent sur les banques s'aggravent jusqu'à atteindre un point culminant en septembre 2008. Une crise de liquidité intervient ; les banques qui avaient pris l'habitude de financer à long terme avec de l'argent à court terme qu'elles trouvaient sur le marché monétaire sont coincées. Le marché monétaire s'assèche, les taux augmentent, ce qui oblige certaines banques à emprunter à des taux plus élevés que ceux auxquels elles ont prêté.

Pour le seul mois de septembre 2008, Morgan Stanley annonce que ses clients ont retiré le tiers des sommes qu'ils avaient investies sur le marché monétaire – la bagatelle de 23 milliards de dollars.

Les Banques centrales ont pourtant inondé les marchés de liquidités dès l'été 2007. Mais rien n'y fait.

Plusieurs établissements financiers américains sont en situation de cessation de paiements.

Chapitre 6 : L'implosion des banques

Le 15 septembre 2008, Lehman Brothers, qui annonce détenir 85 milliards de titres toxiques, est acculée à la faillite. L'onde de choc de ce naufrage est plus importante que ne l'avaient prévu les autorités. AIG, un géant de l'assurance, risque d'être emporté par la faillite de Lehman Brothers. Son action baisse de 95 %. AIG sera sauvé par l'État américain, qui lui octroie un prêt de 85 milliards de dollars et devient propriétaire de 80 % de son capital.

En octobre 2008, la crise de liquidité est générale. Les banques risquent de sombrer.

Le FMI estime les dépréciations des actifs bancaires à 1 000 milliards de dollars.

Un plan concerté au niveau mondial va les sauver. Aux États-Unis, le Tarp (Troubled Asset Relief Program) ou « plan Paulson » est lancé. L'État rachète donc les produits toxiques dont plus personne ne veut. Il obtiendra en échange des participations dans les banques ; 700 milliards de dollars sont mis sur le tapis. Les pays européens y ajoutent 1 700 milliards d'euros, sans qu'un plan européen concerté soit mis en place, comme le voulait la France, qui présidait alors l'Union européenne.

Mi-octobre, le Royaume-Uni d'abord puis l'Eurogroupe annoncent la création d'un système de garantie des prêts interbancaires (Royaume-Uni : 250 milliards de livres ; Europe : 600 milliards d'euros).

Tout ce désordre provoque une recomposition en profondeur du paysage bancaire.

Pour les banques les plus mal loties, la solution radicale, c'est la nationalisation, partielle ou totale : c'est le cas aux États-Unis (Freddie Mac et Fannie Mae, AIG) et au Royaume Uni (Bradford & Bingley, Northern Rock)

Sept autres banques britanniques sont partiellement nationalisées, dont Barclays, Lloyds TSB, Nationwide. HSBC refuse l'aide du gouvernement.

Fortis est nationalisée à 49 %. La BNP prend le contrôle de Fortis et l'État belge devient le premier actionnaire de BNP. Belgique, France et Luxembourg injectent 6 milliards d'euros dans Dexia.

En Suisse, UBS reçoit 6 milliards de francs suisses de la Confédération mais n'est pas nationalisée.

Pour les autres, le sauvetage se fait à coups d'achats-fusions. Cela évite la faillite de la banque achetée et de la banque... acheteuse, qui est sa créditrice.

Merrill Lynch est rachetée en majorité début septembre 2009 par Bank of America à hauteur de 50 milliards de dollars, fusionnant en un dépôt d'environ 980 milliards de dollars.

Bear Stearns est rachetée par JPMorgan Chase. La banque Mitsubishi achète 21 % du capital de Morgan Stanley pour 9 milliards de dollars.

Washington Mutual (WaMu), une grosse caisse d'épargne, est « saisie », et ses actifs sont revendus à JPMorgan Chase.

Morgan Stanley et JPMorgan adoptent le statut de banques de dépôt, soumises à la régulation et aidées et garanties par l'État.

À travers les restructurations, les banques d'affaires (les *pure players*) s'adossent à des banques de dépôt, plus solides : c'est une vraie course à la liquidité.

Les banques des pays développés ont eu une bouée de sauvetage inespérée : celle des fonds souverains. Il s'agit là de fonds d'investissement créés par les États à fort excédent commercial, et visant des placements stratégiques à long terme préparant une reconversion ou une solidarité intergénérationnelle. L'exemple suivi est celui du prince saoudien al-Waleed, qui avait placé 500 millions de dollars dans Citigroup en 1990 et qui en a retiré une dizaine de milliards de bénéfices. Placer dans les banques du Nord ne semble pas une mauvaise affaire.

GIC (Singapour) a mis 11 milliards de dollars dans UBS, Adia (Abu Dhabi) 7,5 milliards dans Citigroup, China Investment Company 5 milliards dans Morgan Stanley, Temasek (Singapour) 5 milliards dans Merrill Lynch.

Pour couronner cette année financière mémorable : le 12 décembre 2008, Bernard Madoff est mis en examen.

Les dernières vingt-quatre heures de Lehman

Les images sont encore dans toutes les têtes : des cadres cravatés sortent la mine sombre du siège new-yorkais de Lehman Brothers, portant à bout de bras des cartons remplis des restes dérisoires de leur carrière. Aux États-Unis, on a l'habitude de voir les licenciés quitter ainsi leur entreprise. Mais là, c'est l'entreprise entière qui est licenciée. Et pas n'importe laquelle : Lehman Brothers est une vieille et honorable banque. C'est surtout un gros morceau. Elle pèse plus de 600 milliards de dollars d'actifs.

Pourquoi a-t-on laissé LB faire faillite ? Il s'agit probablement d'un choix mûrement réfléchi.

La version officielle, c'est qu'il fallait donner l'exemple. Henry Paulson (un ancien de Goldman Sachs), le secrétaire d'État au Trésor, a peut-être calculé que les pertes étaient supportables pour les créanciers et que, s'il le fallait, sauver un créancier de taille plus modeste aurait coûté moins cher. D'autant qu'on aurait pu éventuellement laisser ce soin à d'autres pays, comme le Japon, dont certaines banques étaient créditrices de LB.

L'ultime planche de salut de LB, c'est Bank of America. Jusqu'à la dernière minute, on a cru qu'elle allait voler à son secours et la racheter. Richard Fuld, dit « le Gorille », le P.-D.G. de Lehman, est en négociation permanente avec les équipes de Bank of America. J. Christopher Flowers (un autre ancien de Goldman Sachs) épluche depuis douze jours les comptes de LB. Il faut démaquiller le bilan, truffé de comptabilité créative (notamment de « repo 105 », pour les amateurs). Mais Richard sent que quelque chose cloche. La Banque centrale de New York a préféré négocier avec ses lieutenants, probablement moins combatifs que lui.

Il essaie de joindre Ken Lewis, le P.-D.G. de Bank of America, mais inutilement. Et pour cause, Ken était sur un autre coup. Un troisième homme, lui aussi ancien de Goldman Sachs, va trancher la question : il s'agit de John Thain, le P.-D.G. de Merrill Lynch. Sa banque est aussi en situation délicate. Si Lehman tombe, elle sera la prochaine.

John Thain va s'immiscer dans la négociation. Il offre à Bank of America Merrill Lynch pour une somme ridicule : 50 milliards de dollars. Ken Lewis ne peut pas refuser, c'est « l'opportunité d'une vie ». Pendant que « le Gorille » attend au téléphone, l'affaire est emballée en moins de quarante-huit heures. Bank of America préfère se marier à Merrill Lynch et laisse tomber Lehman. Le gouvernement restant figé dans ses positions, l'affaire est entendue.

Vers minuit, le conseil d'administration vote la faillite.

> Visiblement, les effets de la disparition de LB ont été sous-estimés, notamment par leur impact sur le marché interbancaire. C'est par là que sont arrivées des défaillances « dérivées ».
>
> On n'a pas fini de jaser sur la faillite de Lehman Brothers. Le gouvernement a-t-il voulu faire un exemple ou a-t-on assisté à une manœuvre cynique pour faire disparaître un concurrent ?
>
> De mauvaises langues disent que JPMorgan aurait, dans les jours qui ont précédé la faillite, retiré ses avoirs auprès de LB. Aurait-elle bénéficié de fuites venant du gouvernement ? Ce qui est sûr c'est que Goldman Sachs, principale concurrente de LB, va profiter de l'essentiel des fonds mis dans le sauvetage d'AIG, entraîné vers la faillite par la disparition de LB.
>
> En tout cas, après Lehman, la leçon a été comprise, et l'État a décidé qu'il ne laisserait plus de banque faire faillite.

Crise bancaire, deuxième

À la première vague de crises bancaires, provoquée par l'exposition aux titres toxiques, d'autres viennent s'ajouter, provoquées par l'évolution de la situation européenne.

D'abord, les problèmes liés à l'exposition aux créances douteuses des États, Grèce en tête.

Les banques allemandes et françaises semblent être les plus concernées.

Deux phénomènes interviennent. Les banques européennes ont construit des réseaux dans les différents pays. Ainsi, les banques françaises, allemandes, italiennes ont des filiales dans les pays les plus touchés par la crise. Par ailleurs, les banques ont massivement investi dans les obligations publiques, considérées comme les plus sûres. Le phénomène est accentué par la crise. C'est ce que l'on appelle *flight to quality* : en période de doute, les banques lâchent les investissements les plus douteux et se tournent vers les «valeurs sûres». Les marchés émergents en font également les frais. Lorsqu'un pays commence à avoir des difficultés, les avoirs des banques se déprécient. Les obligations publiques sont émises pour une période longue (dix, quinze ans ou plus), avec des taux d'intérêt fixes. Lorsqu'un pays montre des faiblesses, il ne peut trouver d'argent qu'à des taux plus élevés. Les anciennes obligations, émises à des taux plus bas, ne peuvent être revendues que si l'on baisse leur prix jusqu'à égaliser le rendement des nouvelles obligations. Ainsi, une obligation de 1 000 euros émise en 2005 ne vaudra plus que 300 ou 400 euros en 2011.

Aux difficultés de la Grèce viennent s'ajouter celles de l'Italie et de l'Espagne. Les banques italiennes sont plombées par les problèmes de la dette italienne, qui est, après celle de la Grèce, la plus importante en Europe.

Les problèmes des banques espagnoles sont beaucoup plus graves, parce qu'elles sont touchées par l'éclatement de la bulle immobilière – qui reproduit la situation américaine. Beaucoup de ménages sont dans l'incapacité de rembourser; le prix de l'immobilier s'effondre en même temps que les avoirs des banques.

Les banques espagnoles, autrefois célébrées pour leur prudence et leur vertu, sont en situation de faillite.

En juin 2012, on apprend ainsi que Bankia a besoin de 23 milliards d'euros. Le mois suivant, Rajoy annonce que c'est tout le système bancaire espagnol qui est en situation de faillite. Il faut trouver 100 milliards d'euros. Au terme de longues négociations, une solution originale est imaginée : les banques espagnoles ne seront pas sauvées par l'État espagnol mais par l'Europe.

> **Nationaliser les banques : une si vieille idée**
>
> Lorsque la gauche arrive au pouvoir en France, en 1981, elle a à son programme un point clé : la nationalisation du crédit. La nationalisation quasi totale des banques fut opérée sous les yeux ébahis du monde occidental, notamment anglo-saxon, qui s'était déjà engagé dans la révolution libérale. L'idée fondamentale était de mettre le capital au service de l'industrie et de la collectivité. De faire du crédit l'arme fatale du redressement économique du pays. On connaît la suite : les banques ont été privatisées, et les socialistes ont rangé cette idée dans le rayon des mauvais souvenirs.
>
> La banque et le crédit occupent une place particulière dans l'idéologie socialiste. Un des plus grands penseurs du socialisme français, Pierre Joseph Proudhon, fondateur de la tradition libertaire, en a fait la pierre angulaire de son système. Selon lui, l'exploitation capitaliste trouve dans la maîtrise du capital son outil essentiel. La révolution ne peut se faire que par la mutualisation du crédit.
>
> Aujourd'hui, ce sont des analystes très éloignés de la tradition socialiste, comme Marc Fiorentino, qui pensent qu'il faut nationaliser les banques. Que, tôt ou tard, nous serons dans l'obligation de le faire. Fiorentino juge que l'État doit prendre le contrôle des banques avec des participations de l'ordre de 30 % de leur capital ; il chiffre le coût de l'opération à 25 milliards d'euros. Il serait finançable par un emprunt public (auquel les banques s'empresseraient de souscrire…).

Le spectre du credit crunch

Crunch. Peut-être le lecteur se souvient-il d'une publicité pour des produits chocolatés portant ce nom : une jeune femme croquait la friandise… et le monde s'effondrait, balayé par une sorte de tempête imprévue. *Crunch*, en anglais signifie « croquer », mais aussi « écraser », « broyer ». Les astronomes appellent *Big Crunch* (la « grande implosion ») la fin hypothétique de l'univers, la matière s'effondrant sur elle-même. Le contraire du *Big Bang* (la « grande explosion »).

Le hasard fait bien les choses : au début des années 1980, on a appelé « Big Bang » l'explosion de la finance. Ce big bang financier va-t-il nous conduire à un *big crunch* ? Le monde a couru ce risque après 2007.

Chapitre 6 : L'implosion des banques   91

Le *credit crunch* a été le moment crucial des crises du XIXe siècle et de 1929. Cet effondrement du crédit suit les faillites bancaires provoquées par le krach boursier.

Un peu de technique s'impose.

Le crédit est un des moteurs essentiels de l'expansion économique. Selon Schumpeter, il est, avec l'innovation, le ressort principal du capitalisme. Il est évident que si ce ressort se brise, c'est toute la dynamique économique qui est stoppée. Mais il y a bien plus grave.

Le *credit crunch* ouvre la porte à une des catastrophes économiques les plus désolantes : la déflation.

Le crédit est la voie par laquelle la monnaie est créée. Chaque fois qu'une banque accorde un crédit, elle *crée* cette somme. Pourquoi ? Théoriquement, elle prête l'argent qu'on lui a confié, l'argent des dépôts de ses clients. En réalité, l'argent prêté n'est pas *soustrait* aux déposants, il est ajouté. Il s'agit bien d'une création.

Lorsque le crédit est remboursé, cet argent est *détruit*.

Imaginez la scène suivante : M. Dupont dépose 1 000 euros à sa banque. La banque en prête 900 à M. Duval : elle sait statistiquement que garder 100 euros en liquide suffit à faire face aux retraits. M. Duval sort de la banque, il dispose d'un pouvoir d'achat de 900 euros qui viennent s'ajouter aux 1 000 de M. Dupont. On a bien créé de la monnaie. Lorsque, quelque temps après, M. Duval vient rembourser son crédit (oublions les intérêts), quelque chose de troublant se produit. Lorsqu'il entre dans la banque, il a encore les 900 euros qu'on a extrapolés des 1 000 euros de Dupont. Lorsqu'il en sort, il ne les a plus. On les a « remis » dans les 1 000. On les a bel et bien détruits.

Quotidiennement, les opérations d'émission et de remboursement de crédit se chevauchent. La création monétaire nette est la différence entre les crédits émis et les crédits remboursés. Si tout va bien, la création monétaire nette est légèrement positive. Dans un monde idéal, elle est identique au taux de croissance de la production. Ainsi, on a plus de produits à acheter et plus de monnaie pour le faire : c'est parfait. Si les deux grandeurs (production et monnaie)

augmentent au même rythme, les prix restent stables. Car (et c'est un des piliers de la science économique) le prix n'est que le rapport de la monnaie et des biens.

N'oublions pas notre formule : p = MM/Y (prix = masse monétaire/production).

Si la masse monétaire augmente plus que la production, les prix augmentent. Si la monnaie diminue plus que la production, les prix baissent. C'est une simple question de rareté relative : s'il y a beaucoup de monnaie et peu de biens, les biens valent davantage ; leurs prix augmentent et donc la valeur de la monnaie baisse (inflation). S'il y a peu de monnaie par rapport aux biens, c'est la valeur de la monnaie qui augmente, donc les prix baissent (déflation).

Lorsque le *credit crunch* se produit, la quantité de nouveaux crédits baisse violemment, alors que les crédits émis précédemment (et ils sont nombreux) sont naturellement remboursés. La différence entre les deux devient négative. Il y a donc plus de destruction monétaire que de création. La masse monétaire se contracte violemment.

La contraction du crédit touche bien évidemment les particuliers et les entreprises. Chacun s'en est rendu compte : les banques sont plus timides, demandent plus de garanties et émettent du crédit au compte-gouttes. L'économie s'en trouve ralentie : les particuliers renoncent à leurs projets (notamment d'achats d'automobiles ou de logements). Pour les entreprises, cela peut être fatal, car une entreprise sevrée de crédit ne peut pas survivre.

Il y a une autre dimension à cette contraction du crédit : celle qui touche les banques elles-mêmes. On a vu que les banques ne gardent en caisse qu'une faible partie des liquidités qu'on leur a confiées. Elles peuvent le faire, car à tout moment elles peuvent se procurer des liquidités sur le marché monétaire. Sur ce marché interbancaire, les banques qui ont trop de liquidités les prêtent à celles qui n'en ont pas assez, contre le paiement d'un taux d'intérêt à court terme ; plus ce taux est bas, plus le crédit est facile. Or, fin 2009, les taux étaient bas, mais les volumes d'échange s'étaient effondrés : de quelque 5 000 milliards de dollars échangés quotidiennement, on est tombé à 500 ou 600 milliards.

Certains économistes (comme Jean-Luc Gréau) soulignent le fait que les marchés ne fonctionneraient plus sans l'intervention des Banques centrales. Patrick Artus se pose même la question de la « fin » du marché interbancaire.

L'empressement des Banques centrales à voler au secours des banques, les centaines de milliards (probablement des milliers) qu'on a injectés dans le système financier sous toutes les formes n'avaient comme but que d'éviter le *credit crunch*. Les aides, les crédits, les recapitalisations, les garanties et les nationalisations n'avaient pas d'autre objectif : il fallait sauver les banques pour que l'économie mondiale ne s'effondre pas comme un château de cartes.

Chapitre 7

L'effondrement des Bourses

Dans ce chapitre :
- Un état de krach permanent
- Les dégâts collatéraux de la spéculation
- Une Bourse myope et schizophrène

Les Bourses tremblent. Déjà secouées par une série calamiteuse de krachs, elles vont d'abord essuyer les plâtres de la crise bancaire, puis les retombées des problèmes de la dette des États.

Le krach permanent

On sait le rôle qu'a joué la Bourse dans le déclenchement de la crise de 1929 (voir chapitre 2). Par la suite, elle a déserté le devant de la scène pendant une longue période. Au cours des « trente glorieuses », la Bourse a été d'une discrétion remarquable. Et pour cause : on l'avait mise sous tutelle, muselée ; elle vivait sa vie loin des feux de la rampe médiatique. Elle montait, elle baissait, mais cela ne faisait pas la une des journaux.

Les choses ont radicalement changé au cours des années 1980. La vague libérale s'est traduite par une déréglementation poussée des marchés financiers. À cette liberté retrouvée sont venues s'ajouter une multitude d'innovations techniques qui ont métamorphosé le paysage boursier. C'est ce que l'on a appelé le « Big Bang ».

La globalisation financière initiée par les « pétrodollars » s'est poursuivie. Grâce à leur développement rapide, les produits dérivés sont devenus un nouveau pilier de la finance.

L'informatisation a permis un bond en avant, tant dans le volume des transactions que dans la rapidité d'exécution. Elle a participé également à une large démocratisation de la Bourse par le développement des activités de trading en ligne.

Une instabilité chronique

Au bout de seulement quelques années, les Bourses ont renoué avec une instabilité chronique, qui rappelle, en plus accentuée, celle d'avant 1929. En 1987 se produit un krach sévère qui fait comprendre à plus d'un que la Bourse est redevenue le lieu de tous les dangers. Pourtant, ce krach extrêmement violent n'aura pas de conséquence économique majeure. Le problème, c'est qu'il n'est que le premier d'une longue série : 1989, 1997-1998, 2000.

Les causes de ces krachs à répétition sont multiples : en 1987, on a accusé les jeunes traders inexpérimentés et l'informatique. En 1997, ce fut la conséquence de la crise asiatique. En 1998, la crise russe. En 2000, on attendait le « bug » du passage au nouveau millénaire et on eut le krach de la Net-économie, aggravé peu de temps après par le choc du 11 septembre 2001.

En réalité, les Bourses sont saisies d'une boulimie spéculative qui les fragilise. Le moindre accroc se transforme en catastrophe.

Lorsque la crise des subprimes se produit, les marchés financiers sont déjà bien mal en point : le CAC 40, qui était à près de 7 000 points en 2000, était déjà descendu à 2 400 points en mars 2003.

Le krach d'octobre 2008

Les Bourses mondiales ont montré des signes d'inquiétude dès le printemps 2007. Une chute sérieuse se produit en juillet et août 2007, au début des difficultés bancaires, mais le cataclysme intervient en octobre 2008, peu de temps après que la faillite de Lehman Brothers eut montré sur quel volcan dansait le système bancaire. Le prétexte est le rejet du plan Paulson par la Chambre des représentants américaine le

Chapitre 7 : L'effondrement des Bourses

29 septembre. Après que le plan eut été en définitive voté et que la Bourse se fut montrée optimiste, deux journées noires se produisent, le lundi 6 et le vendredi 10 octobre, avec des chutes de quelque 10 % sur les différentes places boursières. En une semaine, le CAC 40 perd 1 000 points, soit 22 %. Paris bat dans cette période deux records : la plus forte hausse journalière (+ 9,27 % le 20 septembre, après le sauvetage d'AIG) et la plus forte baisse journalière (− 9,04 % le 6 octobre). À la fin du mois d'octobre, et par rapport au début de l'année, les Bourses mondiales ont connu une baisse de quelque 40 %.

La capitalisation boursière des places financières a fondu comme neige au soleil : de février 2008 à février 2009, New York passe de 14 575 milliards de dollars à 8 700, Euronext de 3 794 milliards d'euros à 1 676, Tokyo de 4 158 milliards de dollars à 2 563. Les banques sont bien entendu les plus touchées. De décembre 2007 à mars 2009, la capitalisation boursière de Citigroup passe de 150 milliards à 13 milliards de dollars, celle de la BNP de 98 milliards à 37 milliards d'euros ; Natixis, très engagée dans la titrisation, passe de 29,8 milliards à 4,9 milliards d'euros.

Octobre, le mois maudit

Octobre est le mois des champignons. C'est aussi le mois des krachs boursiers : octobre 1929, octobre 1987, octobre 2008. Et ce ne sont là que les krachs les plus connus : on peut y ajouter 1873 et 1907.

Le lien est tellement évident qu'il doit y avoir une explication.

Généralement, on considère qu'octobre est le mois où l'on fait ses comptes, après les mois de vacances, à l'approche des échéances de fin d'année.

On peut ajouter, pour rendre l'analyse plus divertissante, le fait qu'en octobre s'ouvre le signe du Scorpion, le signe des dépouillements brutaux. Les krachs se produisent plutôt vers la fin du mois ; il ne saurait en être autrement, vu que ses trois premières semaines sont encore sous le signe de la Balance, le signe de l'équilibre...

Demandons l'avis des astrologues : il n'y a pas de raison majeure de penser qu'il soit moins digne de confiance que celui de bon nombre d'économistes, qui, on le sait, ne brillent pas par leurs dons de prévisionnistes.

> Le Scorpion, au dire des astrologues les plus réputés, est un signe assez violent, dominé entre autres choses par l'attirance vers les profondeurs, par l'obsession de la mort et la tentation du suicide. Une fable bien connue raconte l'histoire d'un scorpion qui, coincé par le feu, demande à une grenouille de le prendre sur son dos pour traverser une rivière. La grenouille d'abord hésite – elle connaît la réputation du scorpion. Elle se laisse enfin convaincre. Au milieu du gué, *clac !* coup de dard. À la grenouille agonisante qui lui fait remarquer qu'ils vont mourir tous les deux, le scorpion ne peut que répondre : « Que veux-tu ? C'est plus fort que moi, c'est ma nature » C'est toute l'image de la finance, livrée à ses instincts, à ses pulsions, même si ces dernières l'exposent à la mort.
>
> Le Scorpion est aussi, Dieu merci, le signe de la renaissance : c'est ce qu'indique son symbole, une sorte de « m » avec la dernière patte levée. On plonge trois fois... pour mieux s'élever – jusqu'au prochain incendie.

Les dégâts de la spéculation

Au cours de 2007, alors que la crise des subprimes n'avait pas encore éclaté au grand jour, la folie s'empare des marchés des matières premières. Le pétrole double son cours entre mai 2007 et mai 2008 et frôle les 150 dollars le baril. En 2007, le prix du blé a augmenté de 120 % (de 2007 à 2008, le boisseau de blé passe à Chicago de 5 à 12 dollars), celui du riz a doublé. Les biens alimentaires augmentent en moyenne de 83 %. Face au risque de pénurie, certains gouvernements freinent ou interdisent les exportations de blé (Ukraine, Russie, Argentine) ou de riz (Inde). Ce qui fait augmenter ultérieurement les prix.

Des populations entières sont littéralement affamées par ces hausses, et des millions de foyers lourdement touchés dans leur vie quotidienne. Des révoltes de la faim éclatent dans de nombreux pays, d'Haïti au Cameroun, de l'Égypte aux Philippines.

Explications et faux-semblants

Les analyses que journalistes, hommes politiques et économistes font de ces hausses sont d'une banalité entendue. La plupart indiquent comme source du mal la demande des nouvelles puissances émergentes, Chine en tête. D'autres mettent au rang d'accusées les cultures destinées à la production d'agrocarburants. Le débat qui s'ensuit est un peu surréaliste : les écologistes ressortent le spectre de l'épuisement des ressources, pendant que d'autres accusent l'écologie d'affamer le monde. Les plus sages feignent de ne pas comprendre, comme Dominique Strauss-Kahn, alors à la tête du FMI.

Toujours est-il que, les cours ayant baissé aussi promptement qu'ils avaient flambé, il est possible que l'on ait eu là un phénomène amplifié, si ce n'est provoqué, par la spéculation. Probablement, les capitaux se sont dépêchés de déserter les produits financiers désormais douteux avant même que le pot aux roses soit exposé sur la place publique et se sont tournés en masse vers les produits dont le prix avait tendance à augmenter. Par la suite, les «anticipations autoréalisatrices» ont joué leur rôle.

Giulio Tremonti, alors ministre italien de l'Économie, qui avait déjà défini la spéculation comme «la peste du siècle», fait de cet épisode une analyse d'une simplicité biblique : *Post hoc ergo propter hoc* («Après cela, donc à cause de cela»). La hausse des prix des matières premières est trop proche de la crise financière pour que les deux phénomènes ne soient pas liés. Tremonti va plus loin : depuis le début du siècle, on a affaire à la *même* bulle spéculative. La bulle internet s'est transformée en bulle des subprimes puis en bulle pétrolière et alimentaire. D'autres observateurs ont émis des analyses similaires. Maurice Allais, de son côté, avait déjà lancé l'idée que la bulle internet avait été gonflée par l'afflux en Occident de capitaux désertant l'Asie après la crise financière de 1997. On peut compléter le cycle en considérant que la hausse de l'immobilier après 2000 peut ne pas être étrangère à l'effondrement de la Bourse après le krach de la bulle internet ; c'est l'avis de *The Economist*.

Ainsi, ces mouvements de capitaux qu'on appelait autrefois « fébriles » (*hot money*) sont comme une traînée de poudre qui met le feu là où elle passe.

Il n'y a de nouveau que ce qui a été oublié

De tels phénomènes ne sont pas nouveaux. Ces mouvements de capitaux brusques et massifs ressemblent assez exactement à ce qui s'est déjà passé au XIXe siècle au cours des « crises mixtes », lorsque la hausse des produits alimentaires attirait les capitaux qui désertaient l'industrie et les autres secteurs économiques, réduisant les villes au chômage et à la misère (crise de 1847). On saura plus tard que la hausse du riz en 2008, par exemple, avait été ultérieurement amplifiée par la manipulation du marché : du riz a été stocké et soustrait au marché pour être revendu plus tard à un prix nettement plus lucratif en Thaïlande. La crapulerie et la spéculation font toujours bon ménage.

Quant au rôle des marchés financiers, il faut savoir que les prix des matières premières et de l'énergie sont de plus en plus dépendants des marchés de produits dérivés. Ces paris sur l'avenir, totalement déconnectés de la réalité économique mais en prise directe avec les conjectures (et donc avec les peurs et les espoirs) des opérateurs, pèsent de plus en plus sur la fixation des prix réels sur les marchés.

Certains pensent, au contraire, qu'ils stabilisent le marché. C'est l'opinion (très neutre, on l'imagine) de la CFTC – pas le syndicat catholique, l'autorité américaine des marchés à terme (Comodity Futures Trading Commission).

Une myopie schizophrène

Depuis l'effondrement de 2008, les Bourses mondiales sont en proie à une sorte de léthargie agitée. D'un côté, elles n'ont plus de dynamique fondamentale, d'envolée soutenue ; elles stagnent lamentablement sur leurs positions. De l'autre, elles révèlent une nervosité exagérée au quotidien. Une sorte de myopie schizophrène.

Incapables de voir plus loin que le bout de leur nez, elles s'accrochent à la moindre nouvelle, ou plus souvent à la moindre rumeur, pour surréagir au quotidien. Ainsi, des hausses très fortes se produisent sur une journée, suivies le lendemain de baisses tout aussi inopinées. Les Bourses roulent sur de la tôle ondulée, comme les héros du *Salaire de la peur*. On se souvient de la réplique de Charles Vanel à Yves Montand « Toi, tu conduis, moi j'ai peur ; c'est la division du travail ». Ce qui est sûr, c'est qu'à la Bourse beaucoup ont peur. Reste à savoir qui conduit !

La rumeur et la peur

La moindre information provoque des réactions exagérées. À la première alerte, c'est la panique. Une bonne nouvelle entraîne un optimisme aussi excessif que passager. Ainsi, la Bourse perd le lendemain ce qu'elle a gagné la veille, et *vice versa*.

La rumeur la plus diffuse devient une réalité avant même que l'on prenne le temps d'y réfléchir. Le 8 septembre 2009, la rumeur de la faillite de United Airlines, deuxième transporteur mondial, se répand à New York. Le titre perd les deux tiers de sa valeur, et sa cotation sera suspendue. À l'origine de la rumeur, un article du *Chicago Tribune* repris par Bloomberg faisant état de la mise de la compagnie sous la protection du « chapitre 11 » sur les faillites. La nouvelle était vraie, mais datait... de sept ans. United Airlines a dû engager une communication d'urgence.

Les médias accentuent la myopie des marchés par la leur. Tous les soirs, au 20 heures, on a l'impression qu'une catastrophe se joue, ou qu'elle se dénoue. Qu'un pays va sombrer, ou qu'on l'a sauvé.

Autre exemple. Le 11 juin 2012, l'Union européenne annonce un énième plan de sauvetage : celui des banques espagnoles – une bagatelle de 100 milliards d'euros. La nouvelle est saluée par une hausse importante des Bourses, et pas seulement celle de Madrid. Le jour suivant, c'est la débandade. Surtout à Milan. En moins de vingt-quatre heures, la panique avait changé de pays. C'est la même histoire qui recommence. Un problème semble réglé, un autre se présente, menaçant. Un pays est «sauvé», immédiatement on se précipite sur un autre. Le jeu de dominos continue, avec l'impression que les marchés cherchent toujours quelque chose à se mettre sous la dent. Et l'attitude des gouvernants, notamment européens, renforce ce penchant qu'ont les Bourses à flairer la nouvelle «bonne affaire». Une sorte de tragi-comédie sans cesse renouvelée.

Les deux sujets principaux de préoccupation pour les Bourses, l'état des banques et l'état des finances publiques, jouent d'ailleurs une partie de ping-pong surréaliste.
La solution d'un problème aggrave l'autre. Les États prêtent de l'argent aux banques, qui en prêtent aux États. Le comble ayant été atteint lorsque, en décembre 2011, la BCE a décidé de prêter 500 milliards d'euros aux banques pour qu'elles puissent continuer à faire leur métier, c'est-à-dire financer l'économie. On a été consterné d'apprendre que les banques s'étaient empressées de déposer cet argent... auprès de la BCE! Lorsque Mario Draghi a baissé le taux d'intérêt de la BCE, ces fonds ont été retirés. Que sont-ils devenus? Les banques, qui sont en permanence sous l'œil inquisiteur des marchés, se méfient-elles les unes des autres au point de garder cet argent en caisse?

On les comprend. Les marchés sont nerveux. En novembre 2010, une longue file d'attente se forme devant une agence de la banque BBVA à Madrid. La nouvelle se répand, certains voient là un *bank run*. Immédiatement, les opérateurs du marché craignent la faillite, et le cours de BBVA plonge.

Un porte-parole devra intervenir en urgence pour expliquer qu'il s'agissait des participants à une course sponsorisée par la banque qui venaient retirer leurs tee-shirts...

Il faut dire que les banques, après la sévère correction de 2008, connaissent une curée permanente: celles qui sont reliées d'abord à la dette grecque, puis à la dette espagnole ou italienne.

Dans ce mauvais film à sketchs (ou à clips, vu la rapidité des séquences), on en perdrait presque de vue que la Bourse

est censée être tournée vers le long terme. Lorsqu'on s'en souvient, c'est encore pour essuyer les plâtres de quelque mauvaise nouvelle sur la conjoncture économique.

Une curiosité : lors de l'annonce de la fermeture de l'usine Citroën d'Aulnay-sous-Bois et des suppressions d'emplois, la Bourse a d'abord eu une réaction instinctive, et l'action PSA a augmenté fortement. C'est un grand classique de la vie boursière des années du «Big Bang» : emplois supprimés signifie réduction des coûts, donc amélioration des bénéfices. C'est ce qui s'est produit avec la fermeture de l'usine Renault de Vilvorde. À l'époque, cela provoque une bordée de réactions outrées. Par la suite, on a pris l'habitude.

Avec PSA, cela change : la hausse s'est transformée en forte baisse au cours de la même séance. En définitive, dans les séances qui ont suivi, elle a poursuivi sa baisse.

La Bourse est myope au point d'en perdre ses «fondamentaux». Où va-t-on?

Depuis quelques années, la Bourse n'a plus le moral. Même l'introduction en Bourse de Facebook (un des *big five* d'Internet avec Amazon, Google, iTunes et Microsoft…) se transforme en échec.

Ce que la Bourse veut, c'est être rassurée. La preuve, lorsque Draghi dit, fin juillet 2012, «L'euro sera sauvé. Et nous en avons largement les moyens», les Bourses font un bond colossal. On présente la Bourse comme un lieu hanté par des acteurs puissants cyniques; on a parfois l'impression qu'elle est plutôt peuplée de gamins ayant peur du grand méchant loup. Probablement, les deux cohabitent allègrement.

The science of trading

La volatilité de la Bourse n'est pas seulement le produit des incertitudes du moment. Elle est une conséquence des nouvelles techniques de trading. Cette extrême volatilité des marchés fait le plus grand bonheur des *day traders*, ces opérateurs qui jouent au jour le jour, la plupart du temps en emboîtant le pas à la tendance du moment. Grâce aux produits dérivés, ces variations brusques et erratiques sont transformées immédiatement en bénéfices. Peu importe que ça monte ou que ça descende. L'essentiel, c'est que cela varie. *Put* et *call* font la paire. De là à dire que cette volatilité est provoquée par ceux-là mêmes qui en profitent, il n'y a qu'un pas qu'on peut franchir. On sait que la mécanique boursière est procyclique : la hausse entraîne la hausse ; la baisse entraîne la baisse. Les cours montent ? On achète, donc ça monte encore plus. On a fait une jolie marge ? On encaisse, on vend et ça baisse.

L'avenir, tout le monde s'en fout. « Le long terme ? C'est demain matin. Ici on réfléchit en nanosecondes », dit le héros du film *Trader*. D'ailleurs, les ordinateurs excellent à ce jeu-là : 6 000 opérations à la seconde. Qui dit mieux ?

Spéculer plus vite que son ombre : le trading à haute fréquence

On savait que la Bourse était myope, mais dans ce domaine la réalité dépasse largement la fiction. On connaissait le *day trading*, voici maintenant le *high speed trading*, le TTGV, le trading à très grande vitesse, le trading en nanosecondes. Il fallait, il y a quelques années, deux secondes pour passer un ordre de Bourse, il faut aujourd'hui 150 millionièmes de seconde. Ce qui veut dire que vous pouvez passer 6 666 ordres à la seconde. Un chiffre diabolique.

En Europe, le HST représente déjà près de 35 % des échanges. C'est normal : la grande vitesse utilisée en parallèle avec les produits dérivés est une machine à générer des profits colossaux. Qu'importe que la Bourse monte ou baisse. Il suffit de passer des milliers d'ordres sur la tendance en cours, et on empile des grains de profit qui à la fin deviennent de larges plages de bénéfices.

« Le génie financier précède la chute », disait John K. Galbraith ; le trading à haute vitesse n'échappe pas à la règle. Le 6 mai 2010, la Bourse de New York a perdu quelque 10 % en quelques minutes. Le cours d'Accenture par exemple chute de 41 dollars à 1 cent en quelques secondes. C'est le plus célèbre des « flash krachs », ces mini-effondrements boursiers provoqués par l'emballement des ordinateurs qui se mettent à vendre à la vitesse de la lumière. Généralement, cela se résout aussi vite que cela se produit. Mais, là encore, on ne peut que se demander : quelle nouvelle catastrophe cela nous prépare-t-il ? Le 6 mai 2010, l'action Procter & Gamble, une des entreprises les plus importantes du monde (elle

> possède les marques Gillette, Ariel...), a perdu 50 % en quelques secondes.
>
> Plus inquiétant encore, le HST permet (et rend quasiment inévitables) des méthodes pour le moins douteuses : brouillage des serveurs par des millions d'ordres passés et aussitôt annulés, manipulation des cours – ordres massifs d'achat suivis d'ordres massifs de vente dès que le cours augmente. Le tout dans une opacité quasi totale, comme le prouve l'existence de *dark pools* où les ordres importants sont passés dans l'anonymat. Les quelques journalistes qui ont essayé d'en savoir plus ont vite compris que les caméras de télévision n'étaient pas les bienvenues. Comme d'habitude, les régulateurs n'ont pas la puissance de feu des agents du marché, ni d'un point de vue technique ni d'un point de vue judiciaire.
>
> Quant aux concepteurs des algorithmes (les logiciels qui guident le fonctionnement des machines), ce sont de brillants mathématiciens, qui ont de la finance, et de l'économie, une connaissance proche de l'infiniment petit.

L'informatisation des marchés financiers permet des miracles mais expose la Bourse à des « bugs » tragi-comiques.

Ainsi, le jour de l'introduction de Facebook en Bourse, le 18 mai 2012, le Nasdaq a connu un « bug » qui a quelque peu perturbé les opérations. UBS a déclaré avoir subi un préjudice de... 350 millions de dollars parce que ses ordres d'achat ont été passés à répétition par des systèmes informatiques ayant perdu la boule.

Knight Capital Group, qui sur son site affiche fièrement son slogan *The Science of Trading*, a provoqué un mini-krach boursier et a perdu plus de 440 millions de dollars. Ses programmes se sont mis à déverser sur les marchés des centaines d'ordres fantaisistes ; de nombreux cours ont été totalement perturbés, comme celui de China Cord Blood Corp, qui s'est envolé de 150 % en quelques minutes. Inquiétant quand on sait que Knight Capital gère 15 % des ordres quotidiens à la Bourse américaine. L'action Knight a pour sa part perdu 70 % de sa valeur, et ce n'est pas un bug.

La ruée sur l'or

L'or est un bien particulier. Cette forme matérialisée de la richesse, universelle, inaltérable et anonyme, est depuis toujours la valeur refuge ultime. En période de doute, l'or est le seul placement qui ne présente aucun risque. Il est normal donc que quand tout va mal l'or se porte bien. Son cours pourrait même remplacer toute autre mesure de l'inquiétude : le cours de l'or, c'est le trouillomètre !

Que dit donc l'or depuis le début de la crise ?

Les chiffres sont éloquents : l'once d'or (une trentaine de grammes) a vu son cours tripler depuis 2000, et à part une période de baisse fin 2011 il continue de monter en 2012. Certains estiment même que l'or atteindra à moyen terme 3 000 dollars l'once.

Comme la production mondiale est en baisse, que les Banques centrales, spécialement celle de Chine, continuent de stocker, la demande flambe, et à chaque coin de rue on propose aux particuliers de racheter les bijoux de famille. Des officines pratiquent même l'achat par correspondance, en passant par des campagnes télévisuelles tapageuses. Arnaque garantie.

De quoi faire oublier que l'or, surtout dans une période où l'inflation n'est pas notable, reste un placement spéculatif qui peut se révéler volatil. C'est une bulle comme une autre, d'autant que les cours sont exprimés en dollars. La chute brutale de la fin 2011 (20 % en quelques jours), même si elle était passagère, a rappelé que l'or pouvait avoir lui aussi du plomb dans l'aile.

Chapitre 8

De la crise de la dette à la crise de l'euro

Dans ce chapitre :
- La dette des États
- L'euro dans la tourmente
- Les Pigs et l'effet domino

*P*ris entre l'enclume de la dette et le marteau de l'euro, les États inventent un jeu nouveau, une variante du « Je te tiens, tu me tiens… par la barbichette » : sauver les banques, pour espérer se faire sauver par elles.

La dette des États (ou comment la solution devient le problème)

La crise va provoquer une métamorphose de la dette. De privée, elle devient publique, et les problèmes de quelques-uns deviennent les problèmes de tout le monde.

La (grosse) goutte qui fait déborder le vase

Les faits sont explicites : en 2011, la moyenne de la dette des pays riches était de l'ordre de 100 % du PIB. Quatre ans auparavant, elle était de 70 %.

Le sauvetage des banques a coûté très cher : selon le FMI (en 2011), 5 % du PIB en moyenne, mais jusqu'à 12 % pour l'Allemagne et 38 % pour l'Irlande sans tenir compte des garanties.

La récession, ou l'affaiblissement de la croissance, a fait le reste. Les recettes ont baissé.

Les plans de relance ont aussi coûté de l'argent, mais ont-ils aggravé le problème ou ont-ils évité qu'il ne s'aggrave en amortissant l'impact de la crise ? C'est l'inévitable dilemme.

L'Union européenne avait fait de la réduction de la dette un des critères de l'entrée des pays dans l'euro. La norme était clairement indiquée : la dette ne devait pas dépasser 60 % du PIB.

Avant la crise, certains bons élèves respectaient la règle, d'autres pas. L'irruption de la crise a fait sauter ce critère. Vers 2010-2011, plus aucun « grand » pays n'était en règle. Dans la zone euro, la France est à 85 % et l'Allemagne autour de 82 %, l'Italie est à 120 %, la Grèce à 165 %, l'Irlande à 110 %. Un des pays qui semblent se comporter le plus sagement est l'Espagne, qui se situe à 68 %. Cela ne l'empêchera pas d'avoir des problèmes.

En dehors de la zone euro, la situation n'est guère plus brillante : le Royaume-Uni est à 86 %. Et en dehors du Vieux Continent, on trouve deux champions de la dette : les États-Unis, qui sont le pays le plus endetté en montant global (15 000 milliards de dollars) et le Japon, qui est le pays le plus endetté en pourcentage de son PIB (229 %).

Pour les autres, la situation n'est guère plus brillante : neuf pays ont fait défaut entre 1998 et 2001, parmi lesquels la Russie, l'Ukraine, le Venezuela et l'Argentine.

L'envolée de la dette française

La France ne fait pas exception à la règle. L'histoire récente de la dette française est caractérisée par une dégradation constante qui s'amorce avec l'arrivée de la crise, après les deux chocs pétroliers de 1973 et 1979.

De 1980 à 1990, elle passe de 14 à 27 % du PIB – *grosso modo* 1 point de plus par an. Elle connaît une autre envolée qui lui fait franchir la barre des 50 % dans les années 1990 et atteint 63 % en 2006. Durant toute cette période, elle n'aura connu qu'une baisse entre 1998 et 2001 (de 59 à 56 %). Avec la crise, l'aggravation est lourde : plus de 500 milliards de dette supplémentaire, un taux d'endettement qui atteint les 89 % du PIB en 2012 et un volume global de 1 789 milliards d'euros. Les intérêts de la dette représentent plus de 55 milliards d'euros, c'est-à-dire un montant comparable à ce que rapporte l'impôt sur le revenu.

Trois phénomènes confluent dans l'aggravation de la dette :

- ✔ Une tendance longue qui est liée à la détérioration du rôle de l'État.
- ✔ L'impact direct de la crise : par les dépenses massives de l'État, par la récession, qui fait baisser les ressources.
- ✔ Un troisième élément vient rendre la situation dramatique : la hausse des taux d'intérêt.

L'étau des taux

Contrairement à ce que l'on pourrait penser, le niveau global de la dette n'est pas un critère de gravité de la situation.

Selon le FMI, plus de la moitié des défauts a concerné des pays dont la dette était inférieure à 60 %, et un tiers d'entre eux des pays dont la dette restait en dessous de 40 %.

Selon les économistes qui se sont penchés sur le problème (notamment Carmen Reinhart et Kenneth Rogoff), le seuil à ne pas dépasser serait de 90 %. À partir de ce taux, le remboursement de la dette aurait un impact négatif sur la croissance. Selon la BRI (Banque des règlements internationaux), ce seuil serait à 85 %. À partir de là, 10 points d'endettement supplémentaires coûteraient 0,1 % de croissance…

D'autres, comme Paul Krugman, insistent sur le fait que c'est le manque de croissance qui fait augmenter le taux d'endettement. Le lien est établi, mais dans quel sens ?

On vend des parapluies parce qu'il pleut, ou il pleut parce que l'on vend des parapluies ? Les économistes n'en sont pas à leur premier débat de ce type.

Le consensus se fait autour d'une constatation incontournable : l'État s'endette et injecte de l'argent dans l'économie. Cet argent lui rapporte et lui coûte. Il faut que le premier terme soit supérieur au deuxième.

À partir de là, on peut analyser le solde budgétaire : il faut que l'« excédent budgétaire primaire » (c'est-à-dire hors intérêts) soit positif, sinon il y a effet boule de neige.

De toute manière, la véritable appréciation ne peut être qu'une projection sur l'avenir. Le pays peut-il réduire son déficit et faire augmenter la croissance ? Ces projections ne sont pas simples par la multitude des variables qui entrent en jeu, et l'appréciation est souvent de nature politique. Le FMI, dans les années 1990, a eu tendance à surestimer les capacités de certains pays du Sud à rembourser, car il en découlait le montant de la dette à... annuler !

En définitive, pour un pays qui a une dette proche de 100 % du PIB, la règle est simple : il faut que le taux de croissance soit supérieur au taux d'intérêt. C'est mathématique.

Et c'est là que le bât blesse. Les taux d'intérêt que doivent payer les États sont fixés par les marchés en fonction de la confiance (ou de la méfiance) qu'inspire le pays. Plus un pays a de difficultés, plus ses taux augmentent. Là où l'Allemagne peut emprunter à des taux faibles, voire négatifs, l'Italie doit payer 7 %, le Portugal 10 %, la Grèce 20 % ou plus.

On voit le piège : plus un pays a de problèmes, plus il a de problèmes.

Montre-moi ton spread, je te dirai qui tu es

Le mot « spread » était il y a quelques années réservé aux professionnels de la finance ; c'est devenu un « must » des journaux télévisés, de la presse et des discussions de café du commerce.

Le spread est un écart de taux d'intérêt. Celui qui a défrayé la chronique quotidiennement est l'écart entre le taux des obligations allemandes et celui des autres pays européens. Il est exprimé en centaines de points. Ainsi, un spread de 460 pour l'Italie indique qu'elle doit payer des taux d'intérêt de 4,6 % plus élevés que l'Allemagne. Si les taux allemands sont de 1,5 %, le taux italien sera donc de 6,1 %.

Bien entendu, plus un pays doit payer d'intérêts, plus sa dette s'alourdit. C'est pour cela que le spread revêt une importance médiatique : c'est en quelque sorte le thermomètre de ce que les marchés pensent des finances d'un pays. Ici aussi, on est en présence d'un mécanisme autoréalisateur : plus on pense qu'un pays va mal, plus sa situation se détériore.

La nouveauté, c'est que des gouvernements sont victimes du spread. Ainsi, Berlusconi a dû démissionner en 2011 parce que le spread avait atteint des sommets (notamment après l'entrevue de Cannes, où l'on a vu Sarkozy et Merkel se moquer ouvertement de Berlusconi). L'arrivée au pouvoir de Monti a immédiatement fait baisser le spread... qui est remonté plus tard. Même chose après le sommet de fin juin 2012 : le spread baisse, une semaine après il remonte...

Pourtant, lors de la réunion de Bruxelles de juin 2012, un grand pas est franchi : l'Union européenne décide de se doter d'un mécanisme antispread voulu par Monti et Rajoy. Comme d'habitude, les marchés sont ravis. Mais immédiatement les complications surgissent : Merkel, bien entendu, dit qu'il y aura des conditions ; Monti et Rajoy répondent que pour le moment leurs pays n'ont pas besoin d'un tel mécanisme. On reprend les mêmes et on recommence.

L'euro dans la tourmente

Depuis sa création, en 1999, l'euro a connu quelques hésitations, notamment au début, mais il a rapidement consolidé sa nature de monnaie forte grâce à la puissance de l'économie européenne et à la rigueur de la politique monétaire de la BCE.

Entre fin 2000 et fin 2003, l'euro avait augmenté de 45 % par rapport au dollar. Il fera encore mieux par la suite.

L'euro est la monnaie solide d'un bloc économique puissant ; elle est devenue la deuxième monnaie mondiale et est de plus en plus utilisée, y compris dans des échanges qui étaient autrefois réservés au roi dollar, comme les achats de pétrole. Mais sa force comporte une faille.

La faille

« Les marchés se sont rendu compte d'une faille dans l'organisation de la zone euro : alors que les gouvernements des autres pays développés ne peuvent pas faire faillite car ils peuvent toujours être financés par leur Banque centrale, ceux de la zone euro ont renoncé à cette possibilité. » C'est ce que constate Henri Sterdyniak (*Cahiers français*, n° 357).

L'abandon de la souveraineté monétaire est inscrit dans le traité de Maastricht (article 104) et dans le traité de Lisbonne (article 123). La BCE, et moins encore les Banques centrales nationales, ne peut financer les déficits des États.

Le problème est que l'euro est la monnaie unique d'États indépendants, gérant chacun à sa manière ses finances publiques. La faille, c'est cette contradiction. Les marchés vont s'y engouffrer. L'idée est tout simplement que certains pays n'arriveront pas à tenir leur rang dans l'euro. La crise de l'euro s'attaque d'abord aux pays qui sont les maillons faibles du système.

La descente aux enfers de la Grèce

L'histoire de la Grèce de ces dernières années ressemble à une tragédie.

Tout commence par la victoire du Pasok, le parti socialiste local, aux élections d'octobre 2009. Dès que le gouvernement Papandréou met le nez dans les comptes, il découvre le pot aux roses : le déficit du budget n'est pas de 6 %, mais du double (12,7 %). On estime que la dette sera de 120 % en 2010. Papandréou déclare que la Grèce est un navire qui coule.

Immédiatement, les agences de notation dégradent les titres grecs.

Dès janvier, des mesures d'austérité sont prises, avec pour objectif de ramener le déficit à 2,8 % en 2012, ce qui déclenche une série de grèves générales ; le gouvernement demande l'assistance du FMI, et la Grèce est mise sous la surveillance de l'Union européenne.

Une longue valse de négociations commence. L'Europe va aider la Grèce mais ne dit pas comment. Ce qui est sûr, c'est que l'on demande au pays de mettre de l'ordre dans ses comptes. Dès mars 2010, l'austérité s'abat sur le pays, avec des économies tous azimuts : augmentation de la TVA, taxes sur l'essence, le tabac et l'alcool ; réduction de 30 % des primes du secteur public, gel des pensions. Rien n'y fait : le déficit est revu à 13,6 %, et en avril Standard & Poor's classe la dette grecque dans la catégorie des *junk bonds*. La Grèce requiert officiellement l'aide internationale. Les notes de l'Espagne et du Portugal sont dégradées. Pour enrayer la contagion, l'Europe, après d'interminables débats, approuve le plan d'aide à la Grèce, potentiellement à hauteur de 550 milliards, en contrepartie d'autres mesures de rigueur qui provoquent de nouvelles grèves générales, des affrontements violents et des morts.

Dans la nuit du 9 au 10 mai 2010, pour éviter que la crise grecque ne s'étende à l'Espagne, au Portugal voire à l'Italie, l'UE, en coopération avec le FMI, se dote d'un fonds de stabilisation de 750 milliards d'euros (le FESF). La Commission européenne est autorisée à emprunter 60 milliards d'euros ; 440 milliards sont apportés par les États et 250 milliards par le FMI, et, le 10 mai, la BCE décide de permettre aux Banques centrales de la zone d'acheter de la dette publique et de la dette privée sur les marchés secondaires. Mais les marchés ne se montreront pas plus patients pour autant.

Comme la situation ne s'améliore pas, et au milieu d'une agitation permanente, le 27 octobre 2011, on adopte un plan d'aide qui prévoit (enfin, selon certains) un abandon par les banques privées de 50 % de la dette publique qu'elles détiennent sur la Grèce en échange d'une recapitalisation pour un montant de 106 milliards d'euros.

Quelques jours après, le Premier ministre Papandréou annonce qu'un référendum sur le nouveau plan d'aide européen sera organisé. Les gouvernements européens sont scandalisés de ce « mauvais tour », et les marchés sont, bien entendu, saisis d'une sainte panique.

Il n'y aura pas de référendum, et Papandréou va démissionner. En mai 2012, les élections voient l'effondrement des partis de gouvernement, et aucune majorité n'est possible. Les Grecs doivent retourner aux urnes. La possibilité d'une victoire des opposants à l'austérité et à l'euro met, encore une fois, les marchés en fibrillation.

En juin 2012, les élections donnent la victoire aux partis favorables au sauvetage et aux conditions dictées par Bruxelles. Refus de l'aventure, réaction de peur ? Toujours est-il que le pays s'enfonce de plus en plus dans la récession et la misère, et que les conditions de son assainissement s'éloignent chaque jour davantage. La sortie de l'euro fait toujours la une des gazettes, comme trois ans auparavant.

Un cruel jeu de dominos

Ils sont quatre. Ce sont des pays où il fait beau et où l'on part volontiers en vacances. Les économistes les appelaient autrefois « le Club Med » avec une pointe de condescendance et de mépris. Depuis, ils ont fait mieux : avec un sens de l'acronyme aiguisé, ils les ont appelés « Pigs », les « cochons » en anglais. Ce sont les pays du sud de l'Europe : Portugal, Italie, Grèce, Espagne.

Que reproche-t-on à cette bande de « cochons » ? Les économistes, du haut de leurs centres de recherche, rejoignent les lieux communs les plus éculés : ces pays (et leurs habitants) ne sont pas sérieux, ils sont trop gais pour être de bons travailleurs. Ils préfèrent chanter ou danser. Des cigales gominées. Ce ne sont pas des gens dignes de confiance. Bref, ils sont affreux, sales et méchants.

Ces pays font pourtant partie de l'Union européenne et de la zone euro. Et si l'euro a des problèmes, c'est à cause d'eux. C'est leur légèreté et leur imprévoyance qui menacent ce bel édifice qu'est l'Europe, une maison que des gens bien plus sérieux comme les Allemands, les Autrichiens ou les Hollandais s'efforcent de tenir en ordre. Ainsi, les marchés vont les prendre pour cible, leur promettant à chacun le sort de la Grèce.

Il y a du défaut dans l'Eire

Un autre pays se débat au milieu de la tourmente : un invité surprise, qu'on loge rapidement dans l'acronyme «Pigs», à la place, ou à côté, de l'Italie (rebaptisant le groupe des intouchables en «Piigs»).

Un pays qui jusque-là attirait les éloges et les superlatifs : l'Irlande. Le pays que beaucoup montraient en exemple est en réalité un édifice fragile que la crise de 2007 frappe avec une violence inouïe. Les bulles financières et immobilières éclatent, des multinationales quittent le pays, les ménages endettés ne peuvent rembourser leurs traites, le système bancaire s'effondre.

Dans la panique, le gouvernement irlandais garantit l'ensemble des dépôts bancaires à concurrence de 480 milliards d'euros, soit près de trois fois le PIB irlandais, et nationalise l'Allied Irish Banks, principal financier de l'immobilier, en injectant 48,5 milliards d'euros (environ 30 % du PIB).

Le déficit public se creuse de manière abyssale : le déficit du budget atteint 32 % du PIB! L'endettement de l'État atteint 100 %. De mémoire de statisticien, on n'avait jamais vu ça.

L'Irlande est le premier pays à entrer en récession.

La rigueur que l'Irlande va appliquer sera d'une brutalité similaire : baisse du salaire des fonctionnaires (jusqu'à 20 %), réduction des allocations familiales de 10 %, baisse de toutes les prestations sociales. En avril 2009, le ministre des Finances irlandais, M. Brian Lenihan, déclarait : «Nos partenaires en Europe sont impressionnés par notre capacité à endurer la douleur. En France, continuait-il, vous auriez eu des émeutes si vous aviez essayé cela.» En février 2010, l'Allemagne conseille à la Grèce… d'«imiter l'Irlande» (Reuters, 16 février 2010).

 Une curiosité : le parking de l'aéroport de Dublin ne désemplit pas. Après enquête, on découvre que les voitures sont abandonnées. Il s'agit des voitures des gens qui ont quitté le pays et qui, partis en toute hâte, ont préféré les laisser là.

Le fado du Portugal

Depuis le début de la crise, le gouvernement portugais (et la BCE) ne cesse de protester que la situation portugaise n'a rien à voir avec celle de la Grèce, ni avec celle de l'Irlande. Effectivement, nulle bulle spéculative, et les banques lusitaniennes ont passé avec succès les stress-tests.
La récession est en effet venue peser sur le Portugal après presque dix ans de «croissance molle» (0,6 % depuis 2000, la croissance la plus faible de la zone euro entre 2000 et 2007), accentuée par l'entrée en vigueur de l'euro (au cours de laquelle l'escudo a été surévalué) et la concurrence des anciens pays de l'Est et des économies émergentes.

Les problèmes du Portugal sont récurrents et structurels : une économie délibérément axée sur les services, entraînant un déficit extérieur croissant, un manque de compétitivité des entreprises, un très faible niveau de formation de la population.

Les fonds européens ont certes permis la construction d'infrastructures modernes, mais ils n'ont pas réduit les inégalités entre les régions, ni fait saisir au pays l'opportunité des investissements industriels liés aux nouvelles technologies.

Le crédit a été largement ouvert aux ménages, qui se sont surendettés, et pas assez aux entreprises, ce qui a encore accentué le déficit commercial. Entre 2002 et 2007, le taux de chômage a doublé, passant à 10 %, dont la moitié de chômeurs longue durée ; le travail précaire s'étend, et le pouvoir d'achat des Portugais stagne à la dernière place de l'Union européenne.

Le déficit budgétaire du Portugal (9,3 % en 2010) est moindre que celui de la Grèce, mais tous les observateurs s'attendent immédiatement à ce que la crise s'étende au Portugal en premier lieu.

Un plan d'austérité massif annoncé en mars 2010, suivi d'un deuxième, ne convainc pas les marchés : la note du Portugal est abaissée, et finalement le Premier ministre José Socrates, après avoir cherché des solutions auprès de la Chine et des anciennes colonies, se résout à demander officiellement l'aide de l'UE et du FMI le 6 avril 2011 – accord qui sera signé le 5 mai suivant à hauteur de 78 milliards d'euros. Le Portugal appliquera désormais, et très rigoureusement, la rigueur comme solution à ses problèmes structurels. Le spread portugais navigue au-dessus de 900.

L'immobilier ou le vice-roi d'Espagne

Dans les dix années qui ont précédé la crise, l'Espagne a connu une croissance extraordinaire (3,8 % en moyenne) tout en respectant strictement les règles budgétaires européennes. Que l'Italie prenne garde : on prédisait qu'elle serait dépassée. Et même en France, les donneurs de leçons pointaient l'insolente résurrection espagnole. Les agences de notation estimaient même que l'Espagne était le meilleur emprunteur souverain.

Trois ans après, l'Espagne est mise au pilori des économies mondiales.

Pourtant, dès 2006, l'OCDE prévenait, dans son rapport sur l'Espagne : «Les performances favorables de l'Espagne en termes de croissance se sont accompagnées de l'apparition de tensions inflationnistes [...]. Ces performances sont fragiles car les réformes n'ont pas permis d'accroître la productivité.»

Effectivement, le moteur de la croissance était essentiellement la construction immobilière à crédit, ce qui avait engendré une bulle terrifiante. Le moindre retournement du marché immobilier ne pouvait qu'être fatal. En 2008, près de 1 million de logements ne trouvaient pas preneur. Dès lors, les défauts de remboursement s'enchaînent, avec leur cohorte de conséquences : explosion du chômage, qui va atteindre des sommets ahurissants (22 % en 2012), notamment parmi les jeunes (50 %), extension de la précarité, déficit budgétaire.

Mais le talon d'Achille de l'Espagne, ce sont les banques. S'étant engagées sans retenue dans le financement de l'immobilier, elles sont au bord de l'implosion. Pendant l'été 2012, l'Espagne a fait savoir que ses banques avaient besoin de 100 milliards d'euros. Le plan européen de sauvetage des banques passe par une prise en charge du problème par la BCE, l'État espagnol n'ayant évidemment pas les moyens nécessaires. Son déficit reste très lourd et les taux d'intérêt élevés. L'Espagne devrait également profiter du « plan antispread » décidé au cours de la même réunion.

Le naufrage de la dolce vita italienne

Le dernier maillon de la chaîne, c'est l'Italie. Grande puissance européenne (troisième par le PIB, deuxième par l'industrie), membre fondateur de l'Union européenne, l'Italie est à son tour attaquée par les marchés. Le pays traîne depuis des décennies des « boulets » endémiques :

- ✔ Une gigantesque dette publique (120 % de son PIB), la deuxième en Europe après la Grèce.
- ✔ Une classe politique instable et peu crédible, à l'image de l'ancien Premier ministre Silvio Berlusconi.
- ✔ Une administration pléthorique, coûteuse et inefficace (notamment la justice et l'administration territoriale, qui cumule les échelons et les sureffectifs).
- ✔ Une tradition endémique d'évasion fiscale qui, dans ce pays, dépasse l'entendement (on l'estime à 17 % du PIB). Les bijoutiers et restaurateurs italiens auraient ainsi un revenu proche ou inférieur au salaire minimum.
- ✔ Une tradition de corruption et une présence calamiteuse de la délinquance organisée (les trois familles mafieuses : mafia, 'ndrangheta, camorra). Une corruption qui atteint aussi le cadre politique.

L'euro a aggravé le tableau, car l'Italie est probablement le pays qui a le plus souffert de son cours élevé, son industrie manufacturière se trouvant lourdement handicapée face aux concurrents asiatiques.

La pression des marchés sur la dette italienne était forte dès 2010, en raison de la lourde dette extérieure, mais c'est en juillet 2011, après la dégradation de la note du Portugal et l'aggravation des tensions entre Berlusconi et son propre ministre des Finances, que le « problème italien » fait la une des journaux.

Un premier puis un deuxième plan d'austérité n'auront que peu d'effets. En septembre, la note italienne est de nouveau dégradée avec une perspective négative. Décrédibilisé, le gouvernement voit sa politique mise sous la surveillance de la Commission européenne et du FMI. Berlusconi est poussé vers une sortie humiliante ; et les Italiens, qui pensaient déjà faire les frais de la rigueur, vont découvrir qu'il ne s'agissait en réalité que d'un petit *antipasto*.

Tous les Pigs sont désormais dans le même sac.

L'euro au banc des accusés

Dès le début de la crise, l'euro est mis en accusation par beaucoup, mais pour des raisons différentes, parfois même opposées.

Une partie des populations, notamment en Europe du Sud, l'associe à sa perte de pouvoir d'achat, allant dans le sens des antimaastrichtiens de tous bords, qui voient leurs prédictions catastrophistes se réaliser.

D'autres voient dans la crise de confiance envers l'euro une conséquence de la concurrence qui existe *de facto* entre les États-Unis et l'Europe dans la course aux capitaux nécessaires pour financer leurs dettes respectives. Pour certains observateurs, la crise de l'euro a été accentuée à bon escient après la dégradation de la note américaine par Standard & Poor's en août 2011. Pour d'autres, l'euro surévalué fait les affaires commerciales des États-Unis et de la Chine, aux exportations de laquelle le yuan sous-évalué donne un avantage monétaire. On voit là se dessiner une autre explication du passage de la crise américaine à la crise européenne.

On verra que, sur ce sujet comme sur d'autres, les avis sont bien partagés.

Les économistes les plus académiques se réfèrent à la théorie qui a servi de base à la construction de l'euro. Il s'agit de la « théorie des zones monétaires optimales », de Robert Mundell (*A Theory of Optimum Currency Areas*, 1961), qui considère que trois conditions sont nécessaires pour qu'une zone monétaire puisse fonctionner correctement : l'intégration du marché des biens et services, des marchés de capitaux et du marché du travail.

Les deux premiers critères semblent remplis, mais pas le troisième. On justifie alors la crise des pays en difficulté par l'impossibilité dans laquelle ils se trouvent se profiter des ajustements par la monnaie, c'est-à-dire par la dévaluation. Celle-ci étant exclue, l'ajustement se fait par le chômage ou la baisse des revenus.

Ainsi, au cœur de la tempête, les Cassandres s'en donnent à cœur joie. Les grands titres de la presse anglo-saxonne annoncent depuis 2010 que l'euro ne passera pas Noël, ni Pâques, ni l'été. Et la presse européenne alimente le psychodrame à coups de « sommets de la dernière chance » et de « trois jours pour sauver l'euro ».

Avec une pondération remarquable, Jacques Attali ou Joseph Stiglitz prédisent que « l'euro a 50 % de chances de ne pas passer Noël » – ce qui signifie qu'il en a aussi 50 % de survivre. Et que les économistes ont enfin trouvé le moyen de ne pas se tromper dans leurs prévisions.

Agences tous risques

Elles sont trois, et le monde entier a appris à les connaître.

Moody's, Fitch, Standard & Poor's. Elles sont américaines et émergent d'une galaxie bien plus fournie. « Américaines », pas totalement, car Fitch appartient à un financier français, Marc Ladreit de Lacharrière.

Les agences de notation déchaînent les passions : les « techniciens » disent que l'on s'en prend stupidement au thermomètre, et que si tel pays va mal ce n'est sûrement pas à cause des agences. Les autres sont scandalisés par la toute-puissance de ces entreprises privées qui se dressent en juges universels de la politique des États, qui est, en définitive, issue du suffrage universel et de la souveraineté des peuples...

Jacques Attali dit que ce sont « les journalistes les mieux payés du monde ». On ne peut que se poser des questions sur la « scientificité » des avis des agences. La plupart du temps, elles donnent l'impression de constater ce qui est.

Ce qui est sûr, c'est que dans le passé récent leurs avis et jugements ont été pour le moins scabreux. Leur rôle a été décisif dans la crise des subprimes : sans notations, des titres titrisés ne se seraient pas vendus. Un volume de 93 % des titres notés « AAA » avant 2007 a été déclassé en « titres pourris ». À ceux qui parlent de conflit d'intérêts (les agences sont payées par les banques qu'elles notent), les autres rétorquent que les États ne paient pas et que les agences sont totalement objectives. À ceux qui disent que le jugement des agences est politique, Alexandra Dimitrijevic (responsable de la méthodologie de notation des États de Standard & Poor's) répond « C'est une lecture simpliste » : « La notation est apolitique. Elle n'évalue ni les décideurs, ni leur appartenance politique, pas plus qu'elle ne leur prescrit d'adopter l'une ou l'autre mesure. [...] Elle synthétise des facteurs pouvant influer, à l'avenir, sur la capacité et la volonté d'un emprunteur à rembourser sa dette. » Elle admet quand même : « Dans le cas d'un État, l'environnement politico-institutionnel est clairement l'un de ces facteurs » (*LeMonde.fr*, 21 novembre 2011).

Lorsque la France a perdu son « triple A », cela a été vécu comme une catastrophe nationale. Les journaux ont fait des unes. Outre l'aspect symbolique (la fierté nationale en prend un coup), le déclassement a des conséquences concrètes. Les accords de Bâle prévoient que les banques gardent un certain nombre de titres notés « AAA ». Si un pays perd cette note, ses obligations seront inévitablement moins recherchées – avec les conséquences que l'on imagine. Mais la crédibilité des agences est bien entamée : leur laxisme passé (pour ne pas dire leur aveuglement) vis-à-vis des banques a laissé place à une sévérité qui ressemble à un excès de zèle en ce qui concerne les États. Les soupçons s'accumulent : sur la méthode, le sérieux, le moment même où elles jugent. Le énième déclassement de l'Italie, en juillet 2012, en plein déploiement du plan d'assainissement de Monti, a laissé tout le monde perplexe, y compris les marchés.

Chapitre 9

Rigueur et récession

Dans ce chapitre :
- Les plans de relance et leur effet
- Le poids de la rigueur
- Le modèle allemand et ses limites

*F*rappées de plein fouet par la crise financière, les économies touchent le fond. Les politiques publiques vont créer autant de problèmes qu'elles n'en résolvent.

Échec à la relance ?

Les gouvernants réagissent avec rapidité à la crise par des plans de relance qui creusent les déficits. Aussitôt, on passe à de sévères politiques de rigueur.

La contagion

Alors que la peur des faillites bancaires se répand, dans l'opinion publique, la première inquiétude concerne l'épargne des particuliers. Les dirigeants, dont le président français, sont obligés d'intervenir dans les médias pour rappeler, ou pour annoncer, que l'État garantit les dépôts bancaires des particuliers. Si cela évite des débordements de panique, cela n'empêche pas la contagion de faire tache d'huile.

La généralisation de la crise est produite par trois facteurs : la psychologie, le crédit, la baisse du revenu.

   ✓ **La dimension psychologique intervient en premier.**
   Le choc généré par la crise bancaire et boursière fait

office de détonateur aux États-Unis comme en Irlande ou en Espagne.

L'«effet de patrimoine» joue à l'envers. L'illusion de «richesse» s'efface avec la baisse de l'immobilier, les ménages adoptent une attitude plus prudente. Les premiers secteurs touchés sont ceux des biens durables (automobile, immobilier), dont on peut reporter l'acquisition.

✔ **Vient ensuite le crédit.** Les difficultés des banques les poussent à être particulièrement frileuses dans l'attribution de crédits. Les ménages autant que les entreprises sont touchés.

✔ **La phase la plus dure est celle de la baisse du revenu réel** provoquée par la hausse du chômage et la mise en place de politiques de rigueur.

Dès que la récession commence à se faire sentir, des plans de relance sont adoptés dans la plupart des pays. Le choc de la crise bancaire est tel que les gouvernements savent pertinemment que les répercussions vont être extrêmement violentes. Le nouveau président de la Fed, Ben Bernanke, le sait mieux que d'autres : c'est un spécialiste de la crise de 1929.

Les mesures de soutien à l'économie interviennent en même temps que les mesures destinées à sauver les banques. Dans une certaine improvisation, on pare au plus pressé ; la riposte est rapide à défaut d'être efficace.

Les États-Unis vont engager plus de 800 milliards de dollars, la Chine 500 milliards de dollars Tous les pays européens suivent. Entre 2008 et 2009, un plan de 48 milliards d'euros est mis en place en France.

Le problème est que la crise révèle d'anciens problèmes ; des situations qui étaient déjà délicates deviennent dramatiques.

Le sauvetage de l'automobile américaine : une exception ?

L'exemple de l'industrie automobile américaine est significatif à plus d'un titre. Ce secteur qui a été pendant des décennies le symbole même de la puissance du pays, avec la domination arrogante de ses multinationales, subit une crise exemplaire et un redressement qui l'est peut-être tout autant.

L'industrie automobile américaine souffre depuis longtemps de difficultés traditionnelles : gigantisme de l'appareil productif, retard technologique. La concurrence japonaise a été particulièrement sévère, y compris par l'implantation d'usines aux États-Unis dans lesquelles les conditions proposées aux ouvriers n'ont rien à voir avec celles que pratiquent les «Big Three» (GM, Ford, Chrysler) : salaires plus bas, pas de syndicats, pas d'assurance maladie, pas de retraite. Le combat est d'autant plus inégal que les produits américains souffrent d'un archaïsme évident (pas de voitures hybrides). En 2008, les géants américains plongent dans la crise, la hausse du prix de l'essence leur donnant un énième coup fatal.

De 17 millions de véhicules produits par an en 2005, la production chute à 10 millions en 2009.

En 2008, General Motors et Chrysler sont en cessation de paiements. GM affiche des pertes colossales de 31 milliards de dollars. La situation est d'autant plus grave que, vu l'état des banques et des marchés financiers, les détenteurs de capitaux prêts pour une éventuelle aventure dans l'automobile ne sont pas légion.

Obama propose un plan de sauvetage de quelque 60 milliards de dollars qui est adopté par le Congrès après d'âpres batailles. Les républicains exercent une opposition farouche. Mitt Romney annonce l'apocalypse : «Si GM, Ford et Chrysler bénéficient du plan de sauvetage, vous pouvez dire adieu à l'industrie automobile américaine» (*New York Times*, 18 novembre 2008).

Obama pousse vers la sortie le P.-D.G. de GM, Rick Wagoner, et celui de Chrysler, Bob Nardelli.

General Motors est de fait nationalisé. Une restructuration douloureuse s'ensuit, au terme de laquelle GM n'a plus que 200 000 employés, contre 327 000 en 2006. Une dizaine d'usines sont fermées, des marques euthanasiées (Pontiac, Saturn, Hummer), la filiale allemande Opel est vendue.

Chrysler avait déjà connu de graves vicissitudes : le groupe avait été acheté puis revendu par Daimler à un fonds d'investissement (Ceberus Capital Management, qui gère, entre autres, les fonds de pension des policiers et pompiers de Los Angeles).

Cette fois, son redressement passe par la case Fiat, qui avait essayé d'acheter Opel à des conditions jugées inacceptables par le gouvernement allemand. Le groupe italien achète, avec des prêts du gouvernement américain, des parts croissantes du capital de Chrysler jusqu'à devenir majoritaire – aux côtés, remarquons-le, du fonds de pension des syndicats des ouvriers de l'automobile UAW.

Ford a évité la faillite : l'entreprise avait anticipé la purge en licenciant 30 000 ouvriers, en se débarrassant d'Aston Martin, de Jaguar et de Land Rover et en souscrivant un prêt de 23 milliards de dollars en 2006 pour l'obtention duquel elle avait dû hypothéquer jusqu'à son célèbre logo.

Le sauvetage de l'industrie automobile américaine semble réussi. Grâce aux aides du gouvernement, qui lui ont permis de redémarrer, le marché affiche depuis 2010 une belle santé. Ironie du sort, Fiat n'a réalisé de bénéfices en 2012 que grâce à Chrysler, le reste du groupe tournant à perte.

Pour résumer le mandat d'Obama, le vice président Joe Biden a eu cette formule laconique : «Ben Laden est mort, et General Motors est vivant».

La crise et le redressement de l'industrie automobile américaine sont symptomatiques des problèmes qui s'abattent maintenant sur les pays occidentaux développés.

L'automobile américaine est restée pendant longtemps la représentante du modèle industriel des «trente glorieuses» : équipements lourds, main-d'œuvre abondante, salaires et protection sociale généreux. Sa crise est autant celle de sa technologie que celle de son modèle social inadapté. Ce qui plombait les finances des «Big Three», c'étaient, entre autres, les sommes colossales que les entreprises devaient verser, seules, au titre de l'assurance vieillesse des ouvriers.

Courbe en « U » ou en « W »

Le résultat des politiques de relance est sensible. En 2009-2010, les dirigeants occidentaux ont l'impression de voir le bout du tunnel, mais peu de redressements y sont aussi spectaculaires que celui de l'automobile américaine.

Les difficultés qui se déplacent des États-Unis à l'Europe ont un effet boomerang. Dans un premier temps, ce sont les problèmes américains qui handicapent l'Europe. À partir de 2010, c'est le contraire : c'est la crise européenne qui freine la reprise aux États-Unis.

On croyait que la sortie de la crise allait se faire selon une courbe en « U » ; en définitive, c'est une courbe en « W » qui se dessine – en étant optimiste.

Ainsi, en France, la récession arrive au 2e trimestre 2008 ; en 2009-2010, on assiste à une reprise, puis la rechute se produit en 2012. La France, rappelons-le, n'avait connu depuis les « trente glorieuses » que deux brèves périodes de récession : en 1975 et en 1993.

Les politiques de relance ont été sans doute bénéfiques, mais, dans la plupart des cas, elles ont eu comme effet d'amortir la récession plutôt que de réenclencher la croissance.

C'est l'avis de la Cour des comptes sur le plan de relance français de 2009. L'impact du plan sur la croissance a été de 0,5 point de PIB, très en deçà de son coût pour les finances publiques, qui représente 1,4 % du PIB. Mais lui aussi aura eu comme qualité d'atténuer les effets de la crise.

Le poids de la rigueur

En Europe, le ralentissement de l'activité économique aggrave la situation déjà précaire des finances publiques. Ce sont les difficultés de la Grèce, on l'a vu, qui font émerger le problème, puis celles des autres Pigs qui l'accentuent. La dette devenant l'urgence, la rigueur s'impose. Des dizaines de milliards d'économies sont opérés ou programmés dans les différents pays. Aucun n'y échappe. Or, la politique de rigueur comporte un risque : celui d'aggraver, ou de provoquer, la récession.

Tous les gouvernements y passent : Grèce, Irlande, Portugal, Italie, Islande, Espagne, Royaume-Uni. La France met en place un plan de rigueur en août et novembre 2011.

Les recettes de la cuisine rigoriste sont les mêmes sur le fond mais présentent d'infinies variations locales. Il s'agit toujours d'augmenter les recettes et de diminuer les dépenses.

Serrez les ceintures

Dans le foisonnement de mesures, on doit distinguer les mesures d'urgence, celles qui doivent rapidement faire baisser le déficit, et celles, plus structurelles, visant à empêcher qu'il s'éternise.

Sans entrer dans le détail (rien qu'en Grèce, entre 2010 et 2012, pas moins de sept plans d'austérité sont promulgués), dans les différents pays, les mesures prises concernent :

- La réduction du nombre de fonctionnaires et la baisse de leurs salaires ;
- L'allongement de la durée des cotisations retraite, le recul de l'âge légal de départ ;
- L'augmentation de la TVA, l'augmentation des taxes sur l'essence, le tabac et l'alcool (et même sur les sodas, en France) ;
- La réduction du seuil d'imposition, la suppression des cadeaux fiscaux ;
- La baisse du salaire minimum ;
- La réduction des remboursements de sécurité sociale ;
- La libéralisation du marché du travail ;
- Des privatisations.

Résultat inévitable, les gouvernements qui pratiquent ces politiques sont immédiatement sanctionnés aux élections : Brown au Royaume-Uni, Zapatero en Espagne, Socrates au Portugal et Sarkozy en France. D'autres tombent, non sous les balles des électeurs, mais sous la pression du «marché» (Papandréou, Berlusconi).

Le couronnement de ce processus est atteint avec le sommet européen du 30 janvier 2012, qui a abouti, à la surprise générale, à l'adoption par 25 des 27 pays membres du «traité pour la stabilité, la coordination et la gouvernance dans l'Union économique et monétaire»; succès mis au compte du couple Merkel-Sarkozy et qui marque le triomphe du rigorisme budgétaire.

Le traité prévoit des sanctions automatiques au-dessus de 3 % de déficit et l'établissement d'une «règle d'or» établissant qu'un pays ne pourra pas avoir de déficits excédant 0,5 % du PIB.

Le problème est que cette belle unanimité est brisée par l'arrivée au pouvoir de François Hollande, qui insiste pour que l'Europe mette l'accent sur la «croissance». Les préoccupations du président français rencontrent celles d'un personnage clé de la situation européenne : Mario Monti.

Monti ou l'étreinte du python

Le cas de l'Italie est particulier et central. C'est le plus gros des Pigs, et c'est probablement une pièce dont la défaillance serait certainement fatale à l'Europe. C'est le premier «grand» d'Europe à être entré en récession, et c'est un des pays où la récession est la plus lourde. L'Italie est aussi le «maillon faible» qui relie les petits et grands pays européens; elle est la clé de voûte d'un édifice chancelant.

C'est aussi en quelque sorte un condensé de l'Europe tout entière, avec un Nord traditionnellement prospère (il s'agit de l'une des régions les plus riches d'Europe), et un Sud pauvre, au niveau de la Grèce.

On connaît les maux dont souffre l'Italie. Lorsque Monti arrive au pouvoir, il doit rétablir dans l'urgence la confiance dans le pays, mise à mal par le gouvernement Berlusconi, dont le peu de crédibilité avait fait rire Merkel et Sarkozy. Les marchés avaient pris l'Italie en ligne de mire, avec un spread qui avait grimpé dangereusement.

Mario Monti est un «technicien», éminent économiste (on lui doit le «modèle Klein-Monti» sur l'optimisation des choix des banques); commissaire européen à la concurrence, ancien de Goldman Sachs, il dirige un gouvernement d'union nationale soutenu par la gauche et la droite.

L'enjeu est de taille. *Time* titre en couverture *Can This Man Save Europe?*. À l'intérieur, dans un article intitulé *Why Mario Monti is the Man Most Important in Europe?*, il est dit : « Les problèmes de l'Italie sont devenus les problèmes du monde, Monti doit remettre en état l'Italie pour empêcher une autre crise financière globale » (*Time*, 20 février 2012).

À défaut du charisme d'un homme politique, c'est aux compétences techniques du « professeur » que certains lient le destin de l'Europe. L'arrivée de Monti brise le monopole du duo franco-allemand, qui jusque-là semblait mener la barque. Les positions d'Hollande, l'urgence des problèmes espagnols redistribuent les cartes du jeu européen.

La « philosophie du sauveur » est contenue dans ce que l'on appelle « le triangle de Monti » : rigueur, équité, croissance. Beaucoup d'économistes voient là une recette gagnante, comme Élie Cohen. Il s'agit de sortir de la vision « rigoriste » d'Angela Merkel ; le fait d'ajouter l'« équité » et la « croissance » laisse envisager des solutions qui vont au-delà de l'assainissement des comptes – qui, seul, peut se révéler suicidaire.

- **La rigueur arrive avec les premières mesures :** augmentation de la TVA et d'autres taxes, recul de l'âge de la retraite, rétablissement de la taxe immobilière que Berlusconi avait abolie. Dès le printemps 2012, la note à payer est de plus de 2 000 euros pour chaque Italien.
- **L'équité :** le fait que Monti soit soutenu par une large coalition laisse envisager une solution partagée des problèmes. Symboliquement, on taxe les produits de luxe et on mène des opérations « coup de poing » de contrôle fiscal dans les stations chics (Cortina d'Ampezzo, Portofino).

  En présentant le plan de réforme des retraites, la ministre du Travail Elsa Fornero éclate en sanglots. Pour les Italiens, habitués à d'autres mœurs sous Berlusconi, c'est une sorte de révélation.
- **La croissance est recherchée par des investissements en infrastructures mais surtout par des réformes structurelles** comme celle du marché du travail, qui traînait depuis des années. Chose remarquable, cette réforme n'indispose pas seulement les syndicats mais

également le patronat italien, qui la taxe de «saloperie» (*una boiata*). Suivent l'abolition de certains monopoles (pharmacies, taxis) et le «dégraissage» de l'État : suppression d'un tiers des chefs-lieux de province, réduction du nombre de fonctionnaires, réduction des dépenses pour tous les ministères.

Le pari de Monti est donc d'associer la rigueur à des bouleversements profonds pouvant mettre fin aux tares traditionnelles du pays. Réelle volonté ou efforts cosmétiques ? Les larmes d'Elsa sont-elles des larmes de crocodile ?

Le «triangle de Monti», qui est en grande partie partagé par Hollande et d'autres responsables européens, permettra-t-il de sortir de l'impasse ? Ou la combinaison des trois termes restera-t-elle un vœu pieux, la rigueur l'emportant toujours sur la croissance et l'équité ?

Le tournant ou l'impasse ?

Au niveau européen, l'action de Monti et d'Hollande se traduit par une amorce d'avancées importantes : l'adoption d'un plan de relance de 120 milliards d'euros, le sauvetage des banques espagnoles par l'Union européenne (et non par l'État espagnol) et la mise en place d'un «bouclier antispread», arrachés à Merkel, sont peut-être le début de ce que beaucoup voient comme la seule issue pour l'Europe : une plus grande intégration. La décision de Mario Droghi d'autoriser la BCE à acheter les obligations des pays en difficulté va dans ce sens.

L'austérité est un pari : soit elle débouche sur une croissance assainie, soit elle risque de casser ce qui reste de croissance et de plonger les pays dans la récession. L'«assainissement» des comptes publics comporte un prix à payer, nul ne peut l'ignorer : il faut passer par la case récession.

Si l'on dresse un bilan de l'économie européenne en 2012, on ne peut qu'être effrayé : la récession avance, les fermetures d'usine et les plans sociaux s'accumulent.

Le plus douloureux, c'est la flambée du chômage : pour les pays de la zone euro, la moyenne s'établit au-dessus de 10 %. Pour les jeunes, c'est le double. La situation est bien plus grave encore pour les Pigs : le taux de chômage est à 22 % en Espagne, celui des jeunes est compris dans une fourchette qui va de 30 % au Portugal et en Italie à 50 % en Espagne.

Le tout est de savoir si la rigueur est la voie de sortie de la crise ou si c'est une impasse.

Le modèle allemand et ses limites

Tout au long de la crise qui touche les États européens, l'Allemagne se présente comme le bon élève de l'Union, que tout le monde prend en exemple. En janvier 2012, l'Allemagne est un des rares pays à échapper au déclassement de Standard & Poor's, qui, après les États-Unis, touche huit pays européens (dont la France, qui perd son « triple A »).

Les Allemands ont été confrontés à la rigueur bien avant les autres, pour résoudre les difficultés posées par la réunification (1989) ; ensuite, le chancelier Schröder s'était attaqué avec clairvoyance aux problèmes structurels du pays, ceux de la compétitivité, des retraites, du coût du travail.

Ainsi, lorsque la crise fut venue, les Allemands ont été moins dépourvus que les autres.

Angela Merkel devient la « mère la rigueur » inflexible qui de réunions en sommets porte la bonne parole et distribue les bons et mauvais points.

Les Allemands, hommes politiques et opinion publique confondus, tout en réaffirmant leur volonté de ne pas payer pour les autres, leur donnent l'inévitable conseil : « Faites ce que nous avons fait. »

L'European Council on Foreign Relations a mené une étude pour comparer les efforts fournis par les Allemands entre 2002 et 2007 et ceux consentis par les Grecs, les Espagnols et les Portugais entre 2009 et 2011. Les chiffres sont éloquents.

Le déficit allemand a été ramené de 3,5 % du PIB à 0,6 %, celui de la Grèce de 13 à 1,8 %, celui de l'Espagne et du Portugal de 9,5 à 2 %.

Les Allemands ont subi, sur une période de cinq ans, une baisse de leurs salaires de 3,3 %. Les Espagnols ont connu, en deux ans, une baisse de 7 %, les Portugais de 10 % et les Grecs de 13 % (*LeMonde.fr*, 14 juin 2012).

Les risques du modèle allemand

Le modèle allemand semble être le modèle à suivre. Mais on sait que certains « modèles » nous ont réservé de drôles de surprises (Irlande, Espagne)...

Regardons les choses de plus près.

L'économie allemande a eu un commerce extérieur traditionnellement excédentaire : de 1970 à la réunification, une seule année de déficit (1980). Après la réunification, les difficultés s'accumulent et les excédents diminuent. C'est à ce moment-là que les Allemands se lancent dans une politique de reconquête et de réformes, notamment celles des retraites et du marché du travail.

En 2001, l'excédent passe de 7 milliards à 42 milliards d'euros, puis à 86 milliards (2003), puis à 170 milliards (2007).

Mais ces excellents résultats sont obtenus au prix de l'atonie du marché intérieur : depuis une dizaine d'années, la consommation stagne en Allemagne alors qu'elle a augmenté dans la zone euro (+ 15 %), et ce malgré l'augmentation spectaculaire de l'emploi. L'augmentation de la TVA en 2007 n'a pas arrangé les choses, ni la hausse du taux d'épargne.

Cette économie de plus en plus tournée vers l'extérieur a son revers. Le pays est coupé en deux : un secteur florissant tourné vers l'exportation, très capitalisé, et un autre tourné vers l'intérieur, surtout vers les services, où dominent les bas salaires, les mini-jobs à 400 euros et la précarité. La grande pauvreté est passée de 6 à 11 %.

Les capitaux allemands partent à l'étranger. De 2000 à 2007, le solde est passé de 28 milliards à 234 milliards d'euros : un bon tiers dans l'investissement productif et les délocalisations, le reste dans des investissements financiers, souvent hasardeux. Les banques allemandes sont par ailleurs nombreuses et de taille relativement modeste. Leur exposition les rend fragiles. Certaines ont dû être partiellement nationalisées (*Problèmes économiques*, n° 2975, p. 12).

Les exportations allemandes sont concentrées sur trois secteurs : l'automobile, les constructions mécaniques et la chimie. Cela rend le pays dépendant de la bonne santé des autres. Si la croissance vient à manquer en Europe, qui reste le principal marché, l'économie allemande risque de connaître des moments pénibles.

Le cas de la France

Il y a des choses que la France n'aime pas. Depuis que la crise hante le pays (c'est-à-dire depuis la seconde moitié des années 1970, ça fait un bail), il y a un mot que le personnel politique a rayé de ses programmes et de son vocabulaire : « austérité ». De chaque côté de l'échiquier politique, on s'en sert tout au plus pour qualifier la politique de l'autre, inévitablement mauvaise.

La France, pays « médian » par excellence, n'a ni les problèmes urgents des Pigs ni les qualités affirmées de l'Allemagne ou des Pays-Bas. Cela donne à notre classe politique une propension à l'inertie qui à la longue en inquiète plus d'un.

Les deux camps ont beau se réclamer du « changement » et se lancer dans de belles bagarres idéologiques, le résultat est souvent le retour au pragmatisme le plus prudent.

Ainsi, l'expérience Sarkozy a été animée par quelques idées fortes : valoriser le travail, désinhiber la richesse ; d'une certaine manière, exorciser la vieille méfiance de la France vis-à-vis de l'argent. Soit. Le bouclier fiscal est avancé. Manque de chance, la crise arrive. Et pendant qu'on laisse entendre à chacun qu'il va falloir faire des sacrifices, en commençant par le renoncement à la sacro-sainte retraite à 60 ans, voilà que l'on apprend que Mme Bettencourt reçoit du fisc un chèque de 50 millions d'euros au titre du bouclier fiscal et que les entreprises du CAC 40 paient moins d'impôts qu'une SARL de province. Bien entendu, il faut faire machine arrière. Les valses-hésitations sont chose courante dans le pays ; ainsi que les solutions mi-figue mi-raisin...

Les 35 heures en sont le plus bel exemple. La gauche, pour faire accepter la loi, l'a accompagnée de bémols, d'exceptions, de compensations. La droite au pouvoir n'a pas fait autre chose pour ne pas l'abolir : elle a introduit d'autres subterfuges, d'autres exceptions. Après quinze ans d'exercice du pouvoir, revenue dans l'opposition, la droite redécouvre que la source de tous les maux de la France, ce sont les 35 heures.

La gauche n'a pas été, dans le passé, moins prompte à changer son fusil d'épaule : elle a essayé la relance et est passée à l'assainissement, elle a réglementé et déréglementé. Elle a nationalisé puis elle a privatisé. C'est bien. Si la crise bancaire s'aggrave, elle pourra nationaliser les banques, elle les a autrefois nationalisées toutes, en 1981.

Face à la crise, il faut prendre des décisions. Les chantiers en France ne manquent pas. Il a fallu un mandat présidentiel pour réformer les retraites et les universités. Combien en faudra-t-il pour réformer la fiscalité, l'enseignement, l'administration, le marché du travail, les assurances sociales ?

En attendant, les difficultés que rencontre l'économie française sont particulièrement sensibles au niveau de l'industrie et du commerce extérieur. Ce sont des secteurs où l'État est depuis longtemps en retrait. Les «plans industriels» d'autrefois, qui ont permis au nucléaire ou aux télécommunications de connaître un développement exemplaire, ne sont plus à l'ordre du jour, et l'État a même du mal à jouer son rôle de commis voyageur de l'industrie française à l'étranger, comme le montrent les difficultés du Rafale ou de l'EPR.

L'industrie française, soutenue par quelques plans d'aide ponctuels, est seule responsable de ses décisions. L'annonce de la fermeture de l'usine Citroën d'Aulnay-sous-Bois a posé en termes dramatiques les problèmes des choix stratégiques de l'automobile française.

Selon Philippe Escande (*Le Monde*, 24 juillet 2012), l'automobile française est prise dans un «triple piège» :

> ✔ **Le marché.** L'automobile française est «prisonnière» du marché domestique, français et européen. L'essentiel de la production y est vendu. Or, ce marché est tout simplement saturé. Les plans de différents gouvernements (combien depuis 1973?) ne provoquent

qu'une anticipation des achats ; une fois leur effet passé, on retombe dans l'apathie.

Les tentatives de s'installer dans les marchés émergents (PSA en Chine, Renault dans les pays de l'Est ou au Maghreb) sont peut-être tardives et limitées.

✔ **L'offre.** L'offre est concentrée dans les gammes basse et moyenne, là où les marges sont moins importantes. Les différentes tentatives d'attaquer le haut de gamme se sont soldées par un échec. L'expérience de modèles « premium » chez Citroën (DS) est en cours et semble fonctionner. On ne peut que regretter l'oubli du patrimoine de marques automobiles français (Voisin, Delahaye, Talbot, Facel Vega...).

Renault a opté pour la variante « low cost » et a marqué des points.

✔ **La taille.** Un principe, émis par le P.-D.G. de Fiat, dit que la taille critique pour un constructeur automobile est de 6 millions de voitures. Or, Peugeot-Citroën et Renault produisent, bon an mal an, environ 3 millions de véhicules par an. Renault a essayé le regroupement avec Nissan.

En comptant bien (3 + 3, ça doit faire 6...), on ne peut que se poser la question : y a-t-il en France de la place pour deux constructeurs ? Nos deux champions ne feraient-ils pas mieux de se regrouper ? Outre les problèmes « culturels » que cela pose, on imagine les dégâts sociaux que cela pourrait engendrer...

Sur la même galère

Une première approche montre que nous avons actuellement des pays qui se trouvent dans trois situations :

✔ Des pays dont l'économie est tirée par les exportations (Allemagne, Suède, Chine...).

✔ Des pays dont le commerce extérieur est « en panne » (France, Italie et autres Pigs).

✔ Des pays où la consommation est actuellement le moteur de l'économie (États-Unis).

Il est évident que les situations sont imbriquées les unes dans les autres ; que le commerce extérieur est un véritable exutoire pour les économies, et que les unes ne peuvent pas s'en sortir sans les autres ou contre les autres.

Le « retour » de la croissance ne se fera que dans le « recadrage des économies ». D'une certaine manière, les pays sont arrivés, par la crise, au moment crucial des choix.

Troisième partie

Tous coupables ?

Dans cette partie…

Nous allons poser une question importante : qui porte la responsabilité de la crise ? Il ne s'agit pas de clouer qui que ce soit au pilori (quoique certains le mériteraient peut-être…), mais de s'interroger sur les véritables causes de la catastrophe. Le «procès» dont nous rendons compte est celui qu'économistes, observateurs et intellectuels ont mené. Alors, à qui la faute ? À la finance, au marché, à l'État… ou à nous-mêmes ? Certains réquisitoires sont accablants.

Chapitre 10

Accusé n° 1 : la finance et la banque

Dans ce chapitre :
- L'avidité, péché (du) capital
- La théorie financière
- L'erreur des banques

Commençons par étudier le cas de l'accusé n° 1, celui qui a été désigné très vite comme étant le coupable évident : la finance et la banque. L'acte d'accusation est assez lourd.

Après les catastrophes de 2007-2008, la finance s'est retrouvée immédiatement au premier rang des accusés. Un accusé si criant, si transparent, que sa culpabilité semblait ne faire de doute pour personne. Au cours de la campagne présidentielle de 2012, la « finance » a été désignée comme coupable, responsable ou ennemi par au moins la moitié des candidats…

Greed is good

On connaît la célèbre tirade de Gekko dans le film d'Oliver Stone *Wall Street* : « La voracité est utile. L'avidité est bonne, la faim est un moteur. La faim clarifie les choses, la faim va droit au but, elle est l'essence de l'évolution. La faim sous toutes ses formes – la faim de la vie, de l'amour, de l'argent, de la connaissance – a provoqué l'ascension de l'humanité. L'avidité peut sauver cette entreprise en difficulté que sont les États-Unis. L'avidité, c'est bien. »

Cette réplique a été hissée au rang de credo de toute une génération de traders, banquiers et hommes de finance. Souvent, dans les grands films hollywoodiens, la fiction est très proche de la réalité. Cette tirade aurait été inspirée au metteur en scène par celle, bien réelle, du financier Ivan Boesky, prononcée le 18 mai 1986 à Berkeley : « L'avidité est une bonne chose. Je veux que vous le sachiez. Elle est salutaire. Vous pouvez être avide et être bien dans votre peau. »

Le *greed* est un des sept péchés mortels. Dans les catéchismes français, ce mot est traduit par « avarice », mais parler d'« avidité » est, dans notre cas, plus juste. Le terme a d'ailleurs beaucoup de facettes. On peut parler de « faim », de « cupidité », d'« appât du gain », comme on le voit dans la traduction des deux textes (celui de Gekko et celui de Boesky), où ces mots traduisent toujours *greed*.

Toute une génération a été nourrie à cette vision de la vie où le *greed* et l'absence de scrupules sont les valeurs de base. Ces jeunes gens ont défrayé la chronique depuis les années 1980 : on les a appelés « yuppies » (de « YUP », *Young Urban Professional*), « golden boys », « traders ».

Dans la littérature, la presse ou le cinéma, ces personnages de fiction ou bien réels sont apparus dans *Le Bûcher des vanités*, *Neuf semaines et demie*, *Wall Street*, *Trader* ou, plus récemment, *Margin Call* (voir Annexe B).

Tous marchent sur les traces du pionnier que fut l'infâme J. R. de *Dallas*. Dans ce feuilleton, un autre personnage était censé être le héros : Bobby, confit de gentillesse et de principes. C'est le public qui a fait comprendre aux producteurs et scénaristes de la série qu'il se fichait de Bobby : il lui préférait J. R. Et J. R. est devenu le héros populaire de l'Amérique de Reagan.

Sans faire de la psychologie sociale de bazar, il est indiscutable que l'on a affaire à ce que Max Weber aurait appelé un « idéal type ». Un homme dont la mentalité, la psychologie, les valeurs, façonnent la société. Weber considérait que le capitalisme est né de l'éthique protestante ; il est évident que le capitalisme anglo-saxon d'aujourd'hui se nourrit d'une vision de la vie où l'appât du gain, le goût de la réussite à tout prix et de l'argent ont pris la place de toute autre valeur.

Jeff Madrick n'hésite pas à parler pour l'Amérique d'un « âge de l'avidité ».

En octobre 2008, le ministre allemand de l'Économie Peer Steinbrück considérait ainsi que la crise était le fruit du *greed* anglo-saxon et de l'ineptie de la régulation.

L'éthique est toc

Qu'on le veuille ou non, notre civilisation est fondée sur des principes éthiques, inscrits dans nos lois aussi bien que dans ce qui reste de nos valeurs religieuses. Le *greed* a bousculé l'éthique. Le fait que l'on ait appelé « banksters » les financiers responsables de la crise montre que d'emblée on les a considérés comme des hors-la-loi.

Moral... ou pas !

Il est courant de dire que le capitalisme est un système amoral, qui ne connaît que la loi du profit et qu'un seul type de valeurs, celles qui sont cotées en Bourse. C'est probable. Le problème est en réalité plus complexe. Il existe entre l'éthique et le capitalisme des rapports étroits et ambivalents. Dans le cadre de l'approche de Max Weber, l'éthique est bien présente dans le système : respect de la parole donnée, amour du travail bien fait, respect de l'autre – on est à mille lieues des requins et des rapaces.

On pourrait citer beaucoup d'exemples de capitalistes ayant déployé dans leur activité un véritable respect de principes éthiques : de Godin à Olivetti, qui avaient fait du bien-être de leurs ouvriers une authentique obsession, en passant par Heinz (oui, le père du fameux ketchup), qui mettait la qualité de ses produits au-dessus de toute autre considération ; et jusqu'à Bill Gates, qui, quelles qu'aient été ses véritables motivations, a quand même mis une vingtaine de ses milliards au service des autres.

Le problème ici n'est pas un problème d'individus : il s'agit bien de savoir comment un système entier est devenu malfaisant.

Les Dr Frankenstein de la finance

L'histoire de la pensée économique et sociale donne quelques pistes. Ainsi, lorsque l'économie, au XIXe siècle, a prétendu devenir une science dure, comme les maths ou la physique, elle a rompu avec toute forme d'éthique. Ludwig von Mises voulait faire de l'économie « la théorie générale de l'agir humain » qui le mène à choisir sans distinction morale ou éthique, mais seulement sur la base du calcul, entre « le sublime et le vulgaire, le noble et l'ignoble ».

Plus récemment, Fernand Braudel a souligné la différence entre deux concepts, deux systèmes, deux états d'esprit que d'habitude on confond allègrement : l'économie de marché et le capitalisme. Le premier est l'univers de l'échange « les yeux dans les yeux », un échange réglementé, transparent, loyal. Le second est l'univers où triomphent les intermédiaires et l'opacité, les rapports de force et les spoliations. C'est l'échange « le couteau sous la gorge ».

À cet égard, il ne faut pas oublier la différence établie par Michel Albert entre deux capitalismes, le capitalisme anglo-saxon et le capitalisme « rhénan ». Le premier est financier, individualiste et se nourrit d'inégalités ; le second est au contraire industriel, solidaire, d'une certaine manière éthique.

Lorsque la justice américaine s'est penchée sur le problème de la crise et des comportements illégaux qui auraient pu la provoquer, elle n'a pas eu grand-chose à se mettre sous la dent.

Bien sûr, on a trouvé pléthore de Madoff. Les procès pour fraude, évasion fiscale, blanchiment, délit d'initié, faillite frauduleuse, manipulation de marché se sont multipliés, avant et après la crise. On se souvient des cas retentissants d'Enron, LTCM, Parmalat.

Un certain nombre de villes et d'États américains ont porté plainte contre des banques pour faux et usage de faux dans les procédures de saisie (ou encore pour avoir procédé à des saisies alors qu'elles ne détenaient pas le prêt qui avait financé l'achat du logement), de tromperie sur les possibilités des propriétaires en difficulté de bénéficier de l'aide publique, voire d'« atteinte à l'intégrité du cadastre ».

On le comprend bien, ce sont là des reproches somme toute marginaux, la justice s'accrochant à ce qu'elle peut. On tourne autour de l'essentiel, sans pouvoir en faire un acte d'accusation.

Une « délinquance sans délinquants »

On sait bien de quoi on devrait surtout accuser les banquiers : d'avoir voulu gagner de l'argent au mépris de toute humanité. Mais ce qui est une faute dans l'éthique de Kant, ou un péché dans la morale religieuse, n'est pas un délit dans la loi des hommes.

Souvent, les «victimes» sont difficilement identifiables, et ni l'auteur ni le délit ne peuvent être clairement définis. Lorsque quelqu'un est expulsé de sa maison parce qu'il ne paie pas son crédit, qui est le coupable? Qui est la victime? Lui-même, la banque, ou le bon père de famille qui a confié à la banque les économies d'une vie de labeur?

Le crime paie (parfois)

Quelques travaux d'économistes peuvent nous mettre sur la voie : George Akerlof et Paul Romer considèrent que dans certaines conditions économiques particulières il peut être rationnel de frauder. Un simple calcul, confirmé par la théorie des jeux. Dans notre cas, il ne s'agit même pas de fraude, parce que la plupart du temps, pour ce que les banques ont fait, il n'existe pas de délit. La différence est somme toute très mince entre l'acquisition d'une information et le délit d'initié, entre la complexité d'un montage financier et l'escroquerie.

Selon Hyman Minsky, les périodes de spéculation et de crédit facile poussent les opérateurs à s'engager dans un endettement en spirale qui les empêche de rembourser.

Cette mécanique constitue ce que Robert Shiller appelle une «pyramide de Ponzi spontanée» (*naturally occurring Ponzi process*). Rappelons que la «pyramide de Ponzi» est une escroquerie qui consiste à attirer des gens (animés par le fameux *greed*) avec la promesse de profits importants, et de payer les uns avec l'argent des autres. Tant que le nombre de nouveaux joueurs est supérieur au nombre de ceux qui veulent sortir du jeu, tout va bien Quand les proportions s'inversent, la pyramide s'effondre. C'est ce qui s'est produit avec Bernard Madoff. Mais c'est la crise qui a provoqué la faillite de Madoff et non le contraire. La pyramide qui s'est effondrée, c'est la pyramide globale.

« Ils réussirent à s'escroquer eux-mêmes... »

En 2001, le ministre de l'Économie italien de l'époque, Giulio Tremonti, est interrogé par une commission du Congrès américain sur le scandale Parmalat, qui avait vu des épargnants grugés par les gestionnaires de l'entreprise. Tremonti lance : « Vous êtes une Parmalat globale. »

Parlant de la crise de 1929, John K. Galbraith raconte comment certaines sociétés d'investissement, paniquées de voir leurs actions s'effondrer, en sont venues à acheter elles-mêmes leurs titres dans une tentative désespérée d'en freiner la chute. « Ce fut la première fois que des hommes réussirent, sur une large échelle, à s'escroquer eux-mêmes », dit Galbraith.

Les financiers des subprimes en sont-ils arrivés là ? Ce qui est sûr, c'est que tout le monde savait que les titres échangés étaient « toxiques ». Mais l'appât du gain était tel que chacun a joué le jeu jusqu'au bout ; y compris en vendant en même temps des produits pourris et des assurances (des CDS) contre la défaillance des détenteurs de ces produits pourris. Qu'il y ait dans le capitalisme une composante suicidaire, un instinct de mort, certains en sont convaincus (comme Paul Jorion ou Bernard Maris).

Avec l'endettement, il arrive un moment où l'opérateur sait qu'il ne peut pas rembourser. À ce stade, être prudent ne sert à rien : il faut continuer à jouer, comme lorsqu'on applique une martingale au casino... C'est ce qu'a fait le trader Nick Leeson. Jusqu'à couler sa banque. C'est ce que tout le monde a fait avec les CDO.

Gretchen Morgenson, du *New York Times* (19 mai 2012), a posé la question : « Le délit d'initié est-il constitutif du système [*part of the fabric*] ? » La réponse est évidemment positive.

Le scandale du Libor, qui a conduit à la démission du P.-D.G. de Barclays, le bien nommé Bob Diamond, est une illustration supplémentaire d'un système qui est en permanence à la limite du hors-jeu. Il semble que les banques britanniques s'amusaient à manipuler le taux d'intérêt du marché monétaire de Londres, le Libor (London Interbank Offered Rate). Comment une telle manipulation est-elle possible ? La réponse est d'une simplicité à faire tomber les bras : « De 2005 à 2009, les courtiers de Barclays ont trouvé une façon très simple de les manipuler. Le Libor et l'Euribor sont calculés par des associations bancaires, qui demandent chaque jour à chaque banque le taux auquel elle prête aux autres établissements financiers, et font ensuite la moyenne. Il suffisait à Barclays de mentir pour influencer le résultat final » (*LeMonde.fr*, 29 juin 2012).

Pascal Ordonneau constate : « Les marchés qui sont censés être le lieu de l'efficience informationnelle sont-ils devenus un coupe-gorge, un lieu de désinformation où les plus gros trafiquent l'information de sorte qu'ils en tirent profit à l'encontre des non-participants à ce petit jeu dont évidemment, leurs clients. » (*Les Echos*, 3 juillet 2012). L'affaire concerne une vingtaine de banques qui vont s'en sortir par le paiement d'amendes. La note pour Barclays est de 360 millions d'euros, une paille par rapport aux bénéfices : 7 milliards d'euros au bas mot en 2011. Une année pourtant noire, puisqu'elle se termine par « le pire trimestre depuis trois ans », d'après la banque ; de quoi pleurer...

Une curiosité mise au jour par l'investigation économique au cours des années récentes : une directrice de crèche, constatant que les parents étaient souvent en retard, décide de mettre les indélicats à l'amende. Résultat : les retards se sont multipliés. Par quel mécanisme psychologique ce paradoxe s'explique-t-il ? Le fait de payer pour laver une faute désinhibe le fraudeur. Dans un monde où tout s'achète, acheter une faute la légitimise...

Impunité ?

Bon nombre de banques ont été blanchies des accusations portées contre elles en payant des amendes. Dans un monde qui a fait de l'argent sa valeur suprême, payer, c'est rentrer dans la légalité. C'est une version moderne des « indulgences » que l'Église vendait au Moyen Âge.

Nassim Nicholas Taleb, professeur en ingénierie du risque à l'Institut polytechnique de New York et auteur du best-seller *Le Cygne noir*, insiste sur « la stupidité criminelle de la science des statistiques » et sur le fait que « quelqu'un gagne de l'argent en faisant supporter les risques à quelqu'un d'autre » (théorie de l'agence) ; il conclut en disant que « tout capitaine devrait sombrer avec son navire » (en faisant le parallèle avec Fukushima)...

Pour finir, ce souvenir particulier de Robert Shiller, rapporté sur le blog de l'économiste Paul Jorion. Un jour de novembre 2009, Paul Samuelson l'appelle : « Il voulait que l'on rumine ensemble au sujet de la spéculation sur les marchés et sur la manière dont les marchés que j'ai contribué à créer [marchés à terme et titrisation dans le secteur de l'immobilier] ont pu alimenter la spéculation plutôt que la calmer comme je l'ai toujours personnellement pensé. J'eus avec lui une conversation très sérieuse à ce sujet ainsi que sur des sujets connexes de politique gouvernementale. » La fin de l'échange (entre deux prix Nobel) est pour le moins curieuse. Samuelson conclut en disant : « Il faudrait que vous en parliez à votre prêtre ou à la personne qui vous conseille au plan spirituel. » « Plaisantait-il ? Je ne le pense pas », conclut Robert Shiller.

La théorie financière : « un édifice bâti sur du sable »

Alan Greenspan a dit que le point commun entre la crise de 1929 et celle de 2007, c'est le facteur humain. Il n'a pas totalement raison : l'homme est ce qu'il est, mais, s'il veut faire la guerre, disposer d'une massue ou d'une bombe atomique n'aura pas les mêmes conséquences.

Warren Buffet a justement défini les produits dérivés de crédit comme « des armes financières de destruction massive ». Sans la théorie financière, ces armes n'auraient pas pu exister. Sans elles, la crise n'aurait jamais pu être ce qu'elle a été.

Chevaucher le chaos

La théorie financière est une branche de la « science économique » qui s'est développée à une vitesse inouïe au cours des dernières décennies. Des précurseurs (Louis Bachelier) ont ouvert la voie dès le début du siècle, mais c'est après les années 1950-1960 que la discipline a pris son envol.

Depuis, une multitude de directions ont été suivies, et les résultats ont été immédiatement mis en pratique : la théorie des marchés contingents, l'efficience informationnelle des marchés, la théorie du portefeuille d'Harry Markowitz, le modèle d'évaluation des actifs financiers, Medaf ou CPAM de William F. Sharpe, la relation entre la valeur de la firme et la structure de financement, le modèle de l'évaluation par arbitrage (MEA), sans oublier la théorie de l'agence, la théorie de la signalisation, la théorie des options et le modèle de Black, Scholes et Merton. Ces derniers ont même reçu, couronnement suprême, le prix Nobel d'économie.

L'objectif de la théorie financière est de mettre au point des modèles de gestion, qui inévitablement se heurtent au problème du risque, de l'imprévu. Ils ont abondamment utilisé les dernières avancées des mathématiques et des statistiques, notamment dans le domaine stochastique, c'est-à-dire l'analyse des phénomènes aléatoires, ceux où règne le désordre, le chaos. Grâce à ces outils, on a cru pouvoir maîtriser le « hasard ».

En clair, la théorie financière a essayé de chevaucher le fameux « effet papillon ».

Les théories financières sont des constructions mathématiques d'une sophistication extrême. Un honnête homme normalement cultivé n'y comprend rien, et c'est normal. Le P.-D.G. d'une grande banque non plus, et ça l'est nettement moins. Mais leur résultat est la mise au point de formules relativement simples et pratiques, comme la formule Black-Scholes, qui est censée permettre le calcul de la valeur d'une option.

« Hasard sage » contre « hasard sauvage »

Le développement de ces outils a attiré l'attention des spécialistes, qui s'en sont préoccupés. Benoît Mandelbrot (1924-2010) était polytechnicien et docteur en mathématiques réputé. Pendant plus de cinquante ans, il a étudié la physique, l'informatique et la finance. Ses études sur les formes fractales ont fait date. En 2005, il a publié, avec Richard L. Hudson, *Une approche fractale des marchés : risquer, perdre et gagner* (éd. Odile Jacob, 2005). Selon le vénérable mathématicien, les théories financières, si complexes dans leur conception et si faciles d'application, sont en fait totalement déconnectées de la réalité des marchés financiers. Elles ont permis des stratégies de gestion des risques complètement irresponsables.

« Depuis plus d'un siècle, les financiers et les économistes se sont efforcés d'analyser le risque dans les marchés financiers, de l'expliquer, de le quantifier et, en définitive, d'en tirer un bénéfice. Ma conviction est que la route suivie par la plupart des théoriciens est mauvaise et qu'elle conduit à une grave sous-estimation des risques de ruine financière dans une économie de marché libre et globale. »

Les défauts de ces modèles sont rédhibitoires : ils sont bâtis sur des hypothèses peu réalistes (« absurdes » selon Mandelbrot), comme la rationalité des investisseurs ou la transparence de l'information. Ces théories « bâties sur du sable » aboutissent à une sous-estimation des événements « improbables ». Leur hasard est « sage », puisqu'on peut le faire tenir dans une jolie et classique courbe en cloche. Je me Gauss…

Selon Mandelbrot, les marchés sont en réalité bien plus « sauvages et effrayants » que ceux que mettent en modèle les théories.

« Les théories standard enseignées dans les *business schools* évaluent la probabilité de l'effondrement du 31 août 1998 à 1 pour 20 millions, un événement censé n'arriver qu'une fois tous les cent mille ans… En juillet 2002, l'indice avait enregistré trois décrochages en sept jours consécutifs d'activité (probabilité : 1 sur 4 000 milliards). Et le 19 octobre 1987, la pire journée boursière depuis au moins un siècle, l'indice avait décroché de 29,2 %. La probabilité de cet événement, si l'on se fie aux calculs des théoriciens de la finance, est inférieure à 1 sur 10 puissance 50 » (Benoît Mandelbrot et Richard L. Hudson, *Une approche fractale des marchés : risquer, perdre et gagner, op. cit.*).

En termes clairs, pendant la crise, on a vu se réaliser des scénarios qui théoriquement avaient autant de chances de se produire que de gagner le gros lot 20 fois de suite au loto.

Les errements de la banque

« Les banques et les banquiers sont, par nature, aveugles » (John Maynard Keynes).

Comment se fait-il que tout un secteur, réputé pour sa sagesse et sa solidité, le secteur bancaire, se soit laissé embarquer dans une catastrophe d'une telle ampleur ?

Les banquiers ont bel et bien commis des erreurs ; le contexte et le système ont fait le reste.

Erreurs coupables

La première erreur est d'avoir enfreint une règle que tout cadre débutant devrait connaître : ne jamais prêter sur la base des seules garanties.

« Le prêteur doit prendre en considération lors de l'octroi du prêt, non seulement les garanties notamment immobilières fournies par les emprunteurs qui ne sont mises en œuvre qu'en cas de défaillance mais aussi et surtout leur capacité à rembourser selon les dispositions du contrat c'est-à-dire à remplir leurs obligations, ceci dans l'intérêt tant du prêteur que de l'emprunteur. »

Ce principe, évident en Europe, ne l'était visiblement pas aux États-Unis.

La deuxième erreur est d'avoir enfreint le principe de liquidité : l'idée simple d'une adéquation entre les dettes exigibles à court terme et les disponibilités de la banque.

Ce principe a provoqué bien des faillites dans l'histoire, notamment au XIXe siècle.

Les banques ont pris l'habitude d'investir à long terme de l'argent déposé chez elles à court terme. En période faste, cela engendre des plus-values considérables. En période de crise, c'est la cause de faillites en cascade. Ce fut le cas, en France, du Crédit mobilier des frères Pereire ou de Laffitte. En 1882, le Crédit lyonnais faillit être emporté par un problème similaire. La leçon fut retenue, et la banque établit une règle d'or qui lui permit de devenir une des banques les plus solides du monde avant la Première Guerre mondiale : la disponibilité des actifs de la banque doit correspondre à l'exigibilité de ses dettes.

Le Crédit lyonnais lui-même a depuis oublié ce principe, comme le prouve la crise qu'il a subie dans années 1990 avec l'immobilier.

Les banques ont cru pouvoir s'émanciper de ces règles de prudence grâce aux nouveaux outils dont elles disposaient dans un contexte de contrôle laxiste.

L'opacité et l'aléa

L'oubli du premier principe a été rendu possible par la titrisation, c'est-à-dire le fait de sortir de son bilan des créances douteuses et d'en laisser la responsabilité à d'autres.

Selon Patrick Artus, « Le principe de départ de la titrisation reste correct […]. L'idée de "disperser" les risques sur les marchés par la titrisation reste bonne, à condition qu'il y ait vraiment dispersion. » Il y a là une nuance, et de taille, entre « disperser » et « diffuser », c'est-à-dire contaminer.

C'est ici qu'interviennent le *greed*, l'« asymétrie de l'information » et l'« aléa moral ».

On connaît le premier. Mais l'avidité s'est accompagnée de deux phénomènes que les économistes analysent depuis quelques décennies et que l'on n'a sans doute pas assez pris en compte.

L'asymétrie de l'information, étudiée par George Akerlof et Joseph Stiglitz notamment, est le phénomène qui se produit lorsque les partenaires d'un échange ne disposent pas des mêmes informations. Elle peut générer un mauvais fonctionnement du marché.

En l'occurrence, les échanges de produits titrisés étaient totalement pollués par l'opacité de l'information.

Warren Buffet a dit : « J'ai lu quelques prospectus pour des produits adossés à des crédits hypothécaires, des centaines de crédits hypothécaires, mis ensemble et coupés en 30 tranches. Vous créez un CDO en prenant 1 tranche dans ce lot et dans 50 autres lots. Pour comprendre ce CDO vous devez lire 50 fois 300 pages, ce qui en fait 15 000. Si vous prenez des tranches dans 50 CDO pour créer 1 CDO au carré vous devez lire jusqu'à 750 000 pages pour comprendre un seul produit. C'est impossible. »

L'« aléa moral » intervient lorsque, dans un contrat, un des deux signataires se comporte, volontairement, de manière nuisible pour l'autre.

Mauvaises notes

C'est là qu'intervient la responsabilité écrasante des agences de notation. En notant un produit « AAA », vous donnez votre feu vert aux investisseurs, qui, incapables de comprendre, vous font confiance. Mais les agences de notation étaient-elles capables de comprendre ? Vu le résultat, non. La plupart des produits notés « AAA » en 2006 étaient invendables en 2007. Certaines mauvaises langues ont trouvé une explication de cette mascarade en comparant les revenus des traders et les revenus de ceux qui étaient censés noter leurs produits : les premiers gagnaient nettement plus que les seconds. Et alors ? Et alors, cela signifie que dans une société comme la société américaine, et dans un milieu comme celui de la finance, le revenu est proportionnel au savoir, ou du moins aux capacités techniques. Le trader était le premier de la classe, et c'était le cancre du fond qui le notait ! C'est, peut-être, comme dans la littérature : les meilleurs deviennent écrivains, les autres critiques.

Une autre forme d'opacité est celle qui règne entre les cadres de direction des banques et l'action des traders. Les dirigeants sont, dans leur immense majorité, incapables de comprendre ce que font leurs subordonnés. Le décalage générationnel et l'inévitable spécialisation font du travail des traders un salmigondis impénétrable y compris par le plus affûté des dirigeants. Dès lors, seul le résultat est pris en compte : si un trader vous fait gagner de l'argent, c'est que son travail est bon.

Le rôle pervers des nouvelles règles comptables

Les banques ont ainsi profité d'un contrôle laxiste. Curieusement, lorsque les règles se sont durcies, elles ont aggravé la situation au lieu de l'assainir.

Après les scandales qui ont ponctué les années 2000 (Enron, WorldCom…), les règles comptables se sont durcies. La loi Sarbanes-Oxley (aux États-Unis) et les nouvelles normes IFRS (en Europe) ont enfoncé le clou.

Un point est particulièrement incriminé : la valorisation des actifs doit se faire désormais au plus près de la valeur de marché (*mark to market*). Ce souci de transparence se solde par une véritable calamité au moment de la crise des subprimes. Certaines valeurs, dont plus personne ne veut et qui sur le marché ne valent plus rien, plombent les bilans de dépréciations colossales.

La transparence a un effet rédhibitoire. Maintenant, le roi est nu. On le voit dans son bilan.

Beaucoup de banquiers – Michel Pébereau (BNP), Henri de Castries (Axa), Étienne Pflimlin (Crédit mutuel) – avaient senti l'effet « procyclique » de ces règles et s'en étaient émus. On ne les a pas entendus.

La bonne et la mauvaise finance

Attention : jeter la finance avec l'eau des subprimes serait une erreur monumentale. Il va de soi qu'il s'agit là d'un domaine essentiel de la vie économique, et de la vie tout court. *Idem* pour le crédit.

Selon Schumpeter, notre système économique est fondé sur trois piliers : l'innovation, le crédit et la propriété privée.

Le crédit rend possible l'innovation. Notre mécanique économique fonctionne sur le tandem entrepreneur-banquier. L'un n'existe pas sans l'autre.

Il serait vain de vouloir faire la liste des « bonnes choses » que la finance a faites, ou a contribué à faire. Pour n'en citer qu'une, rappelons que la Renaissance a été aussi l'œuvre de marchands et de banquiers.

Robert Shiller a consacré à ce thème un livre : *Finance and the Good Society*.

Shiller n'est pas un admirateur béat du capitalisme financier. Éminent économiste, professeur à Yale, il a été un des premiers à en dénoncer les excès et à prévoir les catastrophes dont il est porteur.

« Aussi imparfait que soit notre système financier, je suis admiratif de ce qu'il fait et ce qu'il peut faire dans le futur », dit-il. Seulement, Shiller en appelle un système où les innovations financières se feraient au service de la société et non le contraire.

Goldman, la banque qui a plus d'un tour dans son Sachs

Une pieuvre, une horde de vampires suçant partout dans le monde le sang de l'économie : ce n'est pas le pitch d'un mauvais film d'horreur, mais le portrait que dresse Matt Taibbi de Goldman Sachs et de ses « anciens élèves ». La lecture de son article *The Big Bubble Machine*, paru dans *Rolling Stone* en juillet 2009, fait froid dans le dos. En tête du casting diabolique, Henry Paulson, ancien P.-D.G. de GS et ministre des Finances de George Bush, qui a conçu le plan de sauvetage des établissements financiers, dont celui de Citigroup, dirigée par Robert Rubin, ayant fait sa carrière chez GS, tout comme John Thain, ex-GS et PDG de Merril Lynch. Patrons peu scrupuleux s'accordant des parachutes en or massif, secrétaires d'État aux Finances, lobbyistes, directeur de la Banque mondiale, du NY Stock Exchange, de la Banque centrale canadienne, de la Banque centrale italienne : les hommes de Golman Sachs sont partout, et partout ils aspirent des sommes vertigineuses d'argent perdu dans la crise, qui toutes convergent vers... Goldman Sachs.

Le mode opératoire est invariable : ils se placent au centre d'une bulle spéculative jusqu'à son éclatement, puis prêtent ensuite aux opérateurs ruinés.

Résumé en six actes.

Acte 1. Les années 1920

La jeune banque Goldman Sachs démontre son inventivité dans le jeu des *investment trusts*, ces pyramides d'endettement où un fonds émet des actions qu'il achète lui-même sous un autre nom, pour émettre d'autres actions qu'il achète encore sous un troisième nom... Cette folie spéculative sera une des causes de la Grande Dépression, et « dans le domaine de la folie, l'échelle de celle-ci relève de l'épopée », écrira John K. Galbraith dans son histoire de la crise de 1929.

Acte 2. Les années 1990

Goldman Sachs est devenue le numéro un de l'introduction des sociétés en Bourse. Son patron, Rubin, est même appelé à la Maison Blanche. La nouvelle économie change toutes les références d'évaluation des entreprises, et GS se jette sur ces opportunités en gonflant les valeurs d'actions ne reposant sur aucune base concrète, introduisant même en Bourse des sociétés qui affichent des pertes au bilan. Peu importe : en 1999, les sociétés introduites en Bourse par GS valent 289 % de leur valeur au moment de leur introduction. Le secret ? Le *laddering*. Il s'agit de négocier avec les clients des achats d'actions étalés et croissants, en échange de remises substantielles. L'action était ainsi sûre de monter artificiellement, et seul GS savait quand et de combien.

C'est une fraude évidemment, pour laquelle GS a payé 40 millions de dollars d'amende en 1995. Autre service exclusif Goldman Sachs : le *spinning* (un synonyme élégant de « corruption »). On offrait aux cadres d'une société introduite en Bourse des actions à prix préférentiel, sachant qu'elles allaient ensuite augmenter. Les cadres s'enrichissaient, et GS gagnait de nouveaux clients – qui parfois même rejoignaient le directoire de GS, comme le président d'eBay. Résultat : un krach. Et 110 millions d'amende pour GS.

Acte 3. L'immobilier

Goldman Sachs a été très active dans l'invention des produits dérivés, mais encore plus dans le lobbying contre tous ceux qui voulaient les réglementer. Facile, avec Rubin à la Maison Blanche. Celui-ci parvint à faire voter en 2000 la très accommodante loi de modernisation sur les transactions à terme.

GS n'est bien sûr pas la seule banque en cause, mais d'après l'auteur elle était peut-être la seule à savoir parfaitement ce qu'elle vendait. Les assurances que GS avait souscrites pour couvrir ses risques – et qui ont contribué fortement à la crise – le prouvent largement. Ou comment gagner deux fois : 60 millions de dollars d'amende à payer, cela ne fait que 1,5 jour de bénéfice !

Acte 4. La hausse du prix du pétrole

Été 2008. Le prix du pétrole flambe. Pourtant, la production ne baisse pas, et la demande n'augmente pas. À qui la faute ? Goldman Sachs avait vendu une idée en or aux fonds d'investissement : acheter des options sur le pétrole. Bien sûr, la spéculation sur les matières premières était réglementée, mais une filiale de GS avait réussi à obtenir, et d'autres après elle, une exemption « pour cause de bonne foi »…

L'analyste star de GS, considéré par les médias comme un oracle du pétrole, prédit que le baril de pétrole allait atteindre 200 dollars, alors que la compagnie, *via* une filiale, détient une part importante dans les raffineries et négocie elle-même. Facile.

Acte 5. Le sauvetage des banques

Le chef-d'œuvre de Goldman Sachs… Alors que l'État a renfloué Fannie Mae et Freddie Mac, Paulson décide de laisser tomber Lehman. Un concurrent de moins. Mais le tandem Thain-Paulson autorise le sauvetage – pour 85 milliards de dollars – d'AIG, ce qui lui permit illico de rembourser une dette de 13 milliards de dollars à… Goldman Sachs.

Le gouvernement engage ensuite son plan de 700 milliards de renflouement. À la tête du dispositif, GS, laquelle se transforme pour l'occasion en holding, ce qui lui donne accès au financement public, le tout sous le contrôle de la

Fed de New York, dirigée aussi par un ancien de GS, Stephen Friedman, qui avait gardé son poste chez Goldman Sachs.

Les sommes du renflouage permettront de cacher les pertes et de payer des bonus délirants (4,7 milliards de dollars). Un chiffre qu'il faut rapprocher du montant des impôts payés par la banque en 2008 : 14 millions de dollars, soit 1 % des bénéfices. Respect.

Acte 6. Cherchez la bulle...

Et maintenant, le réchauffement planétaire. Un des points du programme Obama prévoyait la mise aux enchères de « droits à polluer » à la Bourse d'échange de Chicago sur un marché spécifique dont Goldman Sachs a acquis 10 %. GS s'est faite le champion de la défense de la mesure démocrate. Beaucoup d'observateurs soulignent les points communs entre ce futur marché du carbone et les subprimes : un marché opaque, peu régulé, un produit fictif, des opérateurs qui sont juges et partie... GS est de nouveau à son affaire.

P.-S. : Il manque, dans le catalogue de Matt Taibbi, un exploit que l'on a découvert après qu'il eut écrit son article : l'aide miraculeuse que Goldman Sachs a prodiguée à la Grèce pour qu'elle puisse accéder à l'euro. Une opération de « comptabilité créative » qui a fait disparaître comme par enchantement dettes et déficits. Un contrat de plus de 300 millions d'euros.

Sinon, la routine. Le bénéfice en 2009 a été de 13,3 milliards de dollars, et, en 2010, il a doublé au 1er trimestre. La SEC poursuit Fabrice Tourre (ex-vice-président de GS) pour fraude autour des subprimes, une broutille : la vente pour 70 milliards de produits adossés à des créances dont GS savait qu'elles étaient « toxiques ». La banque a payé 550 millions pour mettre fin aux poursuites. Pendant ce temps-là, les « anciens » font carrière : Mario Draghi est devenu président de la BCE, et Mario Monti président du Conseil italien.

Chapitre 11

Accusé n° 2 : le marché

Dans ce chapitre :
- Le marché mène le monde
- La rationalité douteuse des marchés financiers
- Le marché est-il mort ?
- Règlements de comptes chez les économistes

*P*enchons-nous maintenant sur les responsabilités du *Deus ex cathedra* de nos économies : le marché. Quand une économie de marché fonctionne mal, autant s'adresser à Dieu plutôt qu'à ses saints.

Tout au long de ces années de crise, une évidence semble s'être emparée de notre monde. Une certitude que personne ne conteste, même si l'on en tire des conclusions diamétralement opposées : le marché est le maître du monde.

Certains, bien entendu, s'en offusquent et cherchent désespérément les moyens de mettre fin à cette « dictature » ; d'autres considèrent que tous nos malheurs viennent de notre incapacité à enfin reconnaître cette vérité. Mais tous sont d'accord sur le diagnostic.

Market rules the world

Si « le marché mène le monde », il est pour le moins prudent de se demander quel rôle a joué le marché dans la crise mondiale et, *a fortiori*, si la crise mondiale n'est pas la crise du marché.

Depuis l'effondrement du bloc communiste, le monde n'a plus qu'un seul modèle : l'économie de marché. L'économie planifiée est morte et enterrée, et désormais, de Pékin à New

York, de Moscou à Tombouctou, il n'existe pas de modèle rival. La Chine n'est devenue deuxième puissance mondiale qu'en adoptant l'économie de marché, tout en restant communiste. Une vraie chinoiserie.

Le marché est un système économique qui a une qualité simple mais extraordinaire : il permet de résoudre le problème économique de la meilleure des manières possibles.

- **Le marché fixe les prix.** La confrontation de l'offre et de la demande détermine la vraie valeur des choses. Le prix fixé par le marché est rationnel, incontournable...
- **Le prix fixé par le marché est la véritable étoile polaire de l'action économique.** Les acteurs économiques décideront en fonction du prix. Les acheteurs achèteront les produits les moins chers (et de meilleure qualité), les producteurs produiront ceux qui rapportent le plus.
- **Le comportement des acteurs est sanctionné par le marché.** Les meilleurs sont récompensés, les plus maladroits impitoyablement éliminés.
- **En définitive, le marché permet l'optimum économique.** La meilleure utilisation possible des ressources. L'allocation optimale.

Deux siècles de réflexion économique n'ont eu comme objet que de vérifier ce principe, de le contredire, d'en souligner les conditions, d'en explorer les arcanes.

En définitive, un constat s'est imposé aux économistes et au monde, *urbi et orbi* : en dehors du marché, il n'y a rien. Bien sûr, le marché a des défauts, bien entendu, il est cruel ; mais le marché fonctionne. S'il est le pire des systèmes économiques, c'est à l'exclusion de tous les autres.

Le marché régit toutes les sphères de l'activité humaine : le travail, les échanges (nationaux et internationaux), le capital, la monnaie.

La qualité première et fondamentale du marché, c'est son efficience.

C'est sur ce dogme qu'est bâti notre monde. Le triomphe du marché, c'est le triomphe de l'idéologie libérale.

Chapitre 11 : Accusé n° 2 : le marché **161**

La crise qui ravage un monde régi par le marché est-elle la crise du marché ? C'est une question centrale, incontournable. Les réponses sont, encore une fois, diamétralement opposées.

Toujours est-il que la crise a fait vaciller la foi qu'on avait dans les marchés financiers d'abord, puis dans le marché en général.

La rationalité douteuse des marchés financiers

Les marchés financiers, les marchés des capitaux sont des marchés particuliers. Ils sont, par définition, au cœur de notre économie capitaliste.

Ils ont été l'objet, au cours des dernières décennies, de l'attention de tous : économistes et responsables politiques se sont penchés sur eux avec une infinie bienveillance. On a voulu en faire une sorte de marché idéal. Ici plus qu'ailleurs, on a essayé de réaliser les fameuses conditions de la concurrence pure et parfaite (homogénéité des produits, atomicité du marché, information sans faille, liberté d'accès, libre circulation des facteurs).

Les hommes politiques (anglo-saxons en tête) ont pris toute une série de mesures pour les libéraliser. Ils les ont dégagés de la tutelle des règlements et ont laissé libre cours à leur « inventivité ». Cela a donné depuis les années 1980 le « Big Bang » des Bourses, qui a contribué à financiariser nos économies, c'est-à-dire à alourdir le poids de ce secteur jusqu'à en faire le secteur dominant dans nos pays.

Les économistes, de leur côté, instruits par le souvenir douloureux des grands krachs du passé, se sont posé la question de la rationalité des marchés financiers, et de leur « efficience ».

Un marché « rationnel » et « efficient » est avant tout un marché qui donne le vrai prix des actifs financiers. Si le prix est « véridique », il en résulte que le capital sera correctement alloué. Ce qui veut dire que l'argent ira là où on en a le plus besoin, du point de vue de l'intérêt individuel autant que de l'intérêt collectif. La «main invisible» joue ici le même rôle que partout ailleurs : elle fait coïncider le comportement individuel égoïste et l'idéal collectif.

Au-delà des inévitables attaques contre la spéculation et les excès de la finance, la crise des subprimes et celles qui l'ont précédée posent une question bien plus grave : celle de la rationalité des marchés financiers.

Après la crise de 1929, Keynes avait répondu au dogme de la rationalité des marchés, cher aux libéraux, en ouvrant deux pistes. Selon lui, les marchés financiers ne sont pas régis par la raison, mais par ce qu'il appelle «les esprits animaux»; s'ils sont rationnels, leur rationalité est altérée par le syndrome du «concours de beauté».

Esprits animaux et concours de beauté

Dans le célèbre chapitre XII de la *Théorie générale*, Keynes traite des «esprits animaux». Il considère que les actions des opérateurs boursiers «procèdent plus d'un optimisme spontané que d'une prévision mathématique». Ce qui les mène c'est «L'enthousiasme», «le besoin instinctif d'agir».

«Le calcul exact des bénéfices à venir y joue un rôle à peine plus grand que dans une expédition au pôle Sud.»

Le «vrai» prix d'un actif financier (action ou obligation) devrait être celui qui égalise le cours de l'actif à un moment donné et la valeur intrinsèque de celui-ci, fondée sur l'actualisation des bénéfices anticipés. La rationalité du marché devrait consister dans sa capacité à anticiper correctement ces bénéfices et à les intégrer dans le cours actuel. Quitte à le faire par erreurs ponctuelles et tâtonnements.

Ce qui vient déranger cette jolie mécanique est le fait que les «anticipations» les plus payantes (et donc les plus «rationnelles» pour les individus) sont celles qui anticipent non la vérité économique mais la vérité du marché : dans le «concours de beauté» dont parle Keynes, il ne s'agit pas de choisir la plus belle femme, mais la femme que les gens jugeront la plus belle.

« On emploie ses moyens à découvrir l'idée que l'opinion moyenne se fera de son propre jugement. »

« Le placement fondé sur une véritable prévision à long terme est une tâche difficile... Ceux qui s'y attellent sont sûrs de mener une existence beaucoup plus laborieuse et de courir des risques plus grands que ceux qui essaient de deviner les réactions du public plus exactement que le public lui-même » (Keynes, *Théorie générale*).

C'est ce jeu de miroirs qui est rappelé dans une des maximes que l'on répète à la Bourse comme clé du succès : « Faire comme les autres, avant les autres. » Peu importe si les autres se trompent. La rationalité ici consiste à surfer sur la vague du marché, fût-elle celle d'un tsunami suicidaire. La seule condition est, bien entendu, de sortir de la vague avant qu'elle ne se fracasse sur les écueils de la réalité. Ne pas être le *better fool*, c'est-à-dire le « roi des cons » : celui qui fait comme les autres, après les autres. Celui qui achète après que les autres ont acheté, c'est-à-dire au plus haut, et qui vend après que les autres ont vendu, c'est-à-dire au plus bas.

Des marchés, malgré tout, efficients ?

Dans les dernières décennies du xxe siècle, et dans le cadre d'une domination sans partage des théories libérales, l'idée s'était imposée de marchés financiers *malgré tout* rationnels.

L'analyse de Keynes était bien connue, mais les économistes de la famille libérale dominante ne s'en sont guère souciés. Comme ils se sont peu souciés des analyses de John K. Galbraith, qu'on a considéré, avec mépris, comme « un économiste pour non-économistes ». Et pour une seule raison : ce qu'il écrit est *lisible*.

Depuis les années 1960, les économistes les plus en vue se sont donc affairés à démontrer que les marchés financiers étaient rationnels, malgré tout. Deux théories ont œuvré dans ce sens : celle des anticipations rationnelles de John Muth et Robert Lucas, et celle des marchés efficients, initiée dans les années 1960 par Eugène Fama. L'idée fondamentale est la réaffirmation du dogme classique de la rationalité des agents et surtout de l'efficience du marché. Les prix issus du marché seraient donc « justes » et seraient irremplaçables en tant qu'élément clé des choix économiques. Par l'utilisation de l'information disponible, le comportement des agents ne peut pas les mener à des « erreurs systémiques ».

On a même essayé de faire entrer dans la « rationalité » du marché les bulles (théorie dite « des bulles rationnelles » d'Olivier Blanchard et Mark Watson). Le tout fondé sur des modèles mathématiques (notamment stochastiques) à première vue impeccables.

Le rôle des marchés est de permettre l'allocation optimale des ressources. En clair, il s'agit de diriger les ressources vers leur meilleure utilisation possible, en les confiant à celui qui en tire le meilleur (pour lui-même et pour tous). Les marchés financiers ont pour but de gérer le capital, ils sont donc responsables de l'allocation optimale de celui-ci. La crise de 2007 s'est soldée par des pertes de milliers de milliards de dollars ; l'équivalent de plusieurs années de production d'un grand pays parti en fumée.

Il est difficile d'imaginer qu'un tel gâchis ait quelque chose à voir avec non seulement l'optimalité, mais avec la raison la plus élémentaire.

Esprits critiques

Plusieurs économistes, et pas des moindres, se sont écartés de cette voie. Deux écoles, celle de la finance comportementale et celle de l'asymétrie de l'information, ont montré que le marché pouvait avoir un fonctionnement imparfait et ne pas être, à lui seul, l'outil de l'optimum économique.

Daniel Kahneman (prix Nobel d'économie 2002) souligne l'existence de « travers de comportements » liés à des phénomènes psychologiques (peur, mémoire, croyances, mimétisme) qui peuvent faire dévier le fonctionnement du marché et générer des anomalies de prix ou de rendement.

Roman Frydman et Michael Goldberg (*Imperfect Knowledge Economics*, 2007) vont plus loin et considèrent que la fixation des prix sur les marchés est par essence irrationnelle et le comportement des agents parfaitement contingent. « Les acteurs des marchés [financiers] sont irrationnels, émotifs et ignorent les fondamentaux », dit Frydman ; ce sont même ces anomalies qui rendent possible le profit.

Même son de cloche pour Robert Shiller, adepte de la « finance comportementale », et qui publie *Exubérance irrationnelle* en mars 2000, au moment où la bulle internet explose. En 2005, dans la deuxième édition, il met en garde contre la hausse excessive du prix des logements. Alan Greenspan lui-même avait parlé de « l'exubérance irrationnelle des marchés ».

Selon Shiller (*Réinventer la théorie économique*, 2009), ce qui explique l'incapacité des économistes à prévoir la crise des subprimes est l'absence de prise en compte des phénomènes spéculatifs dans les modèles économiques. Le « modèle d'équilibre général dynamique et stochastique de la zone euro » de Frank Smets et Raf Wouters ne contient pas de modélisation des bulles économiques. L'exemple vient d'en haut. Shiller cite la théorie de référence : l'explication de la crise de 1929 par Milton Friedman – invoquée par Ben Bernanke lui-même. La crise n'est due qu'à une politique monétaire erronée, entièrement vouée au retour ou à la sauvegarde de l'étalon-or.

Aucun intérêt particulier n'est accordé à la bulle spéculative.

Toujours selon Shiller, le travail d'une toute nouvelle branche de l'économie n'est pas pris en compte : la *neuroéconomie*, qui essaie de comprendre ce qui se passe dans le cerveau des hommes lorsqu'ils prennent une décision économique. On ne s'est intéressé à cette discipline que pour ses retombées marchandes (le « neuromarketing »).

Donald J. Brown et Laurie R. Santos de Yale, par exemple, ont montré que la tolérance humaine pour la prise de risque varie selon le contexte. « Les marchés haussiers sont caractérisés par une recherche de conditions ambiguës et les marchés baissiers par un comportement d'évitement de l'ambiguïté. » On a donc une asymétrie dans l'aversion au risque. Ce qui entraîne des « biais comportementaux » qui peuvent tirer les prix dans un sens ou dans l'autre, et toujours de manière procyclique ; ce qui serait une autre façon d'expliquer les cycles financiers. On retrouve l'« optimisme trop béat» (à associer à l'«imbécillité probable») dont parlait John K. Galbraith. L'optimisme fait gonfler les bulles; la ruine rend les hommes plus raisonnables, ou plus timorés, ce qui amplifie les baisses et pérennise les marasmes.

Notons une curiosité : critique sévère des excès des marchés financiers, Shiller est aussi un partisan (et un artisan) farouche de l'innovation financière. L'innovation financière est pour lui la solution à l'exubérance irrationnelle. Il a inventé des produits dérivés sur le prix des logements et en a imaginé d'autres, sur le PNB, les salaires.

Le trader est un caméléon

On appelle *volatilité* l'ampleur des variations des cours d'un actif financier. Elle mesure implicitement l'écart existant entre les valeurs réelles des entreprises et leur valeur boursière. Cet écart est expliqué généralement comme étant dû à l'inévitable différence qui existe entre la réalité d'aujourd'hui et la réalité potentielle de demain. La noblesse fondamentale de l'activité financière n'est-elle pas dans cette projection vers l'avenir (avec le risque inévitable que cela comporte)?

Depuis les travaux de Robert Shiller (*Market Volatility*, 1989), les études ont montré que les valeurs financières connaissent une évolution plus erratique que les indicateurs de l'économie réelle. L'augmentation de la volatilité s'explique par plusieurs facteurs, en premier lieu le *mimétisme*.

Il s'agit du comportement bien connu des acteurs des marchés financiers, dont le critère de comportement numéro un est... le comportement des autres. Il ne s'agit pas d'avoir raison seul mais d'aller dans le même sens que le marché, et, au mieux, de le devancer. «Faire comme les autres, avant les autres.» C'est la célèbre intuition du «concours de beauté» évoqué par Keynes.

Le mimétisme a été théorisé par André Orléan (*Le Pouvoir de la finance*, 1999), qui appelle «processus spéculaire» (*speculum* = «miroir») le fait que les opérateurs agissent les uns par rapport aux actions des autres comme des miroirs posés face à face. Le comportement des agents est dirigé par des «croyances croisées», et il ne peut déboucher que sur des « anticipations autoréalisatrices ». Ce qui arrive, c'est ce que l'on espère, ou que l'on craint. Dans ce contexte, la volatilité crée la volatilité (Olivier Pastré), et la rationalité individuelle aboutit à la folie collective. La rationalité des individus débouche sur l'inefficience du marché. C'est ce qu'a abondamment prouvé, par ailleurs, la théorie des jeux.

D'autres phénomènes sont venus au cours des récentes décennies augmenter la volatilité. Ainsi, le « short-termisme », le fait de privilégier le court terme et la rentabilité immédiate, a été induit et augmenté par la *fair value*, la valorisation au prix du marché (*mark to market*).

De même, le développement de produits dérivés a rendu les cours des actifs dépendants des projections, plus ou moins rationnelles, des agents. Ici, le mimétisme joue à plein. Certaines méthodes de gestion des actifs (comme le *benchmarking*) peuvent également développer le mimétisme. On a vu aussi les « fonds indiciels » fausser les indices cibles (« effet Nokia »).

Stiglitz et la théorie de la défaillance des marchés par l'information imparfaite

L'asymétrie de l'information, son imperfection et son coût sont un autre angle d'attaque de l'efficience des marchés. L'histoire récente a montré à quel point l'information est défaillante, et mal partagée, au sein des marchés financiers.

L'asymétrie est présente non seulement entre les agents financiers et leurs clients, mais également entre les opérateurs financiers (traders) et leur hiérarchie. Les mésaventures des supérieurs de Nick Leeson ou de Jérôme Kerviel en sont l'exemple éloquent. Il semble bien qu'avec la complexité croissante des techniques et des produits l'opacité se soit installée dans de nombreux secteurs de la finance.

Les tenants de l'efficience des marchés doivent faire leurs comptes avec le « paradoxe de Grossman-Stiglitz » : si les marchés sont efficients, les opérateurs n'ont aucun intérêt à chercher de l'information (qui est coûteuse), puisqu'elle est contenu dans les prix du marché. Si personne ne cherche de l'information... il n'y a plus d'information. Sauf, bien entendu, si on en tire un avantage. Pour en tirer un avantage, il faut que l'information ne soit pas partagée. Ce qui est contraire non seulement à la théorie, mais à l'objectif même des organismes de régulation des marchés (SEC, AMF), voire au bon fonctionnement interne des banques (rapports entre front office et back office, entre traders et contrôleurs).

Les (faux) adieux du marché

En marge du chœur condamnant les excès du libre marché, certains libéraux ont une bien autre lecture de la crise. Celle-ci serait due non aux dysfonctionnements du marché, mais à une trop forte intervention de l'État. Vincent Bénard et autres membres de l'Institut Hayek expliquent ainsi la bulle immobilière : les prix n'ont augmenté que dans les villes (Los Angeles, San Francisco) dans lesquelles une réglementation draconienne limite la construction (*smart growth policies*) ; dans les villes plus «libérales» (Dallas, Houston, Cleveland), la hausse a été plus modérée. Quant au crédit «subprime», il a été facilité par la politique de l'État d'aide à l'accession à la propriété des plus modestes et des minorités. L'État a faussé le marché par le biais des garanties offertes par Fannie Mae et Freddie Mac, toutes deux GSE (*Government Sponsored Enterprises*).

Chronique d'une mort annoncée

Des voix, bien plus nombreuses, semblent poser le problème de l'efficacité même du marché.

Joseph Ackermann, P.-D.G. de la Deutsche Bank : «Je ne crois plus au pouvoir d'autocorrection des marchés» (17 mars 2008). Horst Köhler, ex-directeur du FMI et président de la République fédérale allemande : «Les marchés internationaux se sont métamorphosés en un monstre qui doit être repoussé dans sa tanière.»

Même la commission Angelides a émis un avis formel : «Les sentinelles n'étaient pas à leurs postes, en grande partie à cause de ces croyances largement partagées en la nature autocorrectrice des marchés et la capacité des institutions financières à se maîtriser. Plus de trente années de dérégulation et de dépendance envers l'autorégulation, promues entre autres par l'ancien président de la Réserve fédérale Alan Greenspan, soutenues par les Congrès et les administrations successifs, et agressivement poussées par la puissante industrie financière à chaque occasion, ont complètement détruit les garde-fous qui auraient pu aider à éviter la catastrophe.»

«Retenez la date du vendredi 14 mars 2008», dit Martin Wolf, du *Financial Times*, qui n'est pourtant pas un journal anticapitaliste. «Ce jour-là, le rêve d'un capitalisme global de libre entreprise est mort. [...] La dérégulation a atteint ses limites.»

Mais au-delà de ces avis de décès du marché, probablement prématurés, on assiste à une volonté explicite de trouver des solutions médianes. «Il va falloir trouver le bon équilibre. La réglementation doit rattraper l'innovation et contribuer à restaurer la confiance des investisseurs, mais il ne faut pas aller trop loin et créer de nouveaux problèmes, et risquer ainsi de rendre les marchés *moins efficaces*» (Henry Paulson, ancien président de Goldman Sachs et secrétaire d'État au Trésor, *Les Echos*, 14-15 mars 2008).

Alan Greenspan, de son côté, affirme que l'on vient de connaître «la crise la plus grave depuis la fin de la Seconde Guerre mondiale», qui fera de nombreuses victimes, «mais j'espère que l'une des victimes ne sera pas l'autorégulation financière en tant que mécanisme fondamental d'équilibre du secteur financier mondial» (*Les Echos*, 17 mars 2008).

Il serait en effet dommage de se passer de l'«autorégulation financière». Le marché sort encore une fois blanchi de ses mésaventures, comme l'avait déjà remarqué en son temps John K. Galbraith. Ceux qui avaient hâtivement annoncé le «retour de Keynes» ont probablement péché par excès d'optimisme et de précipitation. Comme la très sérieuse revue *Problèmes économiques*, qui mettait en couverture de son numéro spécial du 29 avril 2009 : «Keynes, le grand retour». Bien sûr, l'État est intervenu massivement pour sauver le monde de l'effondrement des banques et du crédit, mais à aucun moment les responsables ne semblent réellement décidés à redonner à l'État un autre rôle que celui de « roue de secours » de l'économie de marché.

Garde-fou

Le fond du problème est de sortir de la béatitude d'un dogme libéral simpliste et de réinventer les rôles du marché et de l'État à la lumière des innombrables avancées des théories économiques qui au cours des dernières années ont multiplié les analyses des défaillances du marché.

Car, comme l'a dit Thierry de Montbrial : « L'illusion du marché parfait était d'une naïveté extrême » (*La Croix*, 27 février 2009).

L'asymétrie de l'information, les innombrables applications de la théorie des jeux, des concepts comme la sélection adverse, l'aléa moral, la théorie de l'agence ont montré que le fonctionnement du marché offre une multitude de tares qui peuvent en faire un outil de régulation bien imparfait. Par ailleurs, d'autres analyses, comme celles de la croissance endogène ou des externalités, ont montré que le rôle de l'État était souvent positif et incontournable. L'idée qui semble, et qui doit, prévaloir est celle que le marché a besoin de règles, de normes, de garde-fous. Idée soulignée par Maurice Allais, qui rappelle que dans la dialectique entre le fort et le faible « la norme protège et la liberté opprime ».

Prenons un seul exemple. Le thème de l'asymétrie de l'information a été illustré par George Akerlof au moyen d'une analogie avec le marché des voitures d'occasion. Ce marché est miné par la différence d'informations sur la voiture entre le vendeur et l'acheteur. Selon Akerlof, si on laisse faire les choses, le marché implose et disparaît.

La solution, c'est le « contrôle technique ». Il rétablit, même partiellement, la symétrie de l'information. Comme ce marché-là, tous les marchés ont besoin de règles...

Le gai savoir des économistes : règlements de comptes à Éco-Corral

Par les temps qui courent, les économistes devraient être une confrérie d'utilité publique. Malheureusement, on ne peut que constater qu'eux aussi ont failli à leur tâche ; pas tous, bien évidemment, mais ceux que l'on a entendus le plus, ceux qui avaient la parole. Ils s'en sont servis pour nous jouer de la flûte, avec une belle langue de bois. Depuis quelque temps, la musique a un peu changé, et les armes sont dégainées, entre ceux qu'on n'a guère écoutés et ceux que l'on a trop entendus. Le cœur de l'affrontement ? Le marché, bien sûr.

Les claques de la « main invisible »

« Nous sommes entrés dans l'âge sombre de la macroéconomie, celui où l'ensemble de la profession a perdu ses anciennes connaissances, tout comme lorsque l'Europe des invasions barbares perdit le savoir des Grecs et des Romains », écrit Paul Krugman (*Alter éco*, janvier 2012). Domination des maths, oubli des vérités keynésiennes, de la macroéconomie, de la possibilité même qu'une crise éclate : « Des doctrines longuement réfutées furent ressorties des poubelles de l'histoire comme s'il s'agissait d'idées fraîches et nouvelles » (*idem*).

Reconnaissons à Paul Krugman la capacité d'autocritique : « J'ai de temps en temps envie de me donner des claques pour ne pas y avoir pensé [à la possibilité d'une crise]. »

C'est vrai que, par moments, on peut rêver que la « main invisible » se matérialise enfin et qu'elle distribue des claques à tous les économistes qui ont cru en elle trop aveuglément.

Car, depuis trente ans, ils ne savent faire qu'une chose : chanter les louanges du marché, de la déréglementation, du laisser-faire, du chacun pour soi. Alors qu'au même moment d'autres économistes montraient, point par point, méticuleusement, incontestablement, à quel point tout cela est problématique, incertain, improbable.

D'autres ont eu le courage de Krugman, comme sir John Hicks, revenant sur le livre *Valeur et capital*, qui lui valut le prix Nobel d'économie en 1972. Un livre sur l'équilibre général par le marché qu'il qualifiera de *piece of rubbish* (un « tissu de conneries »).

Pendant des années, en France et encore plus dans les autres pays, on eut droit à ce genre de leçon : « Qu'on laisse les gens travailler, qu'on donne aux entreprises la liberté dont elles ont besoin. Quand on ne se prend pas la tête dans des contraintes idéologiques, c'est assez simple, l'économie ! » C'est ce qu'affirme Jean-Marc Sylvestre (*Petites leçons d'économie à la portée de tous*, 2007). Lui qui pendant des années a fait l'éloge du marché tous les matins sur les ondes de France Inter a pris sa plus belle plume pour écrire un livre sur la crise, que moins que quiconque il n'a vue venir. « Jean-Marc Sylvestre a du talent, mais son livre est nul », commente simplement Denis Clerc (*Alternatives économiques*, n° 263, novembre 2007).

Celui qui a remplacé Sylvestre sur France Inter, Bernard Maris, a une autre vision du marché : « Un monde d'égoïstes primaires, d'ahuris débiles, bornés, occupés à regarder leurs nombrils et leurs dilemmes coûts-avantages, n'ayant aucune finesse, intelligence, psychologie, émotion, sympathie, relation d'amitié, de complicité, de ruse, de séduction, d'amour ou de haine avec autrui, ne cherchant jamais à savoir ce que pensent les autres, ignorant tout, les habitudes, les coutumes, les politesses, absolument tout de ce qui les entoure sauf des signaux – les prix –, réagissant encore plus mécaniquement que des chiens de Pavlov et complètement crétins comme des calculettes ou robotisés comme des économistes mathématiciens » (*Lettre ouverte aux gourous de l'économie qui nous prennent pour des imbéciles*. Albin Michel. 1999).

Courant alternatif

Désormais, une polémique salutaire fait rage depuis que la crise a fait tomber le masque de la domination du marché.

À côté de Paul Krugman, un autre ténor de l'économie, un autre prix Nobel, Joseph Stiglitz, établit un parallèle saisissant : « La chute de Wall Street représente pour

Chapitre 11 : Accusé n° 2 : le marché

l'idéologie des marchés ce que celle du mur de Berlin a signifié pour le communisme. »

Les voix de la critique se font de plus en plus entendre, des intellectuels les plus discrets à Stéphane Hessel, qui a donné à l'indignation une forme populaire.

Il ne s'agit pas d'affirmer ici que les uns ont (complètement) tort et que les autres ont (totalement) raison, mais il faut sortir d'un monde où il n'y a qu'une vérité et où domine « Tina », le mot d'ordre de Mme Thatcher (*There Is No Alternative*).

Il faut que nos économistes renoncent de temps en temps à leurs chères mathématiques et qu'ils relisent par exemple les travaux d'un de leurs confrères oubliés : Karl Polanyi, auteur de *La Grande Transformation* (1944), qui montre comment le marché s'est construit, ou mieux a été imposé (notamment par la violence) à travers l'histoire. La « grande transformation », c'est celle de l'économie, qui autrefois était soumise, *encastrée* dans les relations sociales, et qui est aujourd'hui dominante, *désencastrée*. C'est la société tout entière qui est soumise à l'économie.

Et il conclut : « Notre thèse est que l'idée du marché s'ajustant lui-même était purement utopique. Une telle institution ne pouvait exister de façon suivie sans anéantir la substance humaine et naturelle de la société, sans détruire l'homme et sans transformer son milieu en un désert. »

Terminons sur une petite pensée de John K. Galbraith, qui, retraçant l'histoire de l'expression « économie de marché », raconte comment, aux États-Unis, on a voulu, après 1929, trouver un remplaçant au mot « capitalisme » – dont on savait, dit Galbraith, qu'il était « non seulement exploiteur, mais par nature, autodestructeur ». « C'est ainsi qu'est apparue dans la langue un peu savante la formule "économie de marché". Elle n'avait aucun passif historique, et d'ailleurs pas d'histoire du tout. Il eût été difficile de trouver un nom plus vide de sens » (*Les Mensonges de l'économie*, 2004).

Le mensonge fondamental de notre époque, selon Galbraith, est celui-là : on nous fait croire que notre économie est une économie de marché.

«Ne pas nommer les choses correctement ajoute au malheur du monde», disait Albert Camus.

Fernand Braudel, qui distinguait de manière on ne peut plus tranchante les concepts d'«économie de marché» et de «capitalisme», nous a donné une vérité sur laquelle on peut méditer : «Le capitalisme, c'est l'antimarché.»

Chapitre 12

Accusé n° 3 : la mondialisation et l'UE

Dans ce chapitre :
- La mondialisation est-elle coupable ?
- Le procès fait à l'Europe
- La tentation protectionniste

L'enfer, c'est bien connu, c'est les autres. Après des années d'éloges du libre-échange, de la mondialisation et de l'intégration européenne, la crise fait ressentir douloureusement l'impact d'un monde ouvert. De là à faire porter le chapeau à la mondialisation ou à l'Europe, il n'y a qu'un pas, que l'on franchit désormais allègrement.

Les critiques du marché ont leur prolongement dans la critique du libre-échange et de la mondialisation. Mais, dans ce domaine, la réflexion donne lieu à un mélange inextricable d'analyses pertinentes et de préjugés sommaires.

La mondialisation, source de tous les maux ?

Les fermetures d'usine font la une des journaux télévisés presque tous les jours. Le récit est à chaque fois le même : des ouvriers qui ont souvent dix, vingt, trente ans d'ancienneté sont mis à la rue. L'événement se produit souvent dans des conditions déplorables : machines déménagées nuitamment, ouvriers avertis à la dernière minute et sans ménagement, disparition pure et simple des responsables. L'usine ferme, mais la production continue, ailleurs. En Chine, en Roumanie, au Maghreb. Le mot « délocalisation » est devenu incontournable dans le vocabulaire du malheur économique ; il rime inévitablement avec « mondialisation ».

L'Europe est aussitôt montrée du doigt. Entièrement vouée à la cause du libre-échange, elle interdit que les États protègent les activités menacées ; dans la bouche de certains hommes politiques, elle impose une ouverture qu'elle ne peut, ou ne veut pas, imposer à ses partenaires. Mais elle est coupable, surtout, de s'obstiner à faire de l'euro une monnaie forte qui handicape les exportations françaises en les rendant trop chères et donc non compétitives.

La crise serait-elle le résultat de cette mondialisation ?

La crise, ou plutôt « notre » crise. Car, pour certains pays, les choses vont très bien.

Éloge et dégâts du libre-échange

Depuis Adam Smith et tout au long des XIXe et XXe siècles, les économistes n'ont cessé de faire l'éloge du libre-échange.

D'un point de vue théorique, l'affaire semble entendue : le libre-échange a, au niveau international, les mêmes avantages que le marché et la spécialisation au niveau national. Si chacun fait ce qu'il fait le mieux et si les marchandises ainsi produites sont échangées, chacun y trouvera son compte. À égalité de travail, d'efforts, chacun aura la plus grande quantité de biens, et, au niveau global, on atteindra la fameuse « allocation optimale des ressources », c'est-à-dire la meilleure solution possible au problème économique.

Bien entendu, le système des échanges internationaux sera en évolution permanente. Aucune position n'est jamais figée, aucune spécialisation n'est définitive. Le talent de chacun sera de toujours trouver sa place dans la division internationale du travail, en faisant ce que les autres ne savent pas faire, ou en le faisant mieux que les autres.

On sait depuis Smith que chacun doit se spécialiser dans les domaines où il est meilleur («théorie des avantages absolus»); on sait même depuis Ricardo que chacun doit se spécialiser même s'il est moins bon (ou meilleur) que les autres dans *tous* les domaines.

Avec le fameux «théorème HOS», on sait *pourquoi* on est meilleur : grâce à la dotation en facteurs de production. Chaque pays doit se spécialiser dans les productions pour lesquelles il est le mieux doté en facteurs de production. Si un pays a beaucoup d'hommes, il devra se spécialiser dans les productions demandant beaucoup de main-d'œuvre. Le pays qui possède plus de capital devra se spécialiser dans les productions demandant beaucoup de capital.

Et le pays où le climat s'y prête pourra toujours produire du café ou des bananes.

Voilà la loi. Tous ceux qui ne s'y soumettent pas sont traités d'ignares et d'analphabètes.

Bien entendu, les choses ne sont pas aussi simples. Essayons d'y voir un peu plus clair.

Remarquons d'abord que la théorie économique ne s'est pas arrêtée au moment où le «théorème HOS» a été énoncé. Les théoriciens ont mis en avant quelques pistes intéressantes qui, malheureusement, compliquent un peu la chose.

Ainsi, certains keynésiens ont fait remarquer que la *demande* joue un rôle important dans les échanges. Il y a échanges entre pays non seulement parce que la production se fait différemment d'un pays à l'autre, mais aussi parce que la demande *tire* les produits étrangers. Ainsi, France et Allemagne s'échangent des produits qui sont fabriqués dans les mêmes conditions (le travail coûte autant dans les deux pays). Pourquoi les Français achètent-ils des voitures allemandes ? Tout d'abord parce qu'ils en ont les moyens. Ensuite, pour une raison qui (à première vue) n'a pas grand-chose d'économique : pour leur image. En clair, les Français achètent des voitures allemandes parce qu'elles sont allemandes ! D'ailleurs, bon nombre de produits français doivent se vendre à l'étranger pour exactement la même raison (notamment dans le domaine plus que couru du luxe-vin-mode-gastronomie). On le voit : ici, il n'y a pas beaucoup de place pour une rationalité simpliste. Il serait tout à fait absurde de vouloir expliquer ce genre d'échanges par une quelconque comparaison qualité/prix, parce que si le prix est une donnée objective la qualité est, on le sait bien, une affaire de «perception» (la fameuse «qualité perçue»).

D'ailleurs, on peut se demander pourquoi beaucoup d'Européens achètent des voitures françaises. Quelle que soit leur image, ça doit être parce qu'elles ont, elles, un bon rapport qualité-prix.

Les dindons et les oies sauvages

Une autre avancée de la théorie économique met en avant le «cycle de vie du produit». Les conditions de l'offre et de la demande ne sont pas immuables : elles changent avec le développement du pays. La demande augmente, le coût du travail aussi, les capacités technologiques évoluent.

Dès lors, ce qui est déterminant, c'est l'*âge* du produit. Les différents pays ne sont pas à même de mieux produire tous les biens. Les plus sophistiqués, qui nécessitent de la matière grise et du capital, seront produits dans les pays les plus développés, où ils seront également vendus grâce à la demande importante. Les produits moins sophistiqués, nécessitant beaucoup de main-d'œuvre peu qualifiée et peu de capital, seront mieux produits dans les pays moins développés.

La remontée de la filière

À partir de ce schéma, la stratégie qui s'ouvre aux pays les plus pauvres, c'est ce que l'on nomme la *remontée de la filière*, appelée aussi «stratégie en vol d'oies sauvages» par le Japonais Kaname Akamatsu dès 1937.

Le pays commence son escalade en produisant des biens à faible valeur ajoutée, qu'il exporte. Les gains réalisés permettent d'investir dans des machines plus sophistiquées et d'augmenter les salaires. Cette hausse des salaires aboutit à une délocalisation des activités nécessitant beaucoup de main-d'œuvre bon marché dans des pays moins développés.

Chapitre 12 : Accusé n° 3 : la mondialisation et l'UE

Ainsi se met en place un cercle vertueux de la spécialisation internationale, où le développement fait tache d'huile et où le commerce international devient vecteur de développement et de progrès. Pendant que les pauvres se développent, les pays les plus développés se concentrent de plus en plus dans les secteurs les plus sophistiqués.

Le Japon, qui a suivi cette stratégie, a été le modèle et un des moteurs de la croissance de l'Asie, qui a vu se développer, après le Japon, les «quatre dragons» (Corée du Sud, Taïwan, Hong Kong, Singapour) puis les «bébés tigres» (Thaïlande, Vietnam, etc.) et enfin la Chine et l'Inde.

C'est de ce dogme que se nourrissent les instances régulatrices du commerce mondial, OMC en tête. Le problème est que, aujourd'hui, des doutes commencent à poindre.

Le premier est simple : est-ce que les pays développés ont les moyens d'avoir une avance technologique constante leur permettant de garder un rôle dans le commerce mondial?

Car ce modèle sous-entend que bon nombre d'activités industrielles n'ont plus leur place dans les pays les plus développés, États-Unis et Europe. Dans ces pays, la part de l'industrie dans la population active et dans la richesse est tombée très bas (moins de 15 % pour la France, le Royaume-Uni, les États-Unis).

Dès lors, la désindustrialisation devient le signe non pas du développement, mais du recul et de l'appauvrissement. Et la jolie fable de l'intérêt commun prend les allures d'une farce dont les pays développés seraient les dindons.

Cet argument, énoncé il y a déjà quelque temps par un économiste éminent comme Maurice Allais, devient le credo de bon nombre d'hommes politiques, aux États-Unis comme en Europe.

Maurice Allais fait coïncider le début de notre crise avec l'essor des échanges dans les années 1970. Libéral depuis toujours, Allais considère que «la chienlit libre-échangiste» a instauré un non-système où «n'importe qui peut faire n'importe quoi, n'importe comment et le vendre n'importe où».

À la suite d'Allais, de nombreux économistes considèrent que les États-Unis (et l'Occident) commettent une erreur monumentale en croyant que la Chine (ou l'Inde) va se cantonner éternellement dans la production de biens à faible valeur ajoutée.

D'autres, comme Paul Krugman et Paul Samuelson lui-même (un des créateurs du fameux « théorème HOS »), ont, dans leurs derniers travaux, montré que les théories du commerce international telles qu'on les a pratiquées jusqu'à présent présentent une faille. L'élément que ces économistes remettent en cause est le principe central de la *réciprocité des avantages* ; c'est-à-dire le fait que tous les pays participant à l'échange sont gagnants. Samuelson a prouvé que, dans certaines conditions, l'avantage pouvait bien être asymétrique ; Krugman, de son côté, a souligné que, tous les pays ne jouant pas le jeu d'un échange « loyal », il est juste et bon que nos pays aient une « politique commerciale stratégique » visant à aider les entreprises. Le libre-échange servant de paravent pour dénoncer les manques de loyauté de l'« autre ».

Échanges de dupes

Autre problème : la Chine, qui a ravi au Japon le rang de deuxième puissance économique mondiale, s'inscrit-elle dans la stratégie « en vol d'oies sauvages » ? Pour Robert Boyer, la réponse est négative. La Chine ne suit plus ce modèle, « qui n'est plus ainsi le mécanisme principal d'intégration en Asie ». La mode est aux réseaux, à l'éclatement des processus productifs, au commerce intraentreprise (le commerce qui s'effectue au sein d'une même entreprise, d'une filiale à l'autre, entre deux pays), aux IDE (investissements directs à l'étranger).

Ainsi, le pays destiné à devenir la première puissance commerciale du monde ne s'inscrit pas dans les schémas logiques qui régissent ce monde – schémas qui, vus de Pékin, doivent ressembler à des contes pour enfants.

Le « background » historique et géopolitique de la Chine laisse envisager des stratégies pas réellement naïves : le commerce extérieur peut bien devenir, ou est déjà devenu, une autre manière de faire la guerre. Chacun essayant de compenser par les excédents extérieurs ses problèmes domestiques ; ou de se servir de ces mêmes capitaux accumulés comme d'une arme.

Que la Chine soit devenue le principal pourvoyeur de capitaux pour les États-Unis n'est pas un phénomène neutre d'un point de vue géopolitique, comme ne l'est pas le fait que, depuis 2011, les échanges de capitaux entre Japon et Chine peuvent se faire dans leurs monnaies sans passer par le dollar.

La Chine, devenue membre de l'OMC en 2002, a bouleversé la donne du commerce international. En dix ans (1999-2009), sa part dans le commerce mondial est passée de 4 à 12 %, pendant que, sur la même période, la part des États-Unis est tombée de 21 à 14 %.

En plein milieu de la crise, la Chine s'apprête à devenir la première puissance commerciale mondiale. Symbole ou coïncidence ? Si c'est une coïncidence, elle en rappelle une autre : les États-Unis sont devenus la première puissance commerciale mondiale devant la Grande-Bretagne en... 1929.

Derrière ce qui ressemble à un passage de témoin entre les deux premières puissances économiques et commerciales, la situation globale a subi d'autres bouleversements.

Les États-Unis ne sont pas seuls à souffrir. Des pays actuellement en grande difficulté commerciale comme la France, l'Italie, l'Espagne, le Portugal sont lourdement touchés par la concurrence des pays émergents. C'est là que le problème de la monnaie intervient : pendant que le yuan continue d'être notoirement sous-évalué, l'euro reste, malgré ses difficultés, une monnaie forte. Est-ce une autre forme de naïveté ?

Le verre est dans la pomme

Lors d'un dîner réunissant le président des États-Unis et le gratin de la Silicon Valley en février 2011, Barack Obama a posé une question à Steve Jobs : « Pourquoi ne peut-on pas produire les iPhone aux États-Unis ? »

La réponse a été claire : « C'est impossible. »

Le premier argument est, bien entendu, celui du coût de la main-d'œuvre. C'est grâce à la faiblesse de ce dernier qu'Apple peut faire les bénéfices qui lui permettent d'investir et d'innover. Mais ce n'est pas tout : il n'y a pas aux États-Unis assez de main-d'œuvre qualifiée, et, surtout, la flexibilité qu'offre la Chine n'existe nulle part en Occident.

En 2007, moins d'un mois avant le lancement de l'iPhone, Steve Jobs décide que le nouveau téléphone doit avoir un écran en verre. Le projet sur lequel Apple travaillait depuis deux ans prévoyait un écran en plastique, pas cher et simple à produire, mais Jobs a constaté qu'il se rayait facilement.

Lancer la production de millions d'écrans en verre n'est pas facile : il faut une usine *ad hoc*, des cohortes de techniciens, des centaines d'essais. Et le tout doit être bouclé en moins d'un mois. C'est impossible aux États-Unis. Un lieu de production a été trouvé en Chine : une usine construite avec les subventions de l'État, possédant des milliers d'échantillons de verre différents et une main-d'œuvre aguerrie dormant sur place et disponible vingt-quatre heures sur vingt-quatre. De plus, elle se trouve à quelques heures de route de l'usine d'assemblage final.

« Les premières livraisons de verre sont arrivées à Foxconn City à l'aube. À ce moment-là les contremaîtres ont réveillé des milliers d'ouvriers qui se sont glissés dans leurs uniformes et se sont rapidement alignés pour assembler manuellement des téléphones. En trois mois, Apple a vendu 1 million d'iPhone. Depuis Foxconn en a assemblé plus de 200 millions » (*The New York Times*, 21 janvier 2012). Et Apple est devenu l'entreprise la plus riche et la plus chère de l'histoire. Sa capitalisation boursière a atteint en 2012 le chiffre effarant de 630 milliards de dollars.

L'Europe, mère de tous les maux ?

Si la mondialisation et le libre-échange débridé plongent nos pays dans le marasme, la faute en incombe, selon certains, à l'Europe, qui est sous nos latitudes la première instance et le premier défenseur. Car c'est désormais ainsi que beaucoup voient l'Europe : une sorte d'entité dominante qui édicte ses lois et son credo, « Moins de protection, moins d'État, moins de barrières ». Tout pour le marché, tout pour la finance, rien pour les gens.

La tentation de jeter le bébé avec l'eau du bain se retrouve souvent dans la vision que l'on a en France de l'Union européenne. La panoplie des critiques est vaste : elle va des plus sommaires aux plus subtiles en passant par toutes les couleurs de la démagogie.

Que reproche-t-on à l'Europe ?

- **La bureaucratie.** Le beau rêve de Monnet, Schuman, Adenauer s'est transformé au fils des ans en une triste affaire de ronds-de-cuir. L'Europe donne l'impression de ne s'occuper que de la taille des carottes et de la classification des colorants. La multiplicité des dirigeants et leur inévitable discrétion leur enlèvent du poids et de la visibilité : Barroso (Commission européenne), Juncker (Eurogroupe), Draghi (BCE). Là où l'Europe est encore moins visible, c'est au niveau de sa « présence internationale », symbolisée par le Haut Représentant aux Affaires étrangères de l'UE. Mme... une Anglaise... Comment s'appelle-t-elle au fait ? (Elle s'appelle Catherine Ashton, mais son (in)action est telle que personne ne la connaît).

- **Son libéralisme.** Depuis Maastricht, l'Union européenne est devenue synonyme de rigueur et d'excès de libéralisme. Elle a imposé aux pays membres privatisations, ouverture des frontières, déréglementation. Elle donne l'impression d'être plus libérale que les États-Unis et d'être trop naïve à l'égard de ses partenaires. Elle semble avoir oublié que ses meilleures réalisations (PAC) se sont faites, aussi, contre le marché.

- **Son côté « auberge espagnole ».** Depuis la chute du bloc soviétique, l'UE s'est enrichie de l'arrivée d'une bonne douzaine de pays. À 27, elle donne l'impression d'être encore plus cacophonique, impuissante et impersonnelle.

On perçoit les nouveaux arrivants comme étant plus soucieux de partager le gâteau que de contribuer à un quelconque projet commun.

Les nouveaux arrivants sont d'ailleurs souvent très atlantistes… ou carrément eurosceptiques. Le plus drôle, c'est lorsque la présidence leur échoit.

Depuis l'échec du référendum sur le traité constitutionnel, l'élan s'est brisé. Le traité de Lisbonne est considéré par certains comme le triomphe d'une Europe qui n'est plus à l'écoute des peuples, qui décide en passant par-dessus leur volonté.

- **L'euro.** L'euro concentre contre lui tous les ressentiments. Les sacrifices, la rigueur, le chômage semblent avoir là leur cause unique. Les gens de la rue lui reprochent l'augmentation du coût de la vie, et une kyrielle d'économistes mettent sur le dos de l'euro tous nos malheurs. L'idée qu'ils développent est que l'euro fort empêche tout rééquilibrage par la monnaie, donc rééquilibrage par baisse des coûts, du travail notamment.

Sortir de l'euro ?

La crise s'est cristallisée autour du problème de l'euro : l'euro est trop fort et handicape notre compétitivité, l'euro implique une politique de rigueur, l'euro, enfin, signe la fin de notre souveraineté. Ce qui était auparavant un sujet tabou est devenu pour certains une sorte d'évidence. Sur la trace des mouvements « souverainistes », de plus en plus d'hommes politiques, d'économistes et de journalistes envisagent une nouvelle voie : celle de la sortie.

Sortie de la Grèce, par le bas ; sortie de l'Allemagne, par le haut ; sortie de la France (par le milieu ?).

Alors, sortir de l'euro, est-ce possible, est-ce envisageable et, surtout, est-ce souhaitable ?

Est-ce possible ?

Officiellement, non. Dans le traité de Lisbonne, la sortie d'un pays de l'euro n'est tout simplement pas prévue. L'article 50 envisage une éventuelle sortie d'un pays de l'Union européenne, mais pas de la monnaie unique. Bien entendu, les pays restent souverains, et nul ne saurait s'opposer à cette volonté, notamment si elle était exprimée par un référendum.

Il en va autrement pour une expulsion. Là aussi, c'est une exclusion de l'UE qui est prévue et pas une exclusion de l'euro. Dans tous les cas, il faudrait modifier les traités et demander à tous les pays de se prononcer.

Il faudrait donc de très longs délais de négociation et de ratification, ce qui laisserait s'installer la chose dont les marchés ont le plus horreur : l'incertitude. On sait que dans ces conditions les marchés peuvent facilement perdre la raison.

Est-ce souhaitable ?

Le pays pour lequel cette hypothèse a été le plus souvent envisagée, c'est la Grèce. Des hommes politiques allemands de premier plan se sont « refusés à écarter » cette idée.

Si la Grèce sortait de l'euro, la future drachme serait lourdement dévaluée, et la dette du pays (libellée en euros), déjà bien difficile à gérer, deviendrait tout simplement impossible à honorer. Les banques en pâtiraient. Et il faudrait (encore une fois) les sauver. Mais on a vu que c'était possible (n'ont-elles pas renoncé à 50 % de leur créance ?).

Cette sortie est-elle souhaitable pour les Grecs eux-mêmes ? Sûrement pas. Le seul avantage du retour à la drachme serait un gain de compétitivité ; oui, mais pour vendre quoi ? Le pays n'a pas d'industrie, et il serait pendant longtemps sevré de capitaux. Le tourisme pourrait en profiter, mais encore faudrait-il trouver des volontaires pour aller bronzer dans un pays qui serait probablement encore plus plongé dans le désordre et la violence qu'aujourd'hui.

L'autre problème, c'est la réaction en chaîne : les marchés, alléchés par l'odeur du sang, attaqueraient les autres Pigs. Une réaction en chaîne pourrait voir la sortie du Portugal, de l'Espagne, de l'Italie. Les conséquences pour les banques seraient d'une tout autre ampleur : la dévaluation massive des monnaies de ces pays déclencherait probablement une guerre commerciale à laquelle l'UE ne survivrait pas. Qui voudrait bien acheter, sans réagir par des mesures protectionnistes, des produits dont les prix seraient amputés de 30 % ou 50 % ? Et les autres pays, ceux qui seraient restés dans l'euro, comment pourraient-ils vendre des produits dont le prix aurait augmenté dans les mêmes proportions ?

Alors, pourquoi ne pas envisager une sortie de l'Allemagne ? Dans ce cas, on aurait un effet contraire, mais pas forcément moins catastrophique. Le mark serait réévalué ; les Allemands pourraient-ils le supporter ? Et que serait l'euro sans l'Allemagne ?

Dans tous les cas, toucher à l'euro serait ouvrir la boîte de Pandore.

Mais avec la crise tout est possible, y compris le pire.

Tentations protectionnistes et nouvelle donne planétaire

Pendant que les rapports de force planétaires connaissent une mutation profonde, le commerce mondial plonge dans l'opacité. L'OMC s'empêtre dans des négociations interminables et stériles. Le « cycle de Doha » (entamé en 2001) traîne en longueur. Les pourparlers entre les 153 pays membres, qui portent sur des milliers de produits, deviennent le « théâtre de l'absurde » : « Le contenu des textes examinés devient littéralement incompréhensible », personne « ne se risque plus à la moindre vulgarisation ». Les opinions publiques sont donc servies.

Pendant ce temps-là, les gouvernements, tout en proclamant leur attachement au libre-échange (G20 de novembre 2008), déploient toute une panoplie de mesures protectionnistes sournoises tous azimuts. Une centaine de pays sont concernés ; États-Unis, Chine, Indonésie, Inde, Russie, Ukraine, Allemagne, Royaume-Uni sont les plus « actifs ».

Ce protectionnisme sournois prend toutes sortes de formes : plans de relance ou de sauvetage, droits compensateurs de mesures jugées discriminatoires, préférence nationale...

Le protectionnisme nouveau est arrivé

Depuis quelque temps, le protectionnisme est une valeur en hausse. Bien entendu, il s'agit là d'un réflexe quasiment automatique. Dans ce domaine, un sérieux tri s'impose. Les propositions simples et brutales du style « On ferme les frontières », « On achète français » sont à prendre avec beaucoup de circonspection, pour beaucoup de raisons.

La première est que le commerce international est à double sens, et l'on peut difficilement imaginer que les autres acceptent de ne plus nous vendre leurs produits et continuent, en même temps, d'acheter les nôtres. La France, qui est un des grands acteurs du commerce international, en serait durement touchée. Rappelons que 1 Français sur 5 travaille pour l'exportation et que 1 Français sur 7 travaille, en France, pour une entreprise étrangère (vouée le plus souvent à des activités industrielles). La crise de 1929 a montré à quelles catastrophes pouvait mener un repli sur soi bête et méchant. Quant à acheter français, c'est plus simple à dire qu'à faire : entre une Toyota Yaris et une Renault Twingo, laquelle est plus française ? Celle qui porte un nom japonais mais est assemblée dans le Nord-Pas-de-Calais, ou celle qui porte un nom français mais est assemblée en Slovénie ?

Heureusement, ceux qui parlent de protectionnisme ont souvent des propos plus modérés ; les voies qui mènent à un libre-échange pondéré sont les voies de la sagesse.

Les échanges sont un élément incontournable de la vie économique, mais les conditions dans lesquelles ils s'effectuent posent bien des problèmes.

Ainsi, Emmanuel Todd constate : « Aujourd'hui, la question centrale est celle de l'insuffisance globale de la demande, la cause de cette demande insuffisante c'est le libre-échange »…. Pas en lui-même, mais « l'extension démesurée du libre-échange a renvoyé le capitalisme à sa vieille tradition qui est celle d'un retard tendanciel de la demande par rapport à la croissance de la production » (*Le Monde*, 27 mars 2009).

Le protectionnisme, une Vespa avec des pédales

Ceux qui ont été adolescents dans les années 1970 se souviennent des magnifiques « mobylettes » que l'industrie française offrait à sa jeunesse. L'industrie du cyclomoteur a connu son heure de gloire dans les années 1950, lorsqu'il fallait des moyens de transport abordables pour des cohortes fournies d'ouvriers ou de lycéens.

Les marques françaises (notamment Peugeot, Solex et Motobécane) ont profité d'un marché qui leur était réservé. Elles n'ont guère fait évoluer leurs produits pendant plus de vingt ans. Les lois les protégeaient : celle qui taxait les produits venant d'Extrême-Orient, mais aussi celle, beaucoup plus comique, qui imposait aux cyclomoteurs (catégorie de deux-roues accessible sans permis) d'être équipés de… pédales. Seuls les cyclomoteurs français en étaient encore à cette technique archaïque dans les années 1960 et 1970 ; les autres, notamment les cyclomoteurs italiens, possédaient des kicks pour la mise en route, comme les motos de catégorie supérieure. On a vu circuler ainsi en France, pendant quelque temps, de très modernes Vespa 50 affublées de magnifiques pédales dépassant largement de chaque côté du tablier.

Lorsque les interdictions sont tombées, l'industrie française du cyclomoteur n'avait que des produits cromagnonesques à opposer aux produits sophistiqués venant de l'étranger. Elle est morte de sa belle mort.

Le même phénomène s'est produit, à une tout autre échelle, pour l'industrie automobile américaine. Pendant longtemps, les industriels américains ont vécu à l'abri d'un marché domestique qui leur était réservé. Les fabricants étrangers avaient du mal à produire des voitures adaptées à ce marché : trop petites, trop modestes...

Lorsque la crise pétrolière est arrivée, les nouvelles normes (de pollution, de sécurité) ont essayé d'endiguer la déferlante étrangère. Elles n'ont pas tenu longtemps. Les automobiles américaines se sont révélées, *in fine*, des dinosaures mécaniques, confortables et m'as-tu-vu à outrance, mais tenant la route comme des savonnettes et avalant des hectolitres de carburant...

Conclusion : des géants comme Chrysler finissent rachetés par Fiat, ou, sous d'autres latitudes, les fleurons de l'industrie automobile britannique, comme Jaguar, sont rachetés par Tata, une marque indienne. Tout un symbole.

Un débat dépassé

Le débat doit-il tourner autour de l'inévitable opposition libre-échange/protectionnisme ?

Ce serait une grave erreur ; tant dans le diagnostic que dans les remèdes.

Les clivages sont fuyants : ainsi, les tenants du libre-échange à outrance peuvent couver des pensées peu innocentes, et il se peut bien que derrière des revendications protectionnistes on trouve une aspiration à un véritable échange si ce n'est « équitable », du moins équilibré.

De plus, l'élément essentiel pour une bonne compréhension des choses est de ne pas oublier les liens qui existent entre financiarisation et mondialisation.

Les deux phénomènes ne sont pas étrangers l'un à l'autre. Il n'y a pas d'un côté la crise financière et de l'autre les problèmes de l'euro, d'un côté les errements des banques américaines et de l'autre les difficultés commerciales des pays européens.

Tous ces éléments sont intimement liés. Reprenons notre fil d'Ariane.

La globalisation est avant tout financière.

Il faut d'abord établir le lien entre le mécanisme qui a déclenché la crise (la titrisation) et la globalisation. Selon Jean-Hervé Lorenzi, « La titrisation appartient à un mode de financement global de l'économie mondiale dont elle n'est qu'un élément parmi d'autres [...]. Elle est le produit de la déréglementation des marchés financiers. » L'emballement extraordinaire de la titrisation à partir de 2001 s'explique par le gonflement rapide du déficit commercial américain, « qu'il a bien fallu financer d'une manière ou d'une autre » : « Jamais le déficit commercial n'aurait pu être financé si les banques n'avaient pu disperser leurs créances un peu partout à travers le monde. »

En réalité, il s'est créé un axe Asie-États-Unis qui « concentre depuis quinze ans miracles, bulles et krachs », dit Pascal Blanqué. La position particulière du dollar permet aux États-Unis « d'exporter des capitaux qu'ils n'ont pas épargnés », dont l'origine est le crédit que leur consentent les Banques centrales des pays émergents. Ce jeu en circuit fermé arrose le monde de capitaux à bas prix qui provoquent déséquilibres et crises. Donc, la crise asiatique, le krach de la Net-économie et la crise des subprimes ont bien la même cause.

La mondialisation a mis en œuvre des mouvements massifs de capitaux, pas chers et disponibles pour toute aventure. Nicolas Sarkozy disait à Davos en 2010 que la crise avait mis en évidence l'absurdité d'un système où « on a déréglementé la finance pour pouvoir financer plus facilement les déficits de ceux qui consommaient trop avec les excédents de ceux qui ne consommaient pas assez [...]. La perpétuation et l'accumulation de déséquilibres ont été le moteur et la conséquence de la globalisation financière ».

Le problème est donc toujours celui d'une Amérique en déclin vivant au-dessus de ses moyens.

L'essor de la Chine se fait dans l'ombre portée de l'évolution du modèle américain. Une synergie centrale pour les équilibres de la planète s'est établie entre les deux grandes puissances mondiales. Les liens qui unissent les deux pays sont vitaux pour l'un comme pour l'autre. Une interdépendance qui est au cœur de la crise. Ainsi, le modèle américain, qui implique une explosion des inégalités et la baisse du pouvoir d'achat des classes les plus modestes, n'est supportable que grâce à l'importation massive de produits chinois à bas prix qui inondent les hypermarchés tels Walmart, devenu, et le symbole est puissant, la première entreprise américaine. De même, la crise a montré que les déficits américains ne sont supportables que parce que la Chine et les autres partenaires des États-Unis veulent bien les financer.

Le retour de Marshall

Tout au long des grandes crises du tournant du millénaire, la position américaine a connu une métamorphose profonde. De pays créditeur du monde, ils sont devenus pays débiteur du monde. Le fameux plan Marshall de 1947 avait permis aux États-Unis de financer la reconstruction de l'Europe et d'en tirer un profit colossal, au niveau tant économique et commercial que géopolitique. Avec la montée en puissance de l'Europe, de l'Asie et des pays producteurs de pétrole, ce sont désormais les États-Unis qui profitent d'un immense plan Marshall à l'envers. D'une domination à l'autre, les outils du leadership américain perdurent, mais les risques s'accumulent. Ainsi, leur incontestable avance technologique a fait croire aux Américains qu'ils pouvaient s'installer durablement dans une division internationale du travail qui leur aurait laissé la primauté dans les domaines les plus rentables (finance, hautes technologies, recherche), les autres pays se partageant les tâches les plus ingrates (production de biens industriels, de matières premières et d'énergie).

L'incapacité du Japon à combler son gap technologique a conforté les Américains dans cette assurance. Le problème que pose l'Europe est d'une autre nature, notamment parce que l'euro est fort et que les Européens ont aussi besoin de capitaux.

 Les échanges internationaux sont un véritable champ d'affrontement où ce qui est en jeu, c'est le leadership ou la survie au niveau planétaire, et non une quelconque fable du « bien commun » héritée telle quelle de la « main invisible » de Smith.

Chapitre 13

Accusé n° 4 : l'État

Dans ce chapitre :
- La crise de l'État providence
- Vivons-nous au-dessus de nos moyens ?
- L'ineptie de la politique monétaire

Il sera ici question des responsabilités de l'État, présenté comme le sauveur suprême s'étant ruiné pour notre salut. Mais est-il si innocent ?

L'énigme, la bizarrerie, est sous les yeux de chacun : la crise a montré de manière limpide que seule l'intervention de l'État pouvait nous éviter le pire, et voilà que l'État se retrouve à la place de l'accusé numéro un. La crise financière s'étant métamorphosée en crise de la dette, en un court laps de temps, le diagnostic a radicalement changé de nature : oubliés les excès des traders et les folies de la finance, sus aux déficits, sus à la dette, sus à l'État !

On retrouve ainsi, par une étrange involution, le vieux diagnostic de Reagan : « Dans la crise actuelle, le gouvernement n'est pas la solution à nos problèmes ; le gouvernement, c'est le problème. » Certains n'hésitent pas à présenter la finance comme le « bouc émissaire » de la crise ; d'autres vont même jusqu'à dire que la crise aura eu au moins un avantage : nous débarrasser de l'État.

Essayons de démêler cette énigme.

Le déclin et la chute de l'État providence

Nos économies sont les héritières de ces fameuses «trente glorieuses» dans lesquelles l'État a joué un rôle pour le moins déterminant.

Au sortir du double cauchemar de la crise de 1929 et de la guerre, les responsables du monde occidental ont inventé un modèle d'«économie mixte» dont le but était de limiter les dégâts d'un marché irresponsable et de faire ce que le marché n'a jamais su faire : mettre en œuvre si ce n'est la justice, au moins la solidarité sociale.

L'État a été investi de trois missions essentielles.

- **✔ Par les nationalisations, l'État est devenu propriétaire et gestionnaire direct d'un certain nombre de secteurs économiques vitaux :** le transport, l'énergie, les communications, la banque.
- **✔ Par la création de systèmes de sécurité sociale, l'État est devenu un *Welfare State*, «État providence» prenant en charge la solidarité et le bien-être collectif.** Son but était clairement énoncé par lord Beveridge : lutter contre les «cinq plaies» – pauvreté, maladie, ignorance, manque d'hygiène, chômage.
- **✔ L'État a été le suprême régulateur de l'activité économique.** Planification, contrôle des prix, contrôle de la monnaie (et des changes), organisation des marchés... Sans oublier ce qu'Henri Guitton appelait en 1967 la *cybernétique économique*, c'est-à-dire le pilotage de l'économie – non seulement par le budget, mais aussi par une politique industrielle qui canalisait et stimulait la recherche et l'investissement.

On pourra toujours gloser sur ce qui, des réussites des «trente glorieuses», est dû à l'État ou à la providence. Ce qui est sûr, c'est que l'État a pris une part importante dans le «miracle» de cette période.

La même philosophie de la richesse partagée a gouverné les entreprises ; en Allemagne, où on a mis au point le modèle de *Soziale Marktwirtschaft* («économie sociale de marché») et la cogestion, dans les pays scandinaves, bien sûr, mais aussi en France ou en Italie, où d'anciens résistants sont devenus chefs d'entreprise. Même aux États-Unis, où John K. Galbraith théorisait un « nouvel État industriel » dirigé non plus par des actionnaires avides mais par une « technostructure » ayant à cœur le bien commun.

L'État dans l'impasse

Avec la crise des années 1970, l'État est entré dans une crise profonde. La synergie crise économique-crise de l'État n'est pas simple à décrypter. Laquelle des deux a provoqué l'autre ? Elles se sont probablement nourries l'une de l'autre.

La crise de l'État revêt des caractéristiques bien connues :

- **Hypertrophie.** Le poids de l'État n'a cessé d'augmenter, à l'image du ministère des Colonies du Royaume-Uni, qui comptait de plus en plus de fonctionnaires en même temps que le pays perdait ses possessions (selon la loi dite « de Parkinson »). Ce phénomène a donné naissance à bien des « mammouths » qui ont peuplé bien des pays du sud de l'Europe – l'Italie ayant été probablement le pays le plus touché, avec des pachydermes dont certains survivent encore : la région sicilienne compte pas moins de 20 000 fonctionnaires...

- **Inefficacité.** La présomption de l'État à piloter l'économie dans le « carré magique » (croissance, stabilité des prix, équilibre budgétaire, équilibre des échanges) a volé en éclats par la combinaison perverse de l'inflation et du chômage. Instruits par des décennies de keynésianisme, les gouvernements croyaient pouvoir gérer le « cruel dilemme » (Paul Samuelson) ; au lieu d'éviter le chômage par l'acceptation de l'inflation, ils ont eu et l'inflation et le chômage, à des doses sans cesse croissantes.

- **Déficits.** Lorsque les difficultés économiques ont commencé, le réflexe a été de faire appel au « sauveur suprême ». Pour relancer l'économie, on n'a su qu'augmenter les dépenses. Les systèmes de sécurité sociale et les budgets ont été pris dans l'étau de dépenses augmentant sans cesse au moment même où les recettes s'effilochaient.

Le dépècement de l'État et la démission des politiques

« Pressés par le besoin d'argent, les habitants de Byzance mirent en vente les enclos sacrés du domaine public », peut-on lire dans *Les Économiques* d'Aristote.

Depuis les années 1980 et la « révolution conservatrice » de Thatcher et Reagan, le mot d'ordre a été le « retour au marché » et la mise à bas de l'État providence.

Les modalités ont été différentes selon les États. Dans les pays anglo-saxons, surtout au Royaume-Uni, l'opération a été menée à la hussarde et sans trop de ménagement. Ailleurs, on a choisi des méthodes plus modérées, si ce n'est l'atermoiement. Mais tout le monde y est passé : les pays scandinaves, l'Allemagne, et même la France et les pays latins. Le retour au marché a ressemblé parfois à une grande braderie, celle des privatisations des entreprises publiques, prolongées souvent par la mise en vente d'une partie du patrimoine immobilier, de l'or (France), voire d'une privatisation de fait du littoral (Italie).

En Europe, l'État s'est défait également de la possibilité d'avoir recours à la Banque centrale pour se financer (traité de Maastricht et traité de Lisbonne).

Il a enfin renoncé à la réglementation de bon nombre de secteurs économiques, des prix, des marchés financiers.

Où est la responsabilité ? D'abord dans la démission, dans l'abdication face aux marchés.

On se souvient tous de la célèbre tirade du général de Gaulle : « La politique de la France ne se fait pas à la corbeille. » Les temps ont bien changé. La dernière qui ait essayé de dire à peu près la même chose (Édith Cresson : « La Bourse je n'en ai rien à cirer ») a été submergée par les lazzis. Certains ont même eu la sagesse (suicidaire) de dire que « l'État ne peut pas tout » (Lionel Jospin).

Avec la crise et malgré une agitation permanente, le fait est sous les yeux de tous : la politique de la France ne se fait pas à la corbeille, *elle est à la corbeille*.

Cette impuissance des politiques a plusieurs dimensions : tout d'abord, avec la mondialisation, on a l'impression que les États ont rapetissé. Que chacun ne pèse plus grand-chose dans les affaires du monde, pour ne pas dire qu'il est totalement impuissant. En Europe, ce sentiment est aggravé par la soumission volontaire des États à cette entité mal définie, l'Union européenne, qui est tout sauf un État.

Mais surtout, c'est face au « marché » que les États ont succombé.

Ainsi, lorsqu'une usine ferme, lorsque les prix du pétrole augmentent, les hommes politiques, accompagnés par un chœur d'économistes, ne peuvent que constater que « c'est comme ça, c'est la loi du marché ».

Mais attention, cette situation n'est pas le résultat d'une quelconque évolution inévitable : c'est le produit de trente ans de volonté expresse. De politique voulue, de stratégie diligemment appliquée.

« Déverser des tapis d'euros ou de dollars sur les braises, dans un monde configuré par trente années de réformes néolibérales, c'est comme pousser sur une corde pour faire avancer un âne », dit Laurent Cordonnier (*Le Monde diplomatique*, 2 avril 2009).

Le seul domaine où l'État garde un rôle réellement déterminant, c'est la politique monétaire. Or, c'est bien dans cette matière que les bêtises les plus graves ont été commises. Nous y reviendrons.

La soumission des États aux marchés se résume en un seul problème : celui du financement. La plupart des pays, notamment occidentaux, se sont volontairement mis en situation de dépendance des marchés pour leur financement. Les déficits chroniques des dépenses publiques ne peuvent plus être comblés que par l'appel constant et massif aux capitaux privés, notamment ceux des banques et des fonds d'investissement. Devenu débiteur, l'État doit passer sous les fourches caudines du jugement de ses créanciers. C'est de là que vient la dictature de la notation et des taux d'intérêt.

Chaque fois qu'un problème s'est présenté au cours des trente dernières années, l'État a donné l'impression de vouloir le régler d'une seule et unique manière : en s'affaiblissant. L'État s'est affaibli en laissant le champ ouvert au marché, par les privatisations et les déréglementations. Il s'est affaibli en creusant son déficit. Car il a cru trouver une sorte de solution miracle dans le « suicide fiscal » : d'un côté les baisses d'impôt, les niches, les allégements, de l'autre les aides, les subventions, les plans de soutien (à l'agriculture, à l'automobile, aux restaurateurs). La France porte les stigmates de politiques qui ont été guidées davantage par un pragmatisme à court terme (si ce n'est l'idéologie et le clientélisme) que par une véritable vision à long terme des problèmes. Une preuve, entre mille : l'ineptie des ponts d'or que l'on a faits dans ce pays au diesel...

La France n'est pas la seule à être tombée dans ce travers. Les États-Unis, pour ne citer qu'un seul exemple, n'ont guère fait mieux : les hommes politiques américains n'ont eu qu'un mot d'ordre depuis Reagan, *tax cut*. Ils espéraient que le miracle théorisé par un ténor du libéralisme, Arthur Laffer, allait se réaliser : si on baisse les impôts, les rentrées de l'État vont augmenter. Le tout « prouvé » par une magnifique courbe en cloche établissant un lien entre le taux d'imposition et les recettes de l'État. Le problème, c'est qu'il n'y avait pas que la courbe qui ressemblait à une cloche : ceux qui en ont fait une politique aussi. Si on baisse les impôts, la seule chose que l'on est sûr de récolter, ce sont les déficits budgétaires.

Vivons-nous au-dessus de nos moyens ?

Aujourd'hui, nous sommes pris entre les deux mâchoires du même piège : d'un côté, l'inévitable ritournelle de « L'enfer c'est les autres » ; de l'autre, la tentation de l'autoflagellation. Pendant que les uns pestent contre l'Europe et la mondialisation, les autres ne cessent de répéter que le problème, c'est nous. Notre irresponsabilité, notre imprévoyance.

Mais à bien y regarder, les deux attitudes ne sont guère différentes. Dans le second cas, il ne s'agit en effet que de relocaliser l'«autre» chez soi. Il faut donc trouver un bouc émissaire domestique. Journalistes et hommes politiques excellent dans cet exercice. Il semble que la défaite de Sarkozy soit, entre autres, le résultat de son habitude de fustiger telle ou telle catégorie : les assistés, les enseignants, les syndicats. Existe-t-il un fond de vérité dans ces accusations ? Et si l'on se rendait compte que le bouc émissaire, c'est le troupeau ?

Le passager clandestin et la vache à lait

Deux personnages illustrent à merveille le malaise : le «passager clandestin» et la «vache à lait». Le premier est très connu des économistes, le second est celui dans lequel chacun a tendance à se reconnaître facilement.

Le «passager clandestin» a été découvert et théorisé par les économistes libéraux américains des années 1980 (sous le nom de *free rider*, le «cavalier libre»), qui en ont fait un de leurs concepts chocs.

Le passager clandestin est celui qui a compris la particularité des biens et services collectifs : ils sont indivisibles. En clair, on ne peut pas en priver qui que ce soit. C'est le cas pour l'éclairage public, la défense, la sécurité (y compris sociale). Le passager clandestin fait un calcul simple : si je participe à l'effort commun, j'aurai droit à ces «biens communs». Si je ne participe pas... j'en profiterai également. Donc, dans une logique purement égoïste, je ne participe pas. Le passager clandestin est la gangrène de tous les systèmes de protection et de solidarité sociales.

Consciemment ou pas, un nombre important de personnes se comportent ainsi. La panoplie du passager clandestin est ample, de la fraude pure et simple (le travail au noir) en passant par des comportements licites mais indélicats jusqu'à la mise à contribution du droit fiscal et des innombrables possibilités qu'il offre (les «niches fiscales»). Certaines particularités du système peuvent être exploitées et se révéler catastrophiques pour la collectivité. Ainsi, le système français de sécurité sociale, qui fait cohabiter la médecine libérale et la prise en charge collective des dépenses de santé, permet ce que les économistes appellent la «sélection adverse» ou l'«antisélection» : un médecin aura d'autant plus de clients qu'il se montrera généreux en prescriptions de médicaments, d'arrêts maladie, d'analyses et autres échographies. Le tout aux frais de la Sécurité sociale. La surconsommation de médicaments (notamment antibiotiques) trouve là sa première cause. L'économie sociale frôle ainsi la maladie à laquelle ont succombé les économies socialistes : le fait d'être des systèmes «contraints par l'offre», selon l'analyse de Janos Kornai. Si on met à la disposition d'un directeur d'hôpital 100 lits, il est évident qu'il va les offrir à ses patients, et ils seront tous occupés. Si on lui en offre 200, ce sera pareil.

Face à cette cohorte habile de malins, le contribuable lambda se sent pris au piège. Salarié bien rémunéré, célibataire, en bonne santé, n'ayant aucune possibilité de «moduler» son revenu, il a l'impression de se faire presser comme un citron. La «vache à lait», c'est lui.

Dès lors, un malaise s'installe, que certains politiques n'hésitent pas à exciter ou à amplifier : les «assistés», les chômeurs, les fonctionnaires, les immigrés deviennent tour à tour des boucs émissaires exposés à la vindicte populaire.

Les temps sont loin où Kennedy lançait son lyrique «Ne vous demandez pas ce que le pays peut faire pour vous, demandez-vous ce que vous pouvez faire pour le pays».

Un modèle social de luxe

Reste le problème : vivons-nous au-dessus de nos moyens ?

Nos pays nous offrent les «luxes» que sont les retraites, l'assurance maladie, les assurances sociales, les droits (congés payés, CDI...).

Arrêtons-nous sur un exemple. Une des maladies les plus répandues dans nos pays est le cancer ; maladie délicate et surtout très chère à soigner. Il faut du personnel hautement qualifié et du matériel très sophistiqué. Résultat : une journée d'hospitalisation dans un service de cancérologie coûte exactement 5 000 euros. Les médicaments pour une année de traitement, 55 000 euros. Dans son infinie bonté, l'État prend d'autant plus volontiers en charge ces frais que la maladie est grave et de longue durée. L'essentiel de l'augmentation des dépenses de santé vient de ces « affections de longue durée ».

Qu'un smicard puisse avoir des soins que seul un millionnaire pourrait se payer, voilà le luxe, le vrai.

Avons-nous les moyens de vivre (et de mourir) aussi luxueusement ?

Une idée bien ancrée veut que les prélèvements obligatoires soient en France parmi les plus lourds du monde. Et on les compare en priorité, bien entendu, avec ceux des États-Unis. Le seul problème, c'est que si l'on tient compte de ce que les Américains doivent payer en assurances privées pour avoir le même degré de couverture qu'en France, on se rend compte que les prélèvements obligatoires sont les mêmes. La seule différence, c'est qu'en France tout le monde profite des assurances ; aux États-Unis, seulement ceux qui ont les moyens de se les payer.

Le luxe de la France, et de bon nombre de pays européens, c'est notre modèle social. Dans la compétition internationale, en définitive, ne serait-ce pas ça, notre principal handicap ?

C'est ce que pensent certains, mais pas forcément les peuples. La tâche ardue des hommes politiques est de savoir jusqu'où on peut sacrifier notre mode de vie.

Le statu quo étant intenable, il faut faire des choix. La crise est toujours le moment des choix.

L'ineptie de la politique monétaire

Croire que le problème de l'État se limite au débat ressassé entre l'« État providence » et l'« État gendarme » est terriblement réducteur. Il existe un autre domaine où la responsabilité de l'État est engagée : celui de la monnaie et de la politique monétaire. Ici, la mécanique est affûtée, et le lecteur a beaucoup de choses à apprendre sur la crise.

La leçon du prix Nobel

Milton Friedman, le grand théoricien du libéralisme, est connu pour avoir critiqué durement l'intervention de l'État dans l'économie. Il est sûrement le penseur qui a le plus influencé par ses idées notre monde. Il existe dans l'œuvre de Friedman un volet moins connu : sa critique violente de la politique monétaire des Banques centrales, notamment de la Fed.

La Fed est au premier rang des accusés de la crise de 1929.

L'idée de Friedman est que la politique monétaire doit être neutre : elle doit se cantonner à assurer une croissance régulière et modérée de la masse monétaire. En aucun cas elle ne doit devenir un outil de politique économique, destiné à accélérer la croissance.

Il affirmait d'ailleurs que le président de la Fed et ses dirigeants auraient pu être avantageusement remplacés par des machines.

Friedman disparu, son opinion a été réitérée, et avec quelle force, par sa collaboratrice de toujours, Anna Schwartz, qui n'a pas de mots assez durs pour condamner la politique monétaire américaine.

Selon elle, le coupable principal de la catastrophe planétaire de 2007 est bien connu : il s'agit d'Alan Greenspan, directeur de la Fed de 1987 à 2006. Elle n'est pas la seule : Martin Feldstein, professeur à Harvard et président du NBER, n'est pas plus tendre. On est loin du temps où *Fortune* titrait *In Greenspan We Trust*.

Dans leur *Histoire monétaire des États-Unis*, publiée en 1963 et considérée unanimement comme un monument de la pensée économique, Milton Friedman et Anna Schwartz analysent longuement les causes de la crise de 1929. La responsabilité de la catastrophe incombe, selon eux, à la politique monétaire des États-Unis pendant les années 1920 ; politique monétaire qu'ils n'hésitent pas à taxer d'«inepte». «Inepte» est un mot très dur qui signifie (en restant poli) «stupide».

En quoi a consisté cette stupidité ? Elle s'est manifestée, en réalité, à plusieurs reprises :

- **Par la mise en œuvre d'une politique déflationniste à partir de 1928.** La masse monétaire s'est contractée, modérément, mais cela n'était jamais arrivé auparavant en période d'expansion.
- **Par les contradictions des politiques monétaires au cours de 1929.** La nature fédérale du système des Banques centrales (aux USA il y a une « banque centrale » par état, plus la FED) fait que la politique monétaire de la Fed de Washington n'est pas suivie par la Federal Reserve Bank de New York. La hausse des taux (de Washington) ayant provoqué une baisse à la Bourse en février, New York continue de pratiquer des taux bas. En septembre, Washington augmente ultérieurement les taux. Le résultat fut que, pendant que l'industrie manquait de crédits, ceux-ci étaient disponibles pour la spéculation.
- **Par la politique suivie pendant la crise.** La Fed, après quelques interventions ponctuelles, est revenue à une politique déflationniste, aggravée à partir de septembre 1931 par la décision britannique d'abandonner l'étalon-or. La Fed a adopté « les mesures déflationnistes le plus extrêmes de son histoire. [...] Le résultat fut de transformer la crise en catastrophe » (Milton Friedman et Anna Schwartz, *Histoire monétaire des États-Unis*, op. cit.). La masse monétaire s'effondra de 30 % dans les cinq mois qui ont suivi.

« La grande dépression [...] et tous les autres épisodes de graves contractions de l'activité économique dans ce pays ont été produits ou énormément exacerbés par les désordres monétaires » (*idem*). Pour éviter cela, Friedman a toujours défendu l'idée que la politique monétaire doit se tenir à une règle stricte et incontournable : la masse monétaire doit augmenter à un taux régulier. La Banque centrale ne doit avoir d'autre objectif que de garantir la stabilité de ce taux.

Ce principe a été réitéré par Finn Kydland et Edward Prescott dans un article célèbre, *Rules Rather Than Discretion*, publié en 1977.

Ils y évoquent deux manières de faire de la politique monétaire : l'une qui fixe des règles strictes et qui s'y tient ; l'autre, discrétionnaire, qui utilise le pilotage de la monnaie comme un outil de la politique économique, selon les impératifs du moment. C'est la première qui est la bonne. Les Banques centrales ont toutes accepté ce principe comme étant le bon.

Dans les années 2000, la politique de Greenspan n'a pas été moins inepte. En baissant les taux, ce que Greenspan a relancé, ce n'est pas l'investissement productif, resté inerte puisque les entreprises sortaient d'une sévère crise de suraccumulation, mais la consommation et le logement. La preuve : la dette des entreprises baisse de 550 milliards de dollars en 2000 à 200 milliards en 2003, alors que celle des ménages passe de 580 milliards de dollars en 2000 à 1 250 milliards en 2005 (*Problèmes économiques*, n° 2954, p. 16).

Une autre « ineptie » a été probablement le décalage entre les politiques monétaires américaine et européenne : pendant que les uns pratiquaient des taux excessivement bas, les autres maintenaient des taux excessivement élevés, pour garder à l'euro sa force. Le résultat a été la coexistence d'une économie en pleine « exubérance irrationnelle » et d'une autre qui essayait d'avancer avec les freins bloqués.

Von Hayek ou la leçon autrichienne

Friederich August von Hayek fut le plus important représentant de l'école des économistes libéraux autrichiens de l'entre-deux-guerres. En 1931, il publie *Prix et production*, ouvrage fondateur d'un véritable renouveau de la pensée libérale, qu'on opposera toujours à la *Théorie générale* de Keynes, écrit pratiquement en même temps. L'explication des crises en général, et de celle de 1929 en particulier, est opérée par une synthèse des approches techniques de la surcapitalisation (Aftalion) et les approches monétaires, dominantes dans les explications des crises du XIXe siècle (Juglar, Hawtrey).

Chapitre 13 : Accusé n° 4 : l'État **205**

Von Hayek base son analyse sur le fait qu'il existe dans l'économie deux taux d'intérêt :

- **Le taux d'intérêt *naturel* correspond à l'équilibre entre l'offre et la demande d'épargne ; il est égal, dans l'optique marginaliste, à la rémunération des biens de production et donc au taux de profit, à la *productivité marginale* du capital.** Ce taux est déterminé par la dimension physique de l'épargne et de l'investissement et non par la quantité de monnaie.
- **Le taux d'intérêt *du marché* est déterminé, au contraire, par le volume de la masse monétaire, influencé notamment par la création monétaire des banques par le crédit.**

La démonstration de von Hayek tient dans l'analyse des conséquences de l'écart pouvant exister entre ces deux taux et de l'impact qu'il a sur la structure de la production.

Lorsque la masse monétaire augmente, le taux d'intérêt du marché descend en dessous du taux naturel ; les entreprises sont incitées à investir dans le secteur des biens d'équipement et délaissent les biens de consommation.

Une situation inflationniste s'installe, qui débouche sur un véritable boom, qui peut perdurer si de nouvelles méthodes de production, rapidement mises en œuvre, masquent la situation de pénurie qui peu à peu s'installe sur les marchés de biens de consommation.

L'inversion de la tendance se produit pour deux raisons. Tout d'abord, l'impossibilité de maintenir un fort niveau de création monétaire : celui-ci est stoppé par les banques, qui craignent un dérapage hyperinflationniste et l'effondrement du système monétaire. Parallèlement, la demande a tendance à augmenter, et les revenus se détournent de l'épargne, créant une véritable pénurie de capitaux. Ce second phénomène provoque la modification des conditions de la production : les prix des biens de consommation augmentent, la profitabilité de ces secteurs devient comparativement préférable. Les entreprises se tournent donc vers eux.

La récession se produit par la généralisation de la non-rentabilité de la production de biens intermédiaires.

La demande vers ces industries s'effondre, provoquant faillites et sous-utilisation des capacités productives. Le processus productif, anormalement prolongé, se révèle inadapté aux nouvelles conditions du marché. Le redéploiement des activités ne pouvant se faire rapidement, il s'ensuit un immense gaspillage d'hommes et de machines qui ne peuvent plus être employés. C'est comme si, dit von Hayek, la population avait épuisé tout le capital disponible pour réaliser une « énorme machine » avant qu'elle puisse fournir son produit ; il n'y aurait plus qu'à l'abandonner et à « consacrer tout son travail à la production de la nourriture quotidienne sans le moindre capital ».

Le rôle de l'État peut, au plus, être préventif, par l'empêchement de toute excroissance de la masse monétaire ; car, une fois que la crise se déclare, rien ne peut être fait avant son terme naturel.

Il est évident que, dans les années qui ont suivi 2001, les taux d'intérêt du marché étaient déterminés par la politique monétaire de la Fed de Greenspan. Leur niveau, extrêmement faible ou quasiment nul (en tenant compte de l'inflation), les éloignait de manière évidente du taux d'intérêt naturel. (Compte tenu de la faiblesse de l'épargne aux États-Unis, ce taux aurait dû être bien plus fort ! La globalisation financière a également contribué à rendre l'argent plus abondant.) Que cette distorsion, cette inégalité ait été à l'origine d'un dévoiement de l'investissement est plus que probable. Le coût du capital étant ainsi artificiellement baissé, il est logique que se soit produit ce « malinvestissement » que dénonce von Hayek. Le surinvestissement dans le domaine immobilier, alimenté par des taux bas, a provoqué l'envol des prix dans ce secteur, avec tous les dysfonctionnements qui se sont ensuivis.

L'inutile et « énorme machine » dont parle von Hayek ne peut que nous renvoyer l'image désolante de ces milliers de logements inachevés que l'on trouve autour de Madrid, construits dans l'euphorie de la croissance, et que personne n'a plus les moyens d'acheter faute de revenus suffisants et de crédits ; ou de ces aéroports, construits à grands frais, et sur lesquels aucun avion ne s'est jamais posé.

Et aujourd'hui ?

Chapitre 13 : Accusé n° 4 : l'État

Ce qui menace aujourd'hui, c'est la déflation. C'est pour cela que les Banques centrales pratiquent des taux très bas. C'est bien, mais là aussi il y a un risque, souligné par le bon vieux Keynes, qui lui aussi s'est beaucoup intéressé aux taux d'intérêt.

Que se passe-t-il si les taux d'intérêt sont trop bas ? Eh bien, une sorte de trou noir s'ouvre, qui avale les liquidités et qui rend toute politique de relance inopérante. Pour éviter une expression vulgaire mais explicite, c'est comme si on jetait ces liquidités dans un violon, mais un violon sans fond. Cette horreur s'appelle la *trappe à liquidité*.

De quoi s'agit-il ? Lorsque les taux d'intérêt sont bas peut se manifester ce que Keynes appelle la «préférence pour la liquidité». Les gens, compte tenu du peu d'avantage que leur offre le fait de mettre leur argent à la banque (sans parler des risques éventuels de faillite de celle-ci), préfèrent garder leur argent chez eux sous forme liquide ; sous le matelas, comme on faisait autrefois. Et alors ? Et alors, toute la mécanique de la création monétaire est mise hors circuit : plus de dépôts, plus de prêts... Dans ces conditions, relancer la machine en baissant les taux se révèle totalement improbable. Apportez le violon !

Selon Paul Krugman, c'est dans la «trappe à liquidité» qu'est tombé le Japon des années 1990. L'État s'est épuisé à injecter des milliards dans l'économie sans que le pays sorte de sa léthargie. D'autres pays pourraient connaître le même sort.

Chapitre 14

Comment en sortir ?

Dans ce chapitre :
- Comment régler le problème de la dette ?
- Peut-on lutter contre le chômage ?
- Réguler le capitalisme

Sortir de la crise, cela signifie avant tout régler deux problèmes urgents : celui de la dette et celui du chômage. Ces questions sont d'une grande complexité, car elles demandent en même temps la mise en œuvre de politiques immédiates et le déploiement de stratégies à long terme, les deux pouvant être contradictoires. Le problème immédiat, c'est la combinaison délicate entre croissance et rigueur ; le problème de fond, c'est l'assainissement de notre système économique.

Sortir de la dette

Le problème de la dette se présente de plus en plus comme le problème numéro un de l'économie européenne ; il est aussi le problème numéro un des États-Unis...

La crise nous a menés dans une impasse. Le mur qui en bloque la sortie, c'est le mur de la dette. Celle de la France, si on veut la visualiser, c'est un bloc de billets de 500 euros dont le volume serait, à quelques centimètres près, celui de l'Arc de triomphe.

Aujourd'hui, le temps n'est plus aux divagations métaphysiques sur les origines, la nature, les responsabilités de la dette. Aujourd'hui, la seule question qui importe, c'est d'en sortir.

Le lecteur sait bien que ce n'est pas dans ce modeste libelle que se trouve *la* solution, mais il y a bel et bien des solutions possibles.

Pour régler la dette, il n'existe guère que trois solutions : la rigueur, la croissance, l'inflation.

- **La rigueur consiste, pour l'État, à dépenser moins et à prendre plus.** Cette voie est devenue, dans nos pays, un sens unique. C'est la recette que suggèrent les experts, les «Troïkas», c'est la recette qu'essaient de suivre les gouvernements.
- **La croissance se présente comme la voie royale.** L'augmentation de la production génère automatiquement l'augmentation des flux fiscaux et contributifs : davantage de TVA, davantage d'IRPP (impôt sur le revenu des personnes physiques), davantage de cotisations. Les dépenses de solidarité baissent : moins de chômage, moins d'individus marginalisés... Cette voie semble profiter d'un nouvel engouement depuis quelque temps.
- **L'inflation est une solution un peu perverse et dangereuse, mais c'est aussi une solution.** L'inflation fait automatiquement baisser la dette, parce qu'elle est stipulée dans une monnaie qui perd de sa valeur. Ainsi, le temps grignote la dette, elle la réduit, elle l'allège, d'autant plus qu'à faibles doses l'inflation pourrait être un stimulant pour la croissance.

Et si on veut régler le *problème* de la dette sans régler la dette elle-même, il existe deux autres possibilités : la restructuration et l'annulation.

La rigueur

La recette de base de la rigueur est simple : dépenser moins, prélever plus. Dans la pratique, les choses sont plus délicates. Prélever, ça peut bien vouloir dire renoncer à des recettes futures, et dépenser, ça peut être la meilleure manière d'augmenter ces dernières.

Ce n'est pas clair ?

Les riches, les niches et les paradis fiscaux

Si les États ont des déficits, c'est autant parce qu'ils dépensent trop que parce qu'ils n'encaissent pas assez, M. de Lapalisse peut le confirmer. Et s'ils n'encaissent pas assez, c'est aussi parce que bon nombre de ceux qui devraient payer ne paient pas.

Comment échapper au fisc? Voilà une question que tout le monde se pose. Dans le monde moderne, les voies pour le faire sont quasiment infinies.

La méthode la plus brutale consiste à se mettre carrément hors la loi. C'est radical mais risqué. En Italie, l'évasion fiscale soustrait à l'État une somme estimée à au moins 200 milliards d'euros.

L'autre méthode consiste à respecter la loi et à en tirer profit.

L'ouverture des frontières et la globalisation ont ouvert des boulevards à ce que l'on pourrait appeler l'«évasion fiscale légale». Les méthodes sont multiples et d'une efficacité étonnante : facturations transfrontalières, compagnies écrans, transferts. Les grandes entreprises multinationales ou transnationales excellent à ce jeu.

On se souvient de l'émotion suscitée par la «révélation» des taux d'imposition des entreprises du CAC 40, qui paient moins d'impôt qu'une SARL quelconque.

Google, iTunes, Amazon et Facebook, que tout le monde connaît, paient à elles quatre 4 millions d'euros d'impôts sur les sociétés (en France), alors qu'elles devraient en payer 500 millions si elles étaient soumises au régime normal. Google paie 3 milliards de dollars d'impôts (aux États-Unis), ce qui représente un taux d'imposition des bénéfices de... 2,4 %. Comment? En passant par l'Irlande, la Hollande et les Bermudes.

Faire «payer les riches» est désormais quelque chose de «culturellement» admis et de politiquement convenable. D'ailleurs, les riches eux-mêmes (du moins, certains) demandent à payer plus. Il faut dire qu'au-delà de certaines limites la richesse devient une sorte de non-sens. Parmi les hommes les plus riches du monde, nombreux sont ceux qui ont compris que la meilleure utilisation qu'ils pouvaient faire de leur surrichesse était de la donner. Bill Gates a ainsi donné une grande partie de sa fortune à sa fondation, qui d'ailleurs n'en a pas dépensé le moindre centime, puisqu'elle vit, et largement, des *intérêts* et des *rentes* de ce capital, plus ou moins judicieusement placé.

Il est évident que la solution ne réside pas seulement dans la mise à contribution des plus riches : la taxation des revenus de plus de 1 million d'euros à 75 % voulue par Hollande ne va pas rapporter grand-chose, mais, au point où nous en sommes, c'est à peine une question d'équité basique.

L'inévitable réforme fiscale

Dans beaucoup de pays, et particulièrement en France, une remise à plat des systèmes fiscaux s'impose. Dans le passé, on a souvent agi dans l'urgence, prenant l'argent là où il était facile à prendre : notamment sur les consommations addictives (tabac, essence, alcool, jeux) ou en faisant appel à cette véritable pompe aspirante qu'est la TVA.

Notre système a trois défauts rédhibitoires :

- ✔ Il est injuste (ou perçu comme tel).
- ✔ Il est complexe.
- ✔ Il est inefficace.

Il est nécessaire de mettre à plat le système. Des pistes ont déjà été ouvertes, il faut continuer.

- ✔ **Les «niches» qu'on a commencé à «raboter» doivent être repensées totalement.** L'inefficacité de la baisse de la TVA pour les restaurateurs est le plus bel exemple de ce qu'il ne faut pas faire ; il ne faut maintenir que les aides qui rapportent plus au pays qu'elles ne lui coûtent.
- ✔ **Il faut élargir l'assiette de l'impôt et passer au prélèvement à la source.**
- ✔ **Il faut diversifier et redéployer les sources de prélèvement.** Que l'on mette la TVA («sociale») à contribution ou que l'on fusionne l'impôt sur le revenu avec la CSG.

Spending review

La « révision des dépenses » est incontournable. Il faut une sérieuse réflexion sur l'efficacité des dépenses de l'État. L'administration doit être repensée autant dans sa structure que dans son mode de fonctionnement. Certains niveaux doivent être éliminés, comme les départements, ou refondus, comme les communes, trop nombreuses. Monti en Italie a diminué de manière drastique le nombre de « provinces », le niveau intermédiaire entre régions et communes.

L'efficacité doit être prise en compte dans le travail administratif. Que cela choque les uns ou les autres, les problèmes de l'enseignement ne se règlent ni par la diminution du nombre d'enseignants ni par son augmentation, mais par l'amélioration de la qualité de leur travail.

La croissance

La croissance est, bien entendu, la meilleure manière de sortir de l'endettement. La croissance règle tous les problèmes : elle fait augmenter les recettes et diminuer les dépenses. Tout le monde veut la croissance, c'est l'objectif de tous les hommes politiques de droite et de gauche.

Mais il y a un hic : la voie que la presque totalité des États a choisie est d'aller vers la croissance par l'assainissement. On assainit d'abord les comptes de l'État, et la croissance reviendra. Le problème, c'est que l'austérité inhibe la croissance ; elle l'empêche, ou du moins elle la rend plus difficile.

Les faits sont clairs : plus la rigueur est forte, plus la croissance est faible. La Grèce, l'Espagne, l'Italie en sont l'exemple.

Hollande et Monti ont infléchi la politique de rigueur absolue de Merkel et Sarkozy. Encore faut-il que la volonté de favoriser la croissance se traduise dans les faits. Tous sont partisans d'une voie qui associe rigueur et croissance ; et cette voie-là est extrêmement étroite.

On est ici dans une impasse logique : la rigueur et la croissance sont, du moins à court terme, antinomiques.

La dette, l'inflation et la déflation

Une solution qui passerait par l'inflation n'entre pas dans l'univers culturel de nos dirigeants, instruits par les leçons friedmaniennes. D'ailleurs, si les différents pays ont mis le doigt dans l'engrenage, dans les années 1970-1980, c'est bien parce qu'à l'époque s'endetter était plus facile, compte tenu de forts taux d'inflation.

À manier avec précaution

Le problème est que l'inflation, outre qu'elle est dangereuse économiquement, n'est pas neutre socialement et politiquement. Elle peut avantager les salariés, si les salaires sont indexés. D'ailleurs, on considère que les grandes vagues d'inflation, dans les années 1920 ou dans les années 1970, étaient dues autant à la combativité des mouvements ouvriers qu'à la volonté des gouvernements de les endormir avec des hausses de salaire «apparentes». De l'autre côté, l'inflation, c'est «l'euthanasie des rentiers», comme disait cruellement Keynes. Pour le capital, et ses détenteurs, l'inflation est une véritable calamité, car, avec la hausse des prix, sa valeur fond comme neige au soleil. La phobie de l'inflation est autant économique que politique. Les années de forte inflation, que ce soient les années 1920 ou les années 1970, furent des années de soufre...

Le problème, c'est qu'à force d'éviter l'inflation on risque de sombrer dans un mal encore plus redoutable : la déflation. Depuis les années 1930, notre monde a oublié la déflation. Il est intéressant de rappeler que, si l'inflation, c'est la peste, la déflation, c'est au moins le choléra.

Les choses se gâtent ultérieurement lorsqu'on considère le fléau de la déflation combiné au fléau de la dette.

Il est essentiel, arrivé à la conclusion de cette mécanique infernale, de prendre un peu de distance et de faire de la rigueur non une recette budgétaire, mais une méthode de réflexion.

Le monde est actuellement aux prises avec ce qui est le cauchemar de bon nombre de pays : les déficits, la dette. Les hommes politiques, la presse, les marchés ne cessent d'agiter cet épouvantail.

Soyons fous : et si les déficits avaient du bon ? Et si les déficits avaient sauvé le monde ?

Relire Fisher

Parmi les grands économistes que nous avons cités, il en est un dont les analyses pourraient nous aider à comprendre où nous en sommes réellement.

Irving Fisher a été un témoin de la crise de 1929. En 1933, il publie un texte que beaucoup de responsables et de commentateurs pourraient relire avec profit : la *Théorie des grandes crises par la dette et la déflation*. Après avoir décrit les mécanismes du surendettement, qui ressemblent comme deux gouttes d'eau à ce qui s'est passé dans la période récente, Fisher constate que ce qui caractérise les « grandes » crises, ce qui leur donne leur dimension catastrophique, c'est la superposition de l'endettement et de la déflation.

Lorsque la crise survient, les agents essaient de se désendetter ; les spéculateurs le font dans la panique, les autres dans l'urgence. C'est ce qui s'est passé avec les banques, c'est ce qui se passe aujourd'hui avec les États. Or, ce désendettement, au lieu de résoudre le problème, va le rendre encore plus dramatique. Le désendettement, c'est de la destruction monétaire (voir chapitre 6), et la destruction monétaire (accompagnée de la réduction de la vitesse de circulation de la monnaie) provoque une contraction de la masse monétaire. Suivant la fameuse théorie quantitative de la monnaie, du même Fisher, les prix baissent. C'est alors que se referme le piège et que le drame se joue : avec la baisse des prix, plus on rembourse sa dette, et plus on est endetté. « Chaque dollar de dette encore impayée devient plus lourd. » Selon les calculs de Fisher, entre 1929 et 1933, la dette, qui avait été remboursée à 80 %, avait en réalité augmenté de 40 %.

Il est évident que le remboursement des dettes fait planer ce risque sur l'économie. La rigueur pèse en même temps sur la croissance et sur la masse monétaire. C'est pour cela que toutes les Banques centrales, depuis le début de la crise, maintiennent les taux très bas et «arrosent» les banques de liquidités. Jacques Attali, dans *La Crise... et après?*, considère qu'elle pourrait se solder par une flambée inflationniste mondiale. Théoriquement, c'est vrai. Le véritable miracle, c'est que la crise ne soit pas allée jusqu'à son terme déflationniste. Or, si nous n'avons pas connu cette ultime évolution, c'est parce que les États ont fait, comme d'ailleurs le conseillait Fisher, de la «respiration artificielle» aux économies.

Aujourd'hui, nous sommes dans une situation paradoxale où nous avançons sur une corde tendue entre la déflation et l'inflation. Plus d'un analyste a souligné cette aberration.

Lorsque économistes et journalistes annoncent que dans la suite de calamités que nous connaissons «la seule bonne nouvelle, c'est la baisse de l'inflation», ils devraient se méfier, car ils pourraient bien passer à la postérité dans le rôle peu enviable de parfaits crétins.

Résumons la situation : dès 2008, les États sont intervenus massivement pour sauver les banques et relancer l'économie. Il en est résulté non la reprise de la croissance que l'on attendait, mais au moins le mécanisme de la récession a été bloqué. Ces interventions ont provoqué l'aggravation des déficits et des dettes publiques. Aujourd'hui, pour sortir de ce mauvais pas, des politiques de rigueur sont mises en place. Ces politiques comportent un risque : faire plonger les pays dans la récession. Les cas de la Grèce ou de l'Italie sont explicites : la rigueur porte en elle la récession, et la récession aggrave la dette.

Des solutions plus radicales

Le problème de la dette peut aussi se régler de manière plus radicale. La plus extrême, c'est son annulation. Bien entendu, il s'agit d'un geste exceptionnel, mais qui s'est produit quand même des dizaines de fois dans l'histoire, depuis le Moyen Âge jusqu'à aujourd'hui.

Autrefois, on pendait les banquiers ou on les faisait massacrer par la foule... Plus récemment, sans en venir à de telles extrémités, des pays comme l'Islande ou l'Argentine ont refusé *de facto* de payer leurs dettes, et bon nombre de pays du tiers-monde ont profité d'un moratoire qui leur a été consenti par les créanciers, États, organisations internationales et banques. Bien entendu, le pays qui annule sa dette, ou qui fait défaut, s'expose à des difficultés d'une violence inouïe : sa monnaie se dévalue, ses ressources s'effondrent, l'agitation sociale peut porter le pays au seuil du chaos. Lorsque la Russie communiste a refusé de payer les dettes du tsar, elle s'est retrouvée isolée du reste du monde pendant quelques décennies.

La solution qui venait du froid

Geler la dette : qui d'autre que l'Islande pouvait avoir une telle idée ?

On a beaucoup parlé de la Grèce au cours des dernières années. On a beaucoup moins parlé de l'Islande. L'Islande est entrée dans la crise en faisant comme tout le monde ; elle a décidé d'en sortir d'une manière pour le moins originale.

Les imprudences des banquiers islandais ont provoqué dans ce pays leur lot de faillites bancaires, de nationalisations et de recours à l'aide internationale. La rigueur s'est mise en place pour permettre le remboursement. Mais les Islandais ne sont pas d'accord. Deux gouvernements tombent successivement. Le président refuse de signer la loi qui mettait le remboursement sur le dos des citoyens (100 dollars par mois par habitant pendant quinze ans) et lance un référendum. Le résultat est net et sans appel : le « non » l'emporte à plus de 90 %. L'Islande ne paiera pas. Le FMI, le Royaume-Uni et les Pays-Bas, principaux créanciers, se font envoyer paître.

Le Premier ministre est traduit en justice, accusé d'avoir provoqué la crise. Et comme si ça ne suffisait pas, on change de Constitution ; la nouvelle est établie sur les bases d'une consultation des citoyens par... Internet.

La *restructuration* de la dette est une solution radicale mais moins violente. Beaucoup d'économistes et d'hommes politiques pensent que les États européens seront, quoi qu'il advienne, obligés d'en arriver à cette solution. Là aussi, l'histoire est pleine de « restructurations », du Brésil des années 1980 à la Grèce d'aujourd'hui. Restructurer la dette peut se faire selon une multitude de modalités : on peut la différer, l'alléger, l'alléger en la différant, la transformer en autre chose. Dans les années 1980, certains États du tiers-monde ont échangé une partie de leur dette contre des participations dans des entreprises du pays. Certains créanciers ont même réussi à faire d'excellentes affaires.

Gardons une idée en tête ; un pays qui fait défaut ou qui refuse de payer sa dette ne fait pas faillite, comme on le dit couramment. La faillite, d'une entreprise ou d'une personne, se traduit par la liquidation judiciaire : un huissier vend vos meubles et votre maison, sous la protection de la police s'il le faut. On a du mal à imaginer une telle situation pour un État. On ne pourrait lui imposer la « liquidation » que par la force, c'est-à-dire la guerre. Généralement, on n'en arrive pas là. L'idée qu'un pays « ne peut pas faire faillite » est au contraire au cœur de nos problèmes actuels. C'est parce que les États étaient considérés comme « sûrs » que les banques et les particuliers leur ont prêté sans compter. Encore un risque sous-estimé ?

« L'Europe peut-elle faire des *bonds* ? »

Dès 2010, des responsables européens de premier plan (Jean-Claude Juncker ou Giulio Tremonti) proposent la création d'obligations européennes, les « eurobonds ». L'idée gagne peu à peu des partisans mais se heurte à l'opposition « définitive » d'Angela Merkel (« Moi vivante, il n'y aura pas d'eurobonds »).

L'idée des eurobonds est que les pays de l'Union européenne, ou du moins de l'Eurozone, émettent des obligations communes pour se financer.

Bien entendu, cela signifie que l'on aurait une mutualisation de la dette, avec des garanties communes. Le premier objectif, au-delà du fait de se comporter comme une « famille », est de faire disparaître l'énorme différence de taux existant entre les pays. Les nouveaux taux pourraient être inférieurs à la moyenne actuelle mais inévitablement supérieurs aux plus bas (les Allemands).

Les plus optimistes pensent que l'émission d'eurobonds pourrait même être l'occasion de restructurer la dette, en la convertissant en nouvelles obligations au cours du marché.

Plusieurs problèmes se posent.

Tout d'abord, c'est interdit par les traités (clause de *no bail out*, article 125 du traité de Lisbonne). Ensuite, il est évident qu'il y aurait des perdants ; l'Allemagne en tête, qui pourrait payer ses emprunts plus cher (peut-être de 0,5 à 1 % de plus). L'Allemagne qui ne voit pas pourquoi les autres devraient bénéficier de sa vertu et qui frémit à l'idée de ce que pourraient faire des États moins rigoureux face à une possibilité d'emprunter moins cher.

Il va de soi que l'hypothèse des eurobonds ne pourrait que s'accompagner de conditions de rigueur drastiques.

Les idées d'aménagement ne manquent pas : on pourrait par exemple instaurer des systèmes de compensation (comme pour la PAC) ou n'utiliser les eurobonds que pour la partie de la dette tolérée par les traités (60 %) et laisser les pays gérer le reste, idée défendue au départ par les « cinq sages » du conseil économique allemand, reprise par le Parlement européen.

Dans tous les cas, il faudrait permettre une intervention coercitive de l'UE dans les politiques budgétaires, ce qui pose d'immenses problèmes de souveraineté ou de légitimité démocratique des instances européennes.

Lors de la création des États-Unis d'Amérique, un problème similaire s'était posé. Les États-Unis, État fédéral, ont été créés pour régler ce problème. L'enjeu est bien celui-là pour l'Europe, et on n'est pas près de l'aborder. Mais peut-il y avoir une Europe si, pieds et poings liés, elle se refuse à faire des *bonds* ?

Peut-on lutter contre le chômage ?

Lionel Robbins écrivait, dans le sillage de la crise de 1929, que quatre conditions étaient nécessaires pour sortir de la crise :

- ✔ Rétablir la confiance en stabilisant les monnaies et les échanges extérieurs.
- ✔ Supprimer les barrières du commerce extérieur.
- ✔ Éliminer les rigidités, notamment les rigidités concernant les salaires.
- ✔ Éviter toute intervention de l'État dans l'économie.

Commentant ces propositions, Pastré, Lorenzi, Toledano écrivent dans *La Crise du xxe siècle* : « Il n'est pas besoin de souligner l'aspect anachronique de cette vision. »

Aujourd'hui, bon nombre d'économistes et d'hommes politiques signeraient des deux mains ce programme. Notamment le troisième point.

La crise fait peur parce qu'elle porte en elle le chômage. Pour l'immense majorité des gens, la crise, c'est le chômage ; le reste, pour être désagréable, est secondaire. Nous ne serons sortis de la crise que le jour où le problème du chômage sera, sinon réglé, ne rêvons pas, du moins rendu moins dramatique. Cette perspective semble lointaine.

Aujourd'hui, le chômage est devenu la plaie d'une bonne partie du monde. En 2012, les pays de l'Union européenne comptent quelque 25 millions de chômeurs. En zone euro, ils sont 17 millions.

Il est évident que l'on a là l'accumulation de deux types de chômage : l'un est le résultat de l'effondrement de l'activité provoqué par l'impact direct de la crise ; l'autre est le résultat de problèmes structurels propres à chaque pays.

Chômage, ô désespoir...

Le chômage est un problème d'une extrême complexité, y compris par les liens multiples qu'il a avec d'autres problèmes, comme celui des déficits publics, de la retraite ou de l'éducation...

Dans le vieux débat keynésiens-libéraux, l'affaire est entendue : les positions libérales sur la flexibilité et la baisse du coût du travail ont conquis les responsables. Certains les ont appliquées sans états d'âme, les autres essaient de les faire cohabiter avec les vieux cadres keynésiens.

Les économistes ont intégré dans leurs schémas explicatifs un certain nombre de phénomènes :

> ✔ L'existence d'un chômage structurel lorsque l'on est en présence de salaires rigides (comme le smic).

📍 Le dualisme du marché («modèle insiders/outsiders» de Blanchard et Summers), avec des populations «en marge» condamnées à la précarité et aux bas salaires.

📍 La volonté politique (de la part des salariés) de ne pas réduire le chômage pour garantir le niveau des salaires (Gilles Saint-Paul), car pour réduire le chômage, il faudrait faire baisser les salaires…

📍 La cohabitation d'un fort taux de chômage avec la persistance de pénuries de travail dues à une inadéquation offre/demande («théorie du chômage d'équilibre» de Christopher Pissarides).

La France et les États-Unis ont un taux de chômage de l'ordre de 8 à 9 %, ce qui est aussi la moyenne des pays de l'OCDE. Mais les deux pays en sont arrivés là par des voies différentes : aux États-Unis, on vient de taux proches de 5 % ; en France, on n'est jamais descendu en dessous de 8 %, même quand la conjoncture était favorable.

L'impact du chômage «conjoncturel» est donc différent. La France souffre d'un chômage qui est essentiellement structurel.

La croissance et la flexibilité ?

La première condition pour que le chômage baisse, c'est le retour de la croissance. C'est une lapalissade.

Mais le retour à un niveau acceptable de chômage ne sera pas aussi facile en France que dans des pays qui suivent le modèle américain du marché du travail. On sait par exemple qu'en dessous de 1,5 % de croissance la France ne crée pas d'emplois.

En France, on a un marché du travail rigide, avec des poches de chômage structurel importantes :

📍 Chômage des jeunes ;

📍 Chômage des seniors ;

📍 Chômage des personnes peu ou mal qualifiées ;

📍 Chômage des régions «sinistrées».

Ce sont donc des formes de chômage qui sont concernées dans les explications théoriques que l'on vient de rappeler (manque de flexibilité, inadéquation entre l'offre et la demande).

Les problèmes qui se posent à nos pays et à la France en particulier sont ceux de choix fondamentaux :

- ✔ Choix d'un modèle industriel ;
- ✔ Choix d'un modèle d'assurance et de solidarité ;
- ✔ Choix d'un modèle de formation.

Il est peu probable que la France s'inspire du modèle anglo-saxon pour sortir du chômage. Les États-Unis ont créé des millions d'emplois au cours des décennies récentes, mais ils ont accepté un marché du travail et des salaires très flexibles étrangers aux traditions françaises. Le Royaume-Uni a un système d'indemnisation particulier qui lui coûte entre trois et quatre fois moins que celui de la France en indemnités chômage, mais 2,5 millions de personnes touchent des indemnités d'incapacité qui coûtent au Royaume-Uni plus que le total des indemnités de chômage versées. Dans ces deux pays, le prix le plus lourd à payer a été l'augmentation des inégalités.

La population la plus pauvre (moins de 60 % du revenu médian) représente 22 % de la population anglaise, contre 15 % en France.

Modèle scandinave ou modèle allemand ?

La France semble également très loin du modèle opposé, celui de la *flexisécurité* inspirée des travaux du Hollandais Ton Wilthagen. Ce modèle, pratiqué dans les pays scandinaves, est fondé sur trois principes :

- ✔ Marché du travail flexible ;
- ✔ Indemnisation généreuse ;
- ✔ Formation/activation.

Le Danemark, qui pratique ce modèle, dépensait en 2004 1,4 % de son PIB en indemnisation du chômage, soit quatre fois plus que les États-Unis pour un taux identique de l'ordre de 5 %, et autant que la France, avec un taux deux fois plus fort. Bien entendu, les dépenses de formation professionnelle sont d'un autre niveau : trois fois plus qu'en France ; vingt fois plus qu'aux États-Unis.

La France sera-t-elle condamnée à s'inspirer encore une fois du modèle allemand ?

Outre-Rhin, les lois dites « Hartz » (du nom de Peter Hartz, DRH de Volkswagen) adoptées entre 2003 et 2005 ont donné de bons résultats. Elles prévoient une flexibilité du temps de travail, la mise en place de « mini-jobs » payés entre 400 et 800 euros par mois, et surtout une forte réduction des indemnités, qui ne sont versées que pendant douze mois (au lieu de trente-deux auparavant), au terme desquels l'indemnité se transforme en une sorte de RMI de 364 euros par mois.

Le chômage en Allemagne a baissé, mais le prix à payer est celui que l'on imagine facilement : une nette augmentation de la précarité et des inégalités – avec une séparation de plus en plus nette entre le travail industriel et le travail tertiaire, où se sont développés les mini-jobs.

Réguler le capitalisme

La déréglementation ayant de toute évidence joué un rôle majeur dans la crise, le premier réflexe des commentateurs, journalistes et économistes a été de souligner la nécessité évidente de réformer le monde de la finance, de la banque, de la Bourse. Après avoir pris des mesures d'urgence, les hommes politiques ont semblé suivre cette unanimité.

On a vu ainsi de manière tout à fait incidente des pays comme l'Allemagne, le Royaume-Uni et les États-Unis interdire des techniques spéculatives particulièrement scabreuses, comme la vente à découvert à nu (*naked short selling*), qui permet de vendre des actions ou des titres, notamment des produits dérivés comme les CDS, qu'on ne possède pas, et de profiter de leur baisse.

La nécessité de fixer de nouvelles règles à la finance et à l'activité bancaire s'est peu à peu imposée. Dans les différents pays, un effort de retour à des règles du jeu plus rigides a été entamé très tôt. Obama a ainsi fait voter en juillet 2010 une loi de 2 300 pages, la loi Dodd-Frank, qui, selon lui, « permettra d'apporter de la transparence aux transactions complexes et risquées qui ont déclenché la crise financière ».

Dans la jungle de la loi, une multitude de décisions sont prises concernant les produits financiers, le statut des banques et le rôle des organismes de contrôle. Encore faut-il voir ce que cela va donner concrètement.

Adair Turner, président de la FSA (Financial Services Authority, équivalent britannique de la SEC et de l'AMF), explique ainsi le sens de ces réformes nécessaires : puisqu'il semble acquis que le marché financier ne peut atteindre l'optimum, c'est le régulateur qui doit « fixer les limites de son utilité sociale » (*Le Monde*, 27 avril 2010). La limitation du recours à l'endettement, le contrôle des flux financiers et leur taxation « ne doivent plus être considérés comme illégitimes ».

Le fait que Nicolas Sarkozy ait proposé, en 2010, une taxation des transactions financières (taxe Tobin) et que l'Union européenne se soit prononcée pour ce principe que seuls les « altermondialistes » défendaient par le passé est très significatif de l'évolution des mentalités sur ces points. Notons que l'opposition à cette loi était entièrement fondée sur l'idée que « les capitaux iront voir ailleurs », qui est un leitmotiv que certains ne se lassent pas de répéter. Peut-on abolir cet « ailleurs » ?

Les domaines faisant l'objet d'un retour à plus de contrôle et de transparence sont les suivants :

- Les paradis fiscaux ;
- Les règles prudentielles des banques ;
- Les normes comptables ;
- Les produits dérivés et leur utilisation ;
- Les rémunérations, bonus et stock-options ;
- La réglementation des activités bancaires.

Les réformes effectuées ou à venir montreront la réelle volonté et la réelle capacité des responsables de « refonder le capitalisme ». Il est probable que, au-delà de la nécessité immédiate de sauver un système qui a montré d'aussi terribles failles, la formule autrefois utilisée par Nicolas Sarkozy restera longtemps intraduisible en anglais.

Quatrième partie
La partie des Dix

Dans cette partie...

Nous reviendrons sur la crise à travers une approche plus directe et pragmatique. Nous verrons d'abord l'impact qu'elle a sur la vie quotidienne, sur le travail, la consommation ou la santé. Nous répondrons ensuite à des questions simples que tout le monde se pose sur la crise et qui demandent des réponses claires, puis nous passerons en revue dix points de vue qui sortent des chemins battus. Nous finirons par le rappel des dix maximes de la sagesse financière qui, si elles avaient été respectées, nous auraient évité bien des tracas.

Chapitre 15

Dix conséquences de la crise au quotidien

Dans ce chapitre :
- L'impact de la crise sur la consommation
- Comment le travail change
- Les conséquences sur la famille, la santé…

La crise ne déroule pas ses méfaits uniquement dans les journaux télévisés. Elle a un impact évident dans la vie quotidienne, non seulement sur le travail et la consommation, mais aussi sur la famille, la santé, la jeunesse.

La baisse de la consommation

En 1976, Carrefour avait lancé les « produits libres » ; ce fut un échec. Depuis, bien du liquide a coulé des portefeuilles des consommateurs. Le « hard discount » s'est imposé en même temps que l'évidence que la crise n'est plus un concept vide mais une dure réalité.

La consommation a changé. Et elle doit changer encore plus. L'impression d'avoir un pouvoir d'achat en baisse n'est pas confirmée par les statistiques officielles, mais elle est durement ressentie. Certains invoquent le poids dans les budgets des nouvelles consommations (téléphone portable, Internet), qui deviennent de plus en plus incontournables et qui compriment d'autant les autres postes de dépenses.

Les principales victimes de la crise sont les loisirs et l'habillement. On part moins en vacances et pour moins longtemps. Les sorties resto-cinéma se raréfient. Pour l'habillement, on attend les soldes. De nouvelles habitudes s'installent : recherche des prix les plus bas par Internet, achats de biens d'occasion, trocs en tous genres, achats groupés, voire une abstinence (choisie) qui va si bien avec l'air du temps et son réchauffement (abstinence = moins de consommation = moins de production, moins d'échanges = moins d'émissions de CO_2 = moins de réchauffement).

La métamorphose du travail

Parmi les retombées de la crise, celles qui concernent le travail sont probablement les plus sensibles au quotidien. Elles le sont aujourd'hui et le seront davantage demain. La crise a accéléré un mouvement qui s'est amorcé depuis déjà quelques décennies et qui est plus ou moins avancé selon les pays.

Le modèle de travail qui s'était imposé au cours des « trente glorieuses » semble s'essouffler. Il s'agissait d'un travail de masse, solidement encadré par la loi, qui en fixait la durée et la rémunération. Le contrat de travail type était le CDI, qui sous-entendait que lorsqu'on avait un emploi c'était pour longtemps. Aujourd'hui, les formes précaires de travail se développent et vont se développer encore : CDD, intérim, stages et formations plus ou moins rémunérés deviennent monnaie courante. La mobilité, géographique ou professionnelle, s'accroît. On nous dit qu'il faut s'y faire. En attendant, le travail au noir se développe, et dans certains pays du sud de l'Europe on remet au goût du jour une tradition oubliée : l'émigration.

La difficulté d'accès au logement

La crise s'est traduite dans de nombreux pays par la baisse du prix des logements. Dans certains cas, il s'agit d'un véritable effondrement. Malheureusement, le logement n'en devient pas pour autant facilement accessible – à moins d'avoir les moyens, et l'envie, de se payer une villa en Floride ou un deux-pièces cuisine dans la banlieue de Madrid.

Si l'on veut se loger là où on habite (*sic*), c'est une tout autre affaire. En France, les prix ont baissé, mais pas partout. À Paris et dans la région parisienne, le logement reste hors de prix. Paris intra-muros continue d'être un cas singulier. Enserrée dans la frontière du périphérique et ne pouvant pas croître, la Ville lumière garde son attrait planétaire et ne semble pas manquer de demande. On a vu se développer notamment des locations à la journée ou à la semaine qui visent les touristes… Les prix sont parmi les plus élevés des grandes capitales. La France dans son ensemble manque de logements… La bonne affaire du moment, c'est plutôt de vendre le deux-pièces parisien et de s'acheter un manoir avec quelques hectares de terre dans une province pas trop recherchée.

La demande est en panne à cause d'un crédit qui, alors que les taux d'intérêt n'ont jamais été aussi bas (3,6 %), devient de plus en plus difficile à obtenir. En 2012, le nombre de crédits accordés était en baisse de 30 % par rapport à l'année précédente ; avec un tarissement des crédits à plus de vingt-cinq ans, tombés à 16 % (contre 32 % en 2007), alors que ceux de quinze ans ou moins se développent. Ce qui signifie que seuls les prétendants à un crédit ayant un fort revenu ou un apport élevé sont servis…

Le logement comme investissement n'a pas le vent en poupe. Les défiscalisations qui tombent et les doutes sur la valeur future rendent la pierre moins attractive.

Cela dit, si l'on a une vision globale du problème et un peu d'argent de côté, on peut faire de très bonnes affaires : sans aller en Floride, il y a des villes, comme Berlin ou Prague, qui offrent des opportunités intéressantes pour le logement locatif…

La famille comme recours

La famille avait été mise à mal par l'évolution sociale et culturelle depuis les années 1960. Avec la crise, elle assume un nouveau rôle et une nouvelle dimension. Elle est le lieu où se retrouvent de plus en plus les nouveaux et les anciens « exclus » de notre société : les jeunes et les vieux. La famille est ce qui assure la solidarité ultime, le dernier refuge pour les personnes en difficulté. Ainsi, le phénomène qui se développe dans toute l'Europe du Sud est la permanence des jeunes au sein du noyau familial. En Italie, en Espagne, en Grèce, qui sont les pays les plus touchés par la crise, les jeunes ne quittent plus la famille avant un âge très avancé (trente ans en Italie). C'est la première conséquence de la difficulté de trouver un emploi. À cela s'ajoute la difficulté de trouver un logement, pour le louer ou pour l'acheter. Les contrats à temps partiel, les stages, les «petits boulots» empêchent d'envisager cette étape si importante dans la vie d'un homme ou d'un couple.

On parlait, il y a quelque temps, de «génération 800 euros», ou de *milleuristas* en Espagne. On n'en est plus là. Car ce sont là des revenus de jeunes «privilégiés».

L'idée d'une «génération sacrifiée› se répand, et elle est vraie. C'est la première fois, dans l'Occident contemporain, qu'une génération vit moins bien que la précédente. C'est surtout la première fois qu'une génération est privée de la chose la plus précieuse pour un jeune : l'espoir que l'avenir sera meilleur.

La famille a tendance à prendre la place de l'État comme agent d'assurances. Bien entendu, ceux qui n'ont pas ce dernier rempart (divorcés, parents isolés) deviennent les nouveaux parias de notre société – les femmes seules notamment.

Le vieillissement

«Mourir, la belle affaire, mais vieillir... Il faut vieillir...» chantait Jacques Brel.

La hausse de l'espérance de vie, pour être une excellente chose, n'en pose pas moins des problèmes. Celui des retraites d'abord, de plus en plus difficiles à financer, plus longues à obtenir. En Italie, le recul de l'âge de la retraite a fait apparaître, du jour au lendemain, le problème de quelques centaines de milliers de personnes qui se retrouvaient sans couverture. Autre problème : le vieillissement de nos pays, drame silencieux qui prend dans certains pays des aspects de plus en plus inquiétants. Ainsi, l'Allemagne devrait voir sa population diminuer dans les années qui viennent, jusqu'à tomber en dessous de celle de la France. En Italie, le vieillissement prononcé de la population n'est pas sans rapport avec les victoires électorales d'un Berlusconi, l'éléctorat de Berlusconi étant composé essentiellement de personnes âgées, plus sensibles à son «charme» et à sa démagogie.

Autre problème, on vit de plus en plus vieux mais pas forcément en bon état. L'«espérance de vie en bonne santé» est, d'après l'Insee, de soixante et un ans et demi. C'est l'âge moyen auquel les Français prennent leur retraite.

Les problèmes induits ne manquent pas : celui des dépenses de santé qui ne cessent d'augmenter, le problème de la dépendance ensuite, qui se présente comme un nouveau chantier incontournable qui va encore rendre plus délicat l'équilibre des comptes de la Sécurité sociale.

Le suicide

Dans l'imaginaire collectif, le krach de 1929 est associé au suicide de spéculateurs ruinés par la crise. Fantasme ou vérité ? Il ne semble pas qu'il y en ait eu énormément.

Malheureusement, aujourd'hui, cette conséquence extrême de la crise est une réalité. Qui plus est dans des pays qui, traditionnellement, présentent les taux de suicide les plus bas d'Europe : Espagne, Italie, Grèce. De ce tragique point de vue, le spread diminue. Dans ces pays, les médias rapportent quotidiennement le cas de personnes désespérées qui mettent fin à leurs jours. Le mobile économique semble évident : il s'agit avant tout de chômeurs (1 par jour en Italie), mais aussi de petits entrepreneurs acculés à la faillite (23 suicides de petits patrons entre janvier et avril 2012). Souvent, le suicide est construit comme un geste démonstratif : il faut voir là «le dernier cri des sans-voix» (titre d'une étude du cabinet Eures), qui par exemple s'immolent par le feu devant les perceptions ou dans les bureaux d'une banque.

On peut toujours dire que ces tragédies sont des événements isolés et que les médias s'en emparent en les amplifiant pour faire de l'audience. On connaît les règles de la société du spectacle, surtout en Italie, où la télévision n'est pas d'une extrême délicatesse. Mais quand même.

Les suicides de chômeurs ou de petits patrons en faillite viennent s'ajouter à ceux qui ont défrayé la chronique en France, chez Orange ou Renault. Ils viennent s'ajouter aux suicides (ou aux morts subites) de cadres japonais. Ils viennent s'ajouter aux suicides des jeunes ouvriers chinois de Foxconn, qui se jettent du haut des toits de leur usine – au point que l'entreprise a dû faire installer des filets antisuicides.

Cela commence à faire beaucoup.

L'épargne

Les Français épargnent beaucoup. Dans le pays de La Fontaine, les fourmis l'emportent sur les cigales, et c'est une bonne chose : lorsque l'on voit les dégâts provoqués par l'endettement excessif à travers le monde, on ne peut que s'en féliciter.

La crise a bouleversé les modes d'épargne. Plusieurs mythes sont tombés : tout d'abord celui de la Bourse, lieu magique de placement de l'épargne et temple des gains faciles. Le nombre de détenteurs d'actions avait triplé depuis les années 1980 ; beaucoup ont fui la Bourse après les désillusions de 2008.

La pierre, on l'a vu, semble aussi avoir perdu l'aura d'autrefois, tout comme l'assurance-vie, dont le nombre de souscripteurs est en chute de 7 millions à 5 millions.

L'or a connu une flambée inouïe jusqu'à 1 900 dollars l'once. Nos écrans sont envahis de spots publicitaires d'officines pour le moins douteuses proposant le rachat d'or par correspondance. Il n'a pas fallu longtemps aux journalistes pour démontrer l'aspect frauduleux, pour ne pas dire crapuleux, de ces bonimenteurs qui rachètent l'or à 25 % ou 50 % de sa valeur. Après la baisse des cours, même l'or, que les Français ont toujours adoré, inspire la méfiance.

Le produit d'épargne roi en France, c'est le Livret A. Le doublement du plafond, promis par le nouveau président, n'est pas forcément bien vu de tous, car trop épargner n'est pas bon pour la croissance.

La « panne » de l'automobile

L'automobile est probablement le meilleur symbole d'un mode de vie. Elle représente la mobilité individuelle, la liberté, et le premier signe visible de la réussite sociale. Elle était également le produit emblématique de notre production industrielle…

La hausse du prix des carburants et l'engorgement des espaces urbains et périurbains lui ont porté un rude coup.

Objet de toutes les récriminations écologiques et sécuritaires, ce secteur a été transformé en tiroir-caisse au bénéfice de ceux que l'automobiliste de base considère comme des parasites : le fisc, les compagnies pétrolières, les compagnies d'assurances, les garagistes. Les automobiles de nouvelle génération, électriques ou hybrides, ont du mal à s'imposer, car les mentalités évoluent plus vite que les technologies. On se demande si l'on est pas en train de s'égarer dans une nouvelle impasse, comme en France avec le diesel.

L'incertitude, le brouillard qui règne sur ce secteur, du point de vue tant de la consommation que de la production, est symptomatique des doutes qui accompagnent inévitablement la crise. D'un côté comme de l'autre, c'est notre modèle de société qui est en jeu. Les délocalisations font présager un avenir sans industrie automobile dans nos pays. Si on laisse nos voitures aller se faire ailleurs, on condamne l'automobile française à la casse. C'est ce qui s'est passé pour le textile ou la sidérurgie. Est-ce souhaitable ? Peut-on s'opposer à cette évolution ?

La réponse, du côté de la consommation, n'est guère plus claire. Peut-on se passer de l'automobile ? Nos villes, et encore plus nos campagnes, se sont adaptées à elle. Peut-on revenir aux transports en commun là où même les épiceries et les bureaux de poste ont fermé ? Trouver un avenir pour l'automobile est un casse-tête, du point de vue aussi bien de la production que de l'utilisation.

La pauvreté

Selon une enquête Ipsos de 2010, 35 % des Français disent avoir, ou avoir eu, une expérience de la pauvreté, et 22 % « y avoir échappé de justesse ». La crise se présente sous la forme de cette crainte pour bon nombre de gens. La perte d'un emploi mais aussi une mésaventure familiale (divorce) ou un deuil, et la chute est consommée.

La France compte 4,5 millions de pauvres si on fixe le seuil de pauvreté à 50 % du revenu médian, et plus de 8 millions si on fixe ce seuil à 60 % du revenu médian. Un chiffre qui avait baissé depuis le début des années 1990 et qui augmente depuis 2004-2005. Il est moins catastrophique que dans d'autres pays développés mais fait peser sur le moral des Français une chape de plomb de pessimisme particulièrement lourde. La France se présente comme un des pays les plus pessimistes du monde. Elle retrouve peut-être là sa manière particulière de vivre la crise : objectivement moins touchée que d'autres, elle vit sa crise psychologiquement plus durement que les autres. La générosité des Français pour les causes solidaires (Restos du cœur) est peut-être la meilleure mesure de leur inquiétude.

La santé

« Tant qu'on a la santé... » dit le vieil adage. Le problème est que la crise met en cause la santé aussi. D'abord par des réductions de dépenses médicales alimentées autant par la rigueur accrue de nos systèmes de sécurité sociale que par la baisse (réelle ou supposée) des revenus. De plus en plus de personnes hésitent à faire appel à un médecin et à se soigner. En Grèce ou au Portugal, l'impact est déjà très visible. Chez nous, c'est dans les écoles que le phénomène est de plus en plus sensible : des enfants ou des jeunes mal ou pas soignés de plus en plus nombreux attirent l'attention du personnel éducatif. Le recours à la CMU ou à Médecins du monde a connu un bond depuis 2007.

Bien entendu, il faut mettre de l'ordre dans les comptes de l'assurance maladie. C'est essentiel pour en assurer la pérennité. Il semble que la solution ne puisse passer que par une consommation plus sobre des biens et services de santé. D'ailleurs, qu'on le veuille ou non, nous sommes condamnés à la sobriété. Il faudra sans doute sacrifier nos habitudes dans le domaine de la santé au quotidien : apprendre à se soigner avec moins de médicaments, avec moins de visites chez le médecin, notamment le spécialiste... et prier pour que la générosité de notre système de santé en ce qui concerne les affections graves ou de longue durée (cancer, diabète...) soit préservée. Mais ne nous voilons pas la face : c'est bien dans ce domaine que le déficit est le plus important et qu'il se creuse...

Chapitre 16

Dix questions sur la crise

Dans ce chapitre :
- Les responsables de la crise ont-ils été punis ?
- Où sont passés les milliards de Kerviel ?
- L'euro va-t-il passer Noël ?

Nous nous efforçons de répondre à des questions simples, auxquelles on ne donne trop souvent que des réponses indéchiffrables. La crise est un moment difficile à vivre mais relativement facile à comprendre.

La crise a-t-elle été prévue et pouvait-elle être évitée ?

La crise a été prévue. On pourrait remplir une bibliothèque avec les ouvrages qui, d'une manière ou d'une autre, ont sonné l'alarme. Les travaux de Hyman Minsky, Maurice Allais, John K. Galbraith, pour ne citer qu'eux, allaient dans ce sens.

Robert Shiller, professeur à Yale, a publié en 2000 *Exubérance irrationnelle*, ouvrage dans lequel il constate que les Bourses connaissent une bulle et risquent de s'effondrer. Dès 2003, il observe que les prix de l'immobilier augmentent à une vitesse exagérée.

Nouriel Roubini avait dès 2005 flairé le cataclysme, si bien qu'il avait été surnommé par les journalistes «*Doctor Doom*» («Docteur Catastrophe»).

«Les hausses de taux vont donc venir. Il faut souhaiter qu'il ne soit pas trop tard. L'économie mondiale ne se trouve peut-être qu'à une ou deux bulles de la véritable déflation », écrivait Pascal Blanqué en mai 2004.

Même *The Economist* écrivait péremptoirement, en juin 2005 : « L'augmentation mondiale des prix de l'immobilier est la plus grande bulle de l'histoire. Préparez-vous à de graves souffrances économiques lorsqu'elle éclatera. » Les exemples d'esprits clairvoyants ne manquent pas. Le problème, c'est que ces voix-là n'ont pas été entendues.

Pouvait-on éviter la crise ? Probablement pas. L'ancien patron de la Fed, Alan Greenspan, a dit : « Quelque chose devait céder. Si ce n'avait pas été les subprimes, la crise aurait fait irruption dans un autre secteur. » L'évolution de nos économies depuis des années a lentement mûri une situation qui ne pouvait pas se terminer autrement. Quant à savoir si un autre chemin était possible, là aussi la réponse est négative. Nous avons vécu depuis trente ans sous le régime de « Tina » (*There Is No Alternative*). Ceux qui auraient pu nous faire parcourir d'autres chemins étaient décrédibilisés, affaiblis par leurs propres erreurs. D'un point de vue technique, on aurait bien évidemment pu limiter ou interdire certains produits particulièrement scabreux. Mais cela a été impossible, parce que politiquement la volonté n'existait pas. Il aura fallu une crise pour le comprendre. Qu'au moins elle serve à ça.

Les responsables sont-ils connus et ont-ils été sanctionnés ?

La commission Angelides donne la liste exhaustive des responsables.

- **Les banques :** « Les échecs dramatiques de la gouvernance des sociétés financières et de la gestion du risque de la part de nombreuses institutions financières ont été une cause majeure de la crise. »
- **Les régulateurs :** « Les fautes nombreuses et étendues dans la supervision et la régulation financières ont eu des conséquences dévastatrices sur la stabilité des marchés. »

- **La Fed :** « La Réserve fédérale [a] totalement échoué à endiguer le flot d'hypothèques toxiques. »
- **Le gouvernement :** « Le gouvernement se trouvait très mal préparé pour faire face à la crise et sa réaction inconsistante n'a fait qu'ajouter à l'incertitude et à la panique sur les marchés financiers. »

Si la presse s'est déchaînée contre les traders et autres « banksters », à notre connaissance aucun personnage important n'a eu à rendre compte de sa responsabilité dans la crise. Normal, puisque personne ne peut être tenu individuellement pour responsable ; la seule punition a été la réduction, souvent symbolique, médiatique et temporaire, des primes, bonus et autres salaires mirobolants.

Ceux qui sont tombés sous le coup de la loi sont « 61 seconds et troisièmes couteaux » (*Le Monde*, 20 juin 2012). Le seul gros poisson a été, peut-être, Rajat Gupta, milliardaire médiatique célébré comme l'incarnation du rêve américain, directeur de McKinsey, ayant siégé au CA de Procter & Gamble et Goldman Sachs. Il a été condamné pour délit d'initié. La plupart du temps, les condamnations des banques se sont soldées par le paiement d'amendes.

Les autres cas qui ont défrayé la chronique judiciaire n'ont pas de rapport direct avec la responsabilité de la crise. Ainsi, Bernard Madoff a été l'auteur d'une fraude qui s'inscrit dans la folie financière mais qui ne l'a évidemment pas produite. Au contraire : c'est la crise qui a révélé la fraude. Le cas de Jérôme Kerviel est différent au sens où il n'y avait pas dans cette affaire de « fraude », même si la Société générale a laissé dans cette affaire quelque 5 milliards d'euros. L'affaire Kerviel est toutefois significative des errements de la finance.

Les hommes politiques, eux, ont payé comme paient les hommes politiques : en perdant les élections… La liste des punis est longue : Papandréou, Zapatero, Berlusconi, Sarkozy. Un seul chef de gouvernement semble devoir rendre des comptes devant la justice : le Premier ministre islandais.

La croissance peut-elle revenir, ou sommes-nous condamnés à la récession ?

Notre monde est imprégné de l'idée de croissance. Certains intellectuels ou militants parlent régulièrement de « décroissance », mais chaque fois que des problèmes se présentent (et la crise est *le* problème) l'unanimité se fait pour dire qu'on ne peut s'en sortir qu'avec le retour de la croissance. Et c'est vrai... tant que l'on vit dans ce monde.

Nos pays peuvent-ils retrouver la croissance ? Bien sûr. Encore faut-il savoir de quelle croissance on parle. S'il s'agit de celle des « trente glorieuses » (4 à 5 %), il n'en est pas question. Cette croissance était le fruit d'une situation particulière... S'il s'agit d'une croissance « à la chinoise », il en est encore moins question. On n'a plus, à l'âge mûr, la croissance de sa jeunesse.

Une croissance modérée et saine est possible, même pour de vieux pays riches comme le nôtre. Mais la richesse, au fur et à mesure qu'elle augmente, est plus difficile à obtenir, et elle change de nature.

La mésaventure de Nicolas Sarkozy est symptomatique : au début de son quinquennat, il a demandé à deux prix Nobel d'économie (Joseph Stiglitz et Amartya Sen) de réfléchir à « une approche plus qualitative de la richesse ». C'est une réflexion dont on ne pourra pas faire l'économie (et dont on pourrait bien faire la nouvelle économie !). Mais les faits sont têtus : dès que la crise est arrivée, la réflexion de nos brillants économistes a été rangée aux oubliettes.

L'urgence veut que la croissance reprenne, que l'on consomme n'importe quoi, mais *plus*. On sait désormais que le problème n'est pas de consommer, de produire plus de voitures, plus de téléphones, plus d'abonnements ; mais de produire et de consommer *mieux*.

Vœu pieux, voire vœu obscène lorsque l'on voit à quelles conditions de vie la crise a réduit des millions de gens.
La crise ne serait-elle pas cette impossibilité d'aller vers le qualitatif ? Ou aller vers le qualitatif, n'est-ce pas la meilleure manière de sortir de la crise ?

L'euro et l'Europe sont-ils condamnés ?

Il y a deux manières de répondre à cette question sans se tromper. La première consiste à dire que l'euro a 50 % de risques de ne pas passer l'année. C'est ce type de réponse, où la prudence le dispute au calcul, que donnent régulièrement nos économistes.

L'autre consiste à dire que tout peut arriver, y compris le pire, et qu'il n'arrivera que ce que l'on aura bien voulu. Dans cette optique, on dira donc que l'euro sera sauvé parce qu'il faut le sauver. Si l'Europe n'en est pas capable, alors elle peut bien mourir de sa belle mort. C'est dans la difficulté qu'on juge la solidité d'une construction. Or, si la crise aura eu un avantage, c'est celui de montrer à l'Europe qu'elle ne peut exister qu'en allant plus loin dans son projet. Nous sommes au milieu du gué et l'eau monte. Il n'y a guère que deux solutions, comme dirait M. de Lapalisse : ou on avance vers l'autre rive, ou on revient au point de départ. Si on fait du sur place, on se noie.

Ce dont on est quasiment sûr, c'est que la classe dirigeante européenne (politique et technique) n'est pas à la hauteur dans ce moment crucial de notre histoire. Au-delà des affirmations péremptoires répétées (« Il faut sauver l'euro »), dès qu'il s'agit de prendre de réelles décisions, on s'englue dans des négociations de boutiquiers, des calculs mesquins et des souverainismes nombrilistes. Actuellement, c'est l'Allemagne qui a le mauvais rôle.

Mais le jour où il faudra prendre de réelles décisions, le pays qu'il faut craindre le plus, ce n'est pas l'Allemagne, mais la France. Car les peuples, autant que les dirigeants, peuvent ne pas être à la hauteur de l'histoire.

Où sont partis les 5 milliards de Jérôme Kerviel ?

Voilà une bonne question. Depuis 2007, on parle inlassablement de « pertes » : telle banque a perdu tant de milliards ; la capitalisation boursière de telle entreprise en a perdu encore plus. Certains estiment le total des pertes provoquées par la crise au chiffre astronomique de 25 000 milliards de dollars. Tout d'abord, une précision : 1 milliard, c'est beaucoup d'argent. Pour compter jusqu'à 1 milliard (à la vitesse de 1 unité à la seconde), il faudrait trente-sept ans, en psalmodiant jour et nuit. Avec 1 milliard, on pourrait payer un salaire mensuel de 2 000 euros à un individu pendant… quarante et un mille six cent soixante-six ans. Attention, il ne s'agit pas de quarante et un *siècles*, mais de quarante et un *millénaires*!

Kerviel aurait perdu, donc, quelque chose comme deux cent huit mille ans de salaire.

Une broutille par rapport aux pertes globales des banques ou de la Bourse. Où est donc parti cet océan d'argent ? Il est parti en fumée, détruit, annihilé, transformé en vide sidéral. Oui, mais quelqu'un a bien gagné l'argent que les autres ont perdu ? Non, *nein*, *niet*. Cet argent, personne ne l'a gagné. Il a été bel et bien *perdu*, et personne ne l'a trouvé.

C'est ça, la crise, mon ami.

Quelques remarques, toutefois. On parle souvent d'argent « virtuel » : on dit « Tout ça n'est pas réel, il ne s'agit pas de vrai argent ». Détrompez-vous. Cet argent est bien réel. Il s'agit de la valeur d'une maison que vous avez payée 500 000 dollars et qui n'en vaut plus que 300 000. Il s'agit d'un paquet d'actions qui valait un yacht et qui ne vaut plus qu'un canot pneumatique. Certains toutefois se sont enrichis grâce à ce gaspillage colossal. Il s'agit tout d'abord des spéculateurs, qui, grâce aux nouveaux produits financiers, ont parié à la baisse (au bon moment s'entend). Il s'agit de ceux qui, dans le marasme généralisé, achètent cette montagne d'actions soldées qui, un jour, vaudra de l'or. Encore faut-il pouvoir attendre, comme Warren Buffet, qui a une fortune de 44 milliards de dollars, quatre-vingt-trois ans, et un cancer de la prostate.

Les prix vont-ils encore augmenter ?

Oui… si tout va bien. Une des choses les plus délicates à comprendre est que, dans la crise que nous traversons, le plus gros risque que nous courons, c'est la déflation.

C'est-à-dire la baisse généralisée des prix. On ne voit généralement pas pourquoi la baisse des prix pourrait être une catastrophe : si les prix baissent, on pourra acheter plus, vivre mieux. Eh bien non.

Le marasme que nous traversons a commencé par une baisse des prix : celui de l'immobilier aux États-Unis. Ce n'est pas pour ça que les gens ont acheté plus de maisons, bien au contraire.

Une baisse généralisée des prix peut provoquer une baisse de la production, une plus forte hausse du chômage, donc une baisse des revenus et une baisse du pouvoir d'achat si les revenus baissent plus que les prix ; c'est ce qui s'est passé en 1929. La baisse des prix fait par ailleurs baisser les recettes de l'État et aggrave le poids de la dette – y compris pour les particuliers… En période de déflation, plus on rembourse et plus on est endetté !

Une écrasante majorité des crises, du début du XIXe siècle à 1929, ont été des crises déflationnistes. Celle de 1973 a été une grande crise inflationniste.

Aujourd'hui, on a beau regarder alentour, on ne voit pas de déflation. C'est probablement la réussite la plus extraordinaire de nos responsables politiques et économiques : dès le début des difficultés, ils ont tous compris qu'il fallait sauver les banques. Or, sauver les banques, c'est éviter la déflation. Mais éviter la déflation, c'est avoir une politique inflationniste. Les milliards injectés dans l'économie à travers le monde pourraient bien en déclencher une. Un monde de fous. Un monde schizophrène.

Existe-t-il des États non endettés ?

Oui, mais ce ne sont pas des gens comme nous.

On pourrait citer comme exemple la Libye, l'Australie, la Nouvelle-Zélande. D'autres n'étaient pas endettés et le sont devenus (Canada, Irlande).

Mais ne pas être endetté ne signifie pas ne pas avoir de problèmes. L'exemple le plus patent est celui de l'Espagne. L'État espagnol n'a jamais été *officiellement* très endetté.

Pendant longtemps, sa dette a été de l'ordre de 60 %, c'est-à-dire dans les normes de l'Union européenne. Il faut dire que l'État espagnol a laissé le soin de s'endetter aux régions ou aux particuliers.

Être endetté n'est pas non plus synonyme de catastrophe : ainsi, le Japon est, en pourcentage de son PIB, l'État le plus endetté du monde (229 %), mais n'a pas de problèmes particuliers (du moins dans ce domaine). Le secret ? Des taux d'intérêt bas et des créanciers qui ne risquent pas de chercher des poux sur la tête au gouvernement, puisqu'il s'agit des Japonais eux-mêmes. Les États-Unis sont (en montant global) le pays le plus endetté du monde : 15 000 milliards de dollars. Pour le moment (mais ça pourrait changer), ils ont moins de problèmes que certains pays européens, parce que la Fed finance la dette sans limites, chose que la BCE ne peut pas faire. Le Royaume-Uni est dans la même situation.

Certains pays ne sont pas endettés pour d'autres raisons : c'est que personne n'a pensé à leur prêter de l'argent, et qu'eux-mêmes n'ont pas eu l'idée ou le courage d'en demander (Estonie, Bulgarie, Cuba, Syrie...)...

La crise touche-t-elle tous les pays ?

Non. Beaucoup de pays ont traversé la tourmente paisiblement. Certains pays européens, généralement nordiques, s'ils ont connu des soubresauts, en sont sortis rapidement. Ce sont les éternels premiers de la classe : la Suède, la Norvège, le Danemark. Ceux-là ont de la matière grise ou de l'or noir.

Les «Brics» (Brésil, Russie, Inde, Chine, Afrique du Sud) affichent une santé peut-être moins éclatante qu'il y a quelque temps mais s'en sortent plutôt bien. Certaines mauvaises langues pourraient dire que leur bonne santé et nos problèmes sont liés. Ce sont bien eux qui fabriquent ce que nous ne produisons plus.

Les États-Unis eux-mêmes, pourtant à l'origine de la crise, ne se portent pas si mal (pour le moment – avec ce pays, il faut toujours dire «pour le moment») : la croissance y est plus forte qu'en Europe, et ils nous pressent même de faire des efforts pour la relancer chez nous.

Car le problème, avec la crise, c'est qu'elle est contagieuse. Les difficultés de l'Europe du Sud ne peuvent qu'avoir des conséquences néfastes sur les autres pays. Obama l'a bien compris, qui presse les Européens pour qu'ils cessent de pratiquer une rigueur tous azimuts. L'Europe reste un des plus riches marchés du monde, et personne ne peut s'en passer.

Si nous sortons de cette crise, y en aura-t-il une autre, et à quoi ressemblera-t-elle ?

Voilà une excellente question. Prenons la première affirmation comme un postulat. Admettons que nous sortions de cette crise, ce qui est plus que probable (le problème est : quand ?). Il y aura inévitablement d'autres crises. Malheureusement, l'histoire du capitalisme laisse peu de doutes à ce sujet.

Des éléments de fragilité ne manquent pas, qui pourraient provoquer d'autres craquements.

La Bourse d'abord, qui est toujours au bord d'une crise de nerfs.

Les États-Unis ensuite, qui sont au cœur de l'économie mondiale et dont les problèmes sont loin d'avoir été réglés. Leur dette reste une épée de Damoclès suspendue sur leur tête et sur l'avenir de l'économie mondiale. On peut très bien imaginer une crise du dollar qui pourrait se déclencher si, par exemple, l'euro sortait de l'ornière. Cette crise serait très intéressante.

La Chine peut également nous réserver des surprises : krach immobilier, révoltes politico-sociales – dans un pays qui reste une dictature et où des millions d'ouvriers connaissent des conditions de vie déplorables. Dans l'avenir de la Chine se profile d'ailleurs un «papy-boom» à côté duquel le nôtre pourrait ressembler à un amusement anodin. D'ici à quelques décennies, le nombre de personnes âgées en Chine va littéralement exploser ; déjà, en 2015, il y aura 216 millions de Chinois de plus de 60 ans.

L'Allemagne elle-même n'est pas à l'abri. L'Allemagne a plusieurs talons d'Achille : c'est un pays qui dépend de plus en plus de ses exportations, et c'est un des pays qui connaissent un vieillissement prononcé et dont la population pourrait bien décroître...

Et encore, tout cela est prévisible ; on peut donc s'y préparer. Restent les surprises : bonnes ou mauvaises. Les innovations technologiques peuvent changer la donne, ainsi que d'éventuels conflits intéressant des pays dotés d'un poids important dans des secteurs stratégiques comme le pétrole, l'agriculture ou certaines matières premières.

Quel monde laisserons-nous à nos enfants ?

Cette question revient, curieusement, lorsque l'on parle de deux problèmes : la dette et l'environnement. Il y a là une coïncidence intéressante. Notre système économique a surexploité les ressources naturelles, les fleuves, les océans, jusqu'à les mettre en péril.

La crise financière, et celle de la dette, avec laquelle elle se confond, a fait la même chose avec le temps, jusqu'à compromettre l'avenir de nos enfants. Le surendettement, c'est la surexploitation du temps à venir, tout comme notre mode de vie a surexploité l'espace Pour le capitalisme, comme pour Einstein, le temps et l'espace sont liés.

Cela dit, on pourrait renverser de manière vertueuse cette liaison : la dette ne signifierait-elle pas que nous avons vécu au-dessus de nos moyens et qu'il serait temps de nous calmer et de laisser un peu de répit à la planète ?

Mais c'est probablement une vision bien naïve des choses. Il y a dans la dette une autre dimension. Une dimension politique : qui paie et qui est payé ? Selon certains (probablement de gauche), la dette, c'est une manière de faire payer par les enfants des travailleurs des rentes aux enfants des riches pour compenser les impôts que ces mêmes riches n'ont pas payés. Vous suivez ? Pour d'autres, la dette, c'est tout simplement le fait de faire financer par ceux qui ne consomment pas assez la consommation de ceux qui consomment déjà trop afin qu'ils puissent consommer davantage. Vu ?

25 000 euros de dette par tête : voilà ce que nous laissons à nos enfants. Heureusement, les petits Français héritent aussi d'un patrimoine (physique et culturel) qui est encore supérieur à ce chiffre. À nous de faire en sorte que, pour nos enfants, le bilan de l'héritage soit positif.

Chapitre 17

Dix points de vue sur la crise

Dans ce chapitre :
- Les économistes sont atterrés
- Le Vatican critique les agences de notation et la finance
- Certains crient au complot

*L*es points de vue sur la crise que nous présentons ici sortent un peu, ou beaucoup, des chemins battus, de par leurs auteurs ou leur teneur. Le pire et le meilleur de ce qu'on a dit et entendu sur la crise se côtoient ici.

Les économistes atterrés

Rien que pour le nom qu'ils se sont donné, ces économistes-là méritent d'être connus ; on regrette seulement que toute la confrérie ne se reconnaisse pas dans cet adjectif qui lui irait comme un gant. Les « économistes atterrés » sont un groupe d'intellectuels et universitaires (Benjamin Coriat, André Orléan, Frédéric Lordon, Henri Sterdyniak, Christophe Ramaux, etc.) qui, en plein milieu de la crise, ont exprimé leur incrédulité et leur opposition aux politiques de rigueur dominantes. Ils l'ont fait d'abord par un manifeste mis en ligne sur Internet en septembre 2010 puis en librairie, vendant plusieurs dizaines de milliers d'exemplaires de leur déclaration. Ils ont eu l'écho qu'ils méritaient, notamment au moment où la « rigueur » bête et méchante semblait ne pas avoir d'alternative. Leur analyse repose sur la critique de « dix fausses évidences » sur lesquelles sont fondées les politiques économiques actuellement menées.

L'impact de la dénonciation passé, le soufflé est quelque peu retombé. Les « économistes atterrés » ont atterri sur les terres bien connues d'une certaine gauche qui se situe quelque part entre les altermondialistes et Jean-Luc Mélenchon.

La leçon posthume de Maurice Allais

Le seul prix Nobel d'économie français n'a eu de cesse de critiquer l'évolution de notre système au tournant du millénaire. Son analyse met l'endettement au cœur des crises financières. Se référant expressément aux thèses de Clément Juglar et d'Irving Fisher, il considère que «toutes les grandes crises des XVIIIe, XIXe et XXe siècles ont résulté du développement excessif des promesses de payer et de leur monétisation». Les mêmes causes provoquant les mêmes effets, on retrouve aujourd'hui les mêmes mécanismes créateurs de désordre déjà observés dans le passé.

«L'ampleur de ces fluctuations résulte du mécanisme du crédit, sans l'amplification de la création (et de la destruction) monétaire par la voie bancaire les fluctuations conjoncturelles seraient considérablement atténuées, sinon totalement supprimées» (*La Crise mondiale d'aujourd'hui*). C'est particulièrement le financement de l'investissement à long terme par des fonds empruntés à court terme qui est mis en accusation, la confusion des rôles des banques, ainsi que la libération de la circulation des capitaux au niveau mondial. Ce système aboutit à «une instabilité potentielle permanente» et «à un gaspillage de capital et à une destruction de l'épargne». Le crédit excessif est bien entendu à la base de la spéculation massive : «Le monde est devenu un vaste casino […]. Partout, la spéculation, frénétique et fébrile, est favorisée par le crédit *puisqu'on peut acheter sans payer et vendre sans détenir*. […] Jamais dans le passé elle n'avait atteint une telle ampleur.»

L'économie mondiale repose entièrement «sur de gigantesques pyramides de dettes, prenant appui les unes sur les autres dans un équilibre fragile». «En fait, sans aucune exagération, le mécanisme actuel de la création de monnaie par le crédit est certainement le *cancer* qui ronge irrémédiablement les économies de marché» (*idem*).

Le mea culpa d'Alan Greenspan

Alan Greenspan a été président de la Fed de mai 1987 à janvier 2006.

Au cours de cette longue période, il a dû affronter des situations critiques : le krach d'octobre 1987, la faillite de LTCM, le krach de la Net-économie, le choc du 11 Septembre. Dans tous les cas, il a semblé maîtriser la situation. Dans les milieux financiers, il était perçu comme le « sauveur suprême », le « conducteur désigné » (celui qui lors d'une sortie en boîte est le seul qui ne boive pas pour ramener tout le monde sain et sauf en voiture), selon Paul Krugman. *In Greenspan We Trust*, titrait *Fortune*...

Après les chocs de 2000-2001, Greenspan a utilisé la même méthode qui avait si bien fonctionné en 1998 : la baisse des taux. Une des causes principales, si ce n'est la cause de la crise, ce fut cette politique de l'argent facile. Un des prédécesseurs de Greenspan à la tête de la Fed, William McChesney Martin Jr, avait dit que la tâche de la Fed était de « retirer le saladier de punch au moment où la fête commence ». Cela signifie que la Fed doit éviter toute surchauffe inflationniste, tout emballement spéculatif qui pourrait venir se greffer sur la croissance.

L'autre reproche que l'on fait à Greenspan, c'est l'excessive libéralisation consentie aux nouveaux produits financiers. En mai 2000, dans un discours à Chicago, Greenspan disait : « À l'aube du XXIe siècle, les configurations possibles des produits et services offerts par les institutions financières semblent illimitées. Il ne fait aucun doute que ces modifications en cours offrent des avantages nets pour la grande majorité du peuple américain. »

Convoqué devant une commission du Congrès le 23 octobre 2008 pour s'expliquer de sa politique, acculé par ses interrogateurs, il avoue : « Je me suis effectivement trompé. Je constate à présent que le système qui a fonctionné correctement pendant quarante ans montre une faille. Je suis choqué, incrédule. Les institutions de crédit ne se sont pas montrées capables, en dépit de leur propre intérêt bien compris, de se brider. Et dans un cas pareil la stabilité du marché est remise en question. »

Le Vatican fait des bulles

Le croirait-on ? Le Vatican a des choses à dire sur la crise, et pas seulement la crise de la famille ou de la vocation. Jean Paul II déjà s'était fait remarquer par des mises en garde répétées contre les égarements d'un monde dominé par le profit et l'argent. Dans l'encyclique *Sollicitudo rei socialis*, il invitait l'Église à adopter « une attitude critique vis-à-vis du capitalisme libéral et du collectivisme marxiste… deux conceptions du développement imparfaites et ayant besoin d'être radicalement corrigées ».

Les organes de presse de la papauté (Radio Vatican et le quotidien *L'Osservatore Romano*) donnent souvent la parole aux banquiers du Vatican, qui en tant qu'hommes de foi et d'argent ont des analyses intéressantes à faire partager. Ainsi, le dirigeant de l'IOR (Institut des œuvres religieuses) Ettore Gotti Tedeschi, commentant une dégradation de la note de l'Italie, écrit : « L'attaque est arrivée avec un sens du calendrier parfait et suspect. » Qu'est-ce que cela signifie ? Cela signifie que le vénérable banquier n'a aucun doute sur le fait que les Américains ont « nationalisé la dette privée », que les États-Unis sont « en compétition avec l'Europe dans le placement de leur dette » et que, donc, on peut soupçonner « les agences de notation, toutes américaines, de vouloir pénaliser la dette européenne ». Et de conclure que les agences de notation devraient être « davantage conscientes de la gravité et des conséquences de leurs évaluations » (AFP, 16 janvier 2012).

Même son de cloche pour Mgr Tomasi, qui, devant la représentation ONU de Genève, déclare : « Toute activité économique doit respecter la dignité humaine. […] La richesse et la dette doivent servir le bien commun, [car] si la justice est violée, la dette devient un instrument d'exploitation, surtout des pauvres et de ceux qui sont mis aux marges de la société » (Radio Vatican, 25 juin 2012).

La vieille dame indignée

Anna Schwartz était une charmante vieille dame au passé prestigieux. Elle fut, pendant de longues années, la collaboratrice de Milton Friedman, avec qui elle a écrit la fameuse *Histoire monétaire des États-Unis*, un des ouvrages les plus importants de la pensée économique. Elle est considérée comme la «prêtresse», la «gardienne du temple» libéral, et elle est révérée dans tous les hauts lieux de l'économie aux États-Unis, notamment à la Fed.

L'admiration n'est, pour le moins, pas réciproque, puisque Anna Schwartz considère que le premier responsable de la crise, c'est, justement, la Fed, qui n'a pas été à la hauteur pour faire face à la crise. Et elle accuse nommément Alan Greenspan.

La publication en 1965 de *L'Histoire monétaire des États-Unis* avait déjà fait grand bruit. Les auteurs désignaient pour la première fois la Fed comme principale responsable de la Grande Dépression, le krach boursier n'étant qu'un élément parmi d'autres. Lorsque les faillites se propagent, la Fed aurait pu intervenir sur le marché par des achats d'actions massifs. En refusant de le faire, elle a permis à la crise de s'étendre. Au pire moment de la crise, la Banque centrale soutenait encore qu'il y avait abondance de capitaux, que les spéculateurs devaient périr par là où ils avaient péché et que les banques coupables devaient payer. Ainsi, dit Anna, les banques détenues par des juifs ont été abandonnées à la faillite par les autres banques de dépôt, par pure «malveillance et mépris». La Fed ira même, de façon suicidaire, jusqu'à augmenter par deux fois ses taux d'intérêt à la fin de 1931.

Anna Schwarz ne croit pas à une répétition de la crise de 1929. Au contraire, elle a déclaré en 2008 qu'à côté de la crise actuelle la Grande Dépression pourrait bien avoir ressemblé à une aimable promenade. Elle accuse durement Alan Greenspan et la Fed de ne pas avoir tiré les leçons de 1929, et d'avoir maintenu les taux d'intérêt à 1 % bien après l'éclatement de la bulle internet, puis d'avoir fait porter le chapeau au krach asiatique sans avoir le courage d'intervenir et d'assumer une politique ferme.

Le milliardaire éclairé

Autrefois, on écoutait les conseils des anciens. Aujourd'hui, si vous avez plus de 80 ans et une fortune de 40 milliards, on écoute vos conseils de placement, mais pas vos mises en garde. Warren Buffet est un milliardaire bien particulier : première fortune mondiale avant la crise, il n'a jamais cessé de critiquer la finance et ses errements. On lui doit notamment cette définition des produits dérivés de crédits, qui s'est révélée si juste des « armes financières de destruction massive ». Ce philanthrope, qui a légué l'essentiel de sa fortune à la fondation Gates, a dit avec humour qu'il était prêt à subventionner les universités où l'on enseigne les théories de l'efficience des marchés financiers pour qu'elles forment encore plus de pigeons qu'il pourrait plumer à sa guise.

Mais là où Buffet a réellement agacé ses collègues milliardaires, c'est lorsqu'il a pris sa plume pour demander au gouvernement d'augmenter la taxation des plus riches. Il a indiqué qu'il payait « moins d'impôts qu'une femme de ménage », qu'il était taxé à 17 % de son revenu alors que ses employés payaient de 30 à 40 %. Il a ajouté qu'une plus forte imposition n'empêcherait pas la création d'emplois et qu'elle ne provoquerait pas la fuite des capitaux (*New York Times*, 14 août 2011). Aux banquiers, sauvés par l'État et outrés par ses positions, il a lancé : « Vous auriez dû faire faillite, vous et vos femmes ! » On sait que la faillite des banquiers est une catastrophe, mais on a du mal à mesurer l'étendue de la calamité que serait la faillite de leurs épouses.

Crise et chuchotements : un soupçon de complot

Il ne manquait dans les analyses de la crise qu'un soupçon de complot. Certains milieux n'ont pas hésité à céder à cette mode bien de notre temps. Heureusement, rien de comparable aux déferlements de haine des années 1930, mais, s'il n'y a pas de cris, il y a bien des chuchotements.

La première rumeur concerne un complot des banquiers, surnommés «banksters», notamment dans les milieux d'extrême droite. L'expression date d'ailleurs des années 1930 et fut utilisée entre autres par Léon Degrelle, le chef des fascistes belges, ce qui lui donne déjà un certain background.

Notons que le complot n'est pas loin des analyses du candidat à la présidence Jacques Cheminade, l'homme qui se vantait en 2012 d'être le seul candidat à avoir prévu la crise dès 1997. Cheminade est un drôle de personnage. Diplômé d'HEC, énarque, il n'a pas le profil du «complotiste». Il est le représentant en France (bien qu'il s'en défende) d'un curieux individu, l'Américain Lyndon LaRouche, qui a notamment comparé Obama à Hitler à propos du «plan santé». Au centre du complot (le croirez-vous?), la perfide Albion, l'Angleterre, responsable, entre autres, de la prise du pouvoir par Hitler et Mussolini, des attentats du 11 Septembre et de la crise actuelle.

Un autre phénomène curieux est celui de *L'Argent dette*, une vidéo du Canadien Paul Grignon réalisée en 2006 et qui est devenue un hit sur Internet depuis 2008 avec des millions de «vues» et des traductions en 14 langues.

La vidéo, qui dure quarante-cinq minutes, est entièrement bâtie sur l'idée que le monde est menacé par une sorte de complot qui le ronge : le pouvoir qu'ont les banques de créer de l'argent à partir de dettes. Peu à peu, on entre dans une espèce de mécanique infernale, ponctuée de citations d'hommes politiques, d'économistes, de banquiers qui décrivent un monde en route vers l'inévitable cataclysme.

Le premier problème, c'est qu'il manque dans cette brillante démonstration un détail, mais un gros : à aucun moment il n'est question de destruction monétaire, un mécanisme que nos lecteurs, eux, connaissent bien, et qui rend toute la démonstration farfelue.

Mais le pire est les sous-entendus de la démonstration visant «certaines cultures» : cet abominable secret de la création monétaire se transmettrait de génération en génération depuis le Moyen Âge, depuis les premiers usuriers cupides issus de «certaines cultures expertes en joaillerie». À ce moment, l'image montre un usurier ressemblant trait pour trait au Shylock de Shakespeare interprété par Al Pacino. Ces conspirateurs auraient même assassiné, notamment, plusieurs présidents américains, dont Lincoln.

Le commentaire est parfois plus explicite : « Peu de gens savent aujourd'hui que l'histoire des États-Unis depuis la révolution de 1776 fut une lutte épique pour se libérer du contrôle des Banques mondiales dominées par les Rothschild »... Le plus étonnant est peut-être que cette vidéo, erronée sur le plan économique, ait pu être citée en exemple pour ses vertus pédagogiques y compris par de grands médias, sans aucune analyse du contenu ni d'enquête sur l'auteur. Il est vrai que celui-ci était déjà connu pour un film dénonçant les traces d'avion dans le ciel comme étant des armes chimiques utilisées secrètement par les États contre le réchauffement planétaire. Un expert donc...

Ces journalistes imprudents auraient été bien inspirés de lire *L'Argent*, le livre de John K. Galbraith, dans lequel on trouve cette phrase : « Le processus par lequel les banques créent de l'argent est si simple que l'esprit en demeure confondu. [...] Les crédits font les dépôts. »

Autre complot, celui qu'extrapole l'idole des altermondialistes Naomi Klein. L'auteure du best-seller *No Logo*, traduit en 28 langues, et qui dénonçait la dictature des marques, va cette fois-ci beaucoup plus loin ; probablement trop. Dans *La Stratégie du choc. La Montée d'un capitalisme du désastre*, elle considère que les crises économiques, autant que les « guerres, attaques terroristes, catastrophes naturelles », sont utilisées voire provoquées par le capitalisme comme moyen de faire accepter les réformes qu'il souhaite, pour dominer encore plus le monde, pour s'imposer même à la démocratie.

Elle croit trouver chez Friedman cette stratégie : « Seule une crise, réelle ou ressentie, produit de véritables changements [...] jusqu'à ce que "le politiquement impossible devienne politiquement inévitable" (*Capitalisme et liberté*). » Dans les problèmes de la monnaie, elle voit la volonté de « privatiser » la création monétaire, de la libéraliser – projet d'ailleurs défendu par von Hayek. Le parallèle établi avec les méthodes de torture et de guerre psychologique est amusant. Sur le fond, une chose est sûre : les crises portent le changement, et tout le génie du capitalisme est de les chevaucher et d'en tirer profit. De là à y voir « des opérations concertées dans le but d'assurer la prise de contrôle de la planète », il y a un pas.

Les libéraux et la crise : la « défense autrichienne »

Le 1er septembre 2011, l'économiste en chef de la Deutsche Bank a fait une déclaration étonnante : « En économie, je suis "autrichien". » On croyait cette branche de l'économie libérale en retrait, et pourtant de plus en plus de libéraux se réclament, parfois en mélangeant les différents courants, de la célèbre « école autrichienne » fondée entre autres par Carl Menger, et qui compte parmi ses ténors von Hayek ou von Mises.

Entre Ron Paul, le candidat libertarien aux élections américaines, la droite ultralibérale européenne, les antieuropéens de tous bords, les *think tanks* tel l'Institut Turgot, l'école autrichienne semble ressortir du bois. Que nous disent ses membres ? D'abord que la crise actuelle n'est certainement pas celle du libéralisme, au contraire. La crise des subprimes est due à la volonté du gouvernement américain de favoriser l'accès à la propriété des plus pauvres ; c'est une conséquence de la « discrimination positive ». La bulle immobilière n'a éclaté que là où l'État avait excessivement réglementé la construction, étouffant ainsi le marché. La crise est en définitive le résultat d'une confiance aveugle dans les capacités de planification et de régulation de l'économie par l'État, dont nous avons atteint les limites. L'ère Greenspan ayant été l'hérésie ultime pour cette nouvelle génération d'« Autrichiens » : la manipulation des taux d'intérêt par les Banques centrales a créé une croissance économique artificielle et généré le dévoiement de l'investissement.

L'État, notamment en sauvant les banques, a empêché l'économie de se régénérer toute seule, grâce à la mécanique puissante des marchés. La crise était inéluctable, mais c'est celle de l'État. La crise est même une phase de guérison, qu'il ne faut pas contrecarrer car elle doit ramener le système vers l'équilibre naturel. L'État doit s'effacer. Il doit abandonner son dernier monopole : celui de la monnaie. Friedman, qui lui reconnaissait ce privilège, est qualifié, tenez-vous bien, de «keynésien»! Von Hayek n'a-t-il pas prévu la privatisation de la monnaie, son émission libre par les banques ou les entreprises exerçant dans ce domaine aussi une saine et libre concurrence?

Robert Boyer : définanciariser l'économie

Spécialiste de l'histoire des crises économiques, théoricien de la régulation, Robert Boyer, dans son dernier ouvrage, *Les financiers détruiront-ils le capitalisme?*, plaide pour un retour à l'économie politique et une définanciarisation de l'économie. Pour lui, la crise de la dette et la crise économique sont liées. Les États se sont endettés pour recapitaliser les banques et relancer l'économie; il est paradoxal de voir maintenant la finance, sauvée par les États, juger la gestion de ces deniers et exiger des sacrifices drastiques.

Concernant l'Europe, il préconise un traitement «à l'argentine» de la dette grecque accompagné d'une recapitalisation des banques touchées par le défaut – une nationalisation en quelque sorte. Pour lui, la crise de l'euro est bien moins grave que la crise américaine, car finalement la dette consolidée y est inférieure, et les capacités de production plus importantes. Ce qui est inquiétant, c'est la concomitance des «crises des blocs» (économiques), et notamment le désendettement des ménages américains, qui va peser lourd sur l'économie mondiale. Pour ces raisons, il estime que la crise actuelle est pire que celle de 1929.

À noter, une proposition radicale pour définanciariser l'économie : n'ouvrir la Bourse qu'une fois par trimestre, ou même une fois par an, pour établir la valeur des sociétés.

L'Apocalypse selon Paul

Paul Jorion est un intellectuel atypique : anthropologue de formation, il a aussi bien travaillé sur le terrain qu'au sein des universités françaises et américaines. Il a travaillé également aux États-Unis pour le compte d'une banque...

En 2004, il écrit *La Crise du capitalisme américain*, qui ne sera publiée en France que plus tard avec une correction qui montre toute la prudence de l'éditeur : son titre devient *Vers la crise du capitalisme américain?*... Pourtant, ce livre était un des rares ouvrages qui prévoyaient ce qui allait se passer – et qui s'est passé quelques semaines après sa publication en France, en 2007.

Depuis, Paul Jorion livre ses analyses depuis son blog et se démarque des autres analystes par la gravité de son diagnostic : pour lui, la crise actuelle est bien la plus grave que le capitalisme ait connue. Et, surtout, elle va se solder par la faillite, l'effondrement du système si on ne prend pas à temps des solutions radicales.

Il considère que le système en est arrivé à une situation d'apoptose, une situation de suicide programmé des cellules.

Il n'est pas le seul penseur à juger que le capitalisme est animé par l'«instinct de mort». Bernard Maris a écrit *Capitalisme et pulsion de mort*, et Patrick Artus et Marie-Paule Virard *Le capitalisme est en train de s'autodétruire.*

Ces sombres présages sont-ils justifiés ? Ils le sont déjà largement. Mais il est à craindre que la bête ne soit coriace.

Chapitre 18

Les dix piliers de la sagesse financière

Dans ce chapitre :
- Jusqu'où poussent les arbres ?
- La finance veut réinventer la roue
- Faut-il ramasser les couteaux qui tombent ?

Pour finir, voici dix maximes qui, si elles avaient été suivies, nous auraient évité bien des tracas. Les quatre premières sont extraites de l'excellent petit livre de John K. Galbraith *Brève histoire de l'euphorie financière* (1990). Les autres sont issues de la *vox populi* boursière. Ces maximes étaient toutes connues avant la crise et restent, bien entendu, toujours valables. À bon entendeur...

« Le génie financier précède la chute »

La finance est régulièrement bouleversée par l'arrivée de techniques nouvelles. Comme tout autre secteur économique, elle connaît l'innovation. Les auteurs de ces nouvelles méthodes reçoivent la seule et unique récompense qui vaille sur les marchés financiers : ils gagnent beaucoup d'argent. Le génie ici est donc garanti, labellisé par quelque chose que tout le monde comprend : la richesse. Des hommes identifiés, en leur temps, comme des « génies » de la finance sont nombreux : Michael Milken, Jimmy Goldsmith, mais aussi Bernard Madoff, Robert Merton et Myron Scholes. Le cas de ces deux derniers est exemplaire : prix Nobel d'économie, ils ont mis au point une formule célèbre pour calculer le prix des options, chose particulièrement délicate à faire. Tout auréolés de leur gloire académique, ces lascars ont eu l'idée de créer un fonds d'investissement : LTCM. Les clients ont afflué : « Pensez donc, deux prix Nobel ! » Prix Nobel ou pas, LTCM a fait faillite – une des plus belles faillites de l'histoire.

« Les marchés sont amnésiques »

L'histoire boursière est bien connue des gens qui la fréquentent. Même le dernier des béotiens qui s'y aventure connaît le sens des mots « bulle » et « krach », qui vont si bien ensemble. Pourtant, à intervalles réguliers, ça recommence. Et, chaque fois, les experts vous diront en chœur : « Ça ne se reproduira pas cette fois-ci. » Les marchés sont amnésiques : ils ont une capacité extraordinaire à perdre la mémoire. Au XIXe siècle, ce qui passionnait les investisseurs, c'était le chemin de fer. Chaque fois que le projet d'une nouvelle ligne était lancé, l'euphorie s'emparait des marchés. Et régulièrement l'effondrement se produisait. On a eu, il y a quelque temps, une réplique contemporaine de cette folie ferroviaire avec le tunnel sous la Manche.

Depuis, on s'est découvert d'autres passions, comme les NTIC ou Internet. L'amnésie la plus importante concernait les marchés eux-mêmes : le marché n'est jamais coupable. Pour la première fois, avec la crise de 2007, cette idée a été un tantinet ébréchée.

« Les marchés financiers sont à la recherche permanente de l'invention de la roue... »

« ... souvent sous une forme légèrement plus instable. » L'invention de la roue signifie ici une trouvaille technique, une invention qui permet de gagner plus d'argent. L'ingénierie financière n'a pas eu d'autre but depuis qu'elle existe. La Bourse a trouvé sa « roue » dans le mécanisme avec lequel Archimède disait qu'il pouvait « soulever le monde » ; ce principe, c'est le levier. L'« effet de levier ». Cela consiste à financer une partie de ses investissements par le crédit.

Si le profit que l'on tire de ce placement est supérieur au taux d'intérêt, l'affaire est rentable, et à ce moment-là on peut se dire que la principale limite aux gains est donnée par la somme investie, donc empruntée.

La «roue», on l'a inventée avant 1929 (*call loans*), on l'a inventée avant 1987 (*junk bonds*), on l'a réinventée encore avant 2007 (produits dérivés et titrisation). À chaque fois on a crié au génie, à chaque fois on a eu la ruine. Mais attention, la roue tourne encore, et de plus en plus vite, à la vitesse du *high speed trading*.

« Les sots sont, tôt ou tard, séparés de leur argent »

À la Bourse, la naïveté n'est pas payante, à la longue. Le grand penseur des organisations Herbert Simon a forgé le concept de «rationalité limitée». Un comportement totalement rationnel étant impossible, les acteurs adoptent une «rationalité limitée» qui consiste : 1- à faire comme les autres ; 2- à suivre les conseils des spécialistes. À court terme, cela donne d'excellents résultats grâce au mécanisme des «anticipations autoréalisatrices». Mais, à la longue, les «autres» n'ont pas forcément raison parce qu'ils sont plus nombreux, et les «spécialistes» sont souvent des crétins. On comprend qu'à la Bourse un tel comportement puisse aboutir à une rationalité *très* limitée, et le naïf peut expérimenter ce qu'on pourrait appeler le «sot dans le vide».

Face à ce risque, Galbraith donne un seul conseil : «associer l'optimisme trop affiché à l'imbécillité probable».

« Les arbres ne poussent jamais jusqu'au ciel »

C'est probablement le dicton le plus connu, le plus simple, le plus évident. C'est aussi un principe qu'on oublie régulièrement. Chaque épisode spéculatif est marqué par une flambée des prix, suivie de son effondrement. Tout peut être l'objet de ces processus : les actions, l'immobilier, les matières premières, les voitures de collection, les tulipes – qui furent le premier exemple de folie spéculative au XVIIe siècle. Ce qu'il faut expliquer, c'est pourquoi, régulièrement, des hommes sont capables d'acheter à des prix fous en croyant qu'ils pourront revendre encore plus cher. La réponse est dans les faits : le prix a augmenté, il peut donc augmenter encore. Renoncer à acheter quand tout augmente, c'est renoncer à gagner de l'argent (et beaucoup d'argent) très facilement. Il faut beaucoup de courage pour le faire. Dans l'immense majorité des cas, même les spécialistes se laissent prendre au piège. Ils pratiquent une version financière du jeu des chaises musicales : ils savent qu'au moment où la musique va s'arrêter quelqu'un va se retrouver le cul par terre, mais tant que la musique va, que l'argent coule à flots, s'abstenir de prendre sa part est perçu comme une bêtise.

Comment l'éviter ? Quelques outils financiers rudimentaires peuvent aider. Par exemple, le PER (*Price Earning Ratio*). C'est le rapport entre le prix d'une action et les bénéfices attendus, probables, de la même action. On considère qu'une bonne action doit avoir un PER compris entre 5 et 10. Au-delà, ça devient louche. L'action Facebook, au moment de son introduction en Bourse, avait un PER de 100. Ce qui veut dire que, pour rentabiliser la chose, il faudrait garder l'action cent ans avant d'être bénéficiaire. Cette fois-ci, les acheteurs ont été prudents…

« Acheter la rumeur et vendre l'information »

Nous sommes au cœur de la mécanique spéculative. Lénine disait que le bon bolchevik était celui qui « l'oreille collée au sol, entend l'herbe pousser ». « Entendre l'herbe pousser », c'est être capable de discerner dans le moindre frémissement le signe précurseur d'un événement. À défaut d'herbe, le spéculateur se nourrit de rumeurs. Ainsi, les actions d'une entreprise dont on dit qu'elle *pourrait* faire des bénéfices doivent être achetées avant que ces mêmes bénéfices soient publiés. Le quidam qui achète les actions au moment de la publication de la bonne nouvelle aura, le plus souvent, la mauvaise surprise de voir le cours baisser. Normal : les malins ont acheté *avant*. Maintenant, ils vendent, et le pécore est marri. Le bolchevik a fait « comme les autres, avant les autres », autre dicton célèbre. Les pigeons font l'inverse.

Cela dit, on ne peut que constater que cette manie d'extrapoler, d'imaginer, de *spéculer* (sagesse de la langue !) sur la base de simples commérages est en train de rendre la Bourse totalement schizophrène. D'autant plus que les commérages ne manquent pas dans le « village global ».

« Acheter au son du canon et vendre au son du violon »

Maxime classique sur laquelle s'est bâtie plus d'une fortune. Le « canon » indique ici les périodes troubles, les moments difficiles, et le « violon » les périodes fastes, la prospérité.

Cela signifie que les meilleures affaires se font quand la Bourse est en crise, quand les gens vendent et que les prix s'effondrent. Plus d'un grand banquier a ainsi consolidé sa fortune. J. P. Morgan, par exemple, est connu pour avoir, avec quelques collègues, acheté massivement des actions lors de la crise de 1907. Son intervention sur les marchés a réussi à inverser la tendance et à éviter un krach encore plus grave. Non seulement il s'est enrichi, mais il a gagné l'estime de milliers d'actionnaires qui ont fait de lui un véritable héros.

Joseph Kennedy (le père de l'illustre fratrie) a fait fortune grâce à la crise de 1929 : il a acheté judicieusement les actions que les autres bradaient. Actuellement, c'est Warren Buffet ou George Soros qui annoncent, chaque fois qu'ils en ont l'occasion, qu'ils sont actuellement à la Bourse « comme un enfant dans un magasin de bonbons »....

« On ne rattrape pas un couteau qui tombe »

Voici un conseil qui, dans sa formulation, fait froid dans le dos. Un « couteau qui tombe », c'est une entreprise dont les actions s'effondrent – comme celles des banques au cours de la période récente.

À force de vouloir faire de bonnes affaires, on peut se dire qu'une entreprise qui a momentanément des difficultés peut redevenir prospère demain. Pourquoi pas ? Encore faut-il avoir assez de clairvoyance pour ne pas se mettre dans de sales draps et acheter des titres qui ne vaudront même pas un centime quelques mois après. Des couteaux, ces derniers temps, il en pleut : entre les banques qui frôlent la faillite et les pays en délicatesse avec leur dette...

« Bulls can win, bears can win, but pigs get killed »

« Les taureaux peuvent gagner, les ours peuvent gagner, mais les cochons sont tués. »

Dans le jargon boursier américain, les *bulls* (les « taureaux ») sont les « haussiers », les *bears* (les « ours ») sont les « baissiers ». Les *pigs* (les « cochons ») sont les opérateurs avides que la cupidité rend aveugles. Ceux-là ont tellement faim de gains qu'ils sont capables d'avaler n'importe quel titre « toxique » ou de marcher dans toutes les combines. L'escroquerie de Madoff n'a pu fonctionner que parce qu'il promettait des gains extraordinaires à des gens (fussent-ils par ailleurs tout à fait honorables) pas très regardants sur la manière dont ces gains allaient être réalisés. Le marché égorge les *pigs* sans pitié. Ça, c'est le sens traditionnel de ce dicton animalier.

Bien entendu, ce qui le rend encore plus cruel, c'est le sens nouveau que le mot *pigs* a revêtu depuis le début de la crise dans le milieu financier. Les « Pigs », ce sont les malheureux pays (Portugal, Italie, Grèce, Espagne) dont le sort est suspendu aux variations d'humeur des marchés et du spread. Finiront-ils égorgés comme les cochons du dicton ? Pour certains d'entre eux, la saignée a commencé.

« L'efficience des marchés n'est que celle des institutions qui les encadrent »

Finissons sur cette formule lumineuse de Grossman et Stiglitz. Les marchés financiers ont montré ces dernières années de quelle démence destructive ils étaient capables. Le marché est une excellente chose à condition qu'il soit réglementé, surveillé, encadré. Croire que la « main invisible » finit par tout arranger est un dogme de nature religieuse. D'ailleurs, pour Adam Smith, la « main invisible » n'était autre que la Divine Providence.

Le marché n'est pas le lieu de la rationalité et de l'efficacité : il *peut* l'être, comme il peut être un coupe-gorge où les rapports de force, la manipulation, l'abus de confiance règnent.

Dans tous les cas, il faut rechercher l'engagement formel, la transparence, la règle. Il faut se placer sous les auspices d'une authentique main visible : celle de la loi.

Cinquième partie

Annexes

Dans cette partie...

Vous trouverez des outils pour mieux comprendre la crise : un lexique avec le sens des termes les plus utilisés et des recommandations de films et de lectures pour aller plus loin.

Annexe A

Lexique

Action. Titre de propriété d'une entreprise. Le propriétaire est dit « actionnaire de l'entreprise », touchant une part de son bénéfice (le dividende). L'action est négociable, notamment à la Bourse.

Agence (théorie de l'). Théorie économique qui étudie les rapports entre un donneur d'ordres et l'exécutant. Il apparaît que ces rapports sont entachés d'un manque de transparence (*asymétrie de l'information*) et de l'*aléa moral* (*cf.* les rapports Kerviel- Société générale).

Agences de notation (*rating agencies*). Entreprises privées analysant et notant les produits financiers émis par les banques, les entreprises et les États. Fitch Ratings, Standard & Poor's, Moody's sont les plus connues. Ces agences évaluent la solidité financière d'une entreprise ou d'un État, et par déduction leur capacité à rembourser un emprunt et ses intérêts rattachés en temps voulu. Aujourd'hui, leurs méthodes sont si controversées que des questions de régulation et d'encadrement sont posées.

Aléa moral. Comportement dévoyé de l'un des signataires d'un contrat, contraire aux intérêts des autres contractants. Exemple : les banques qui spéculent contre les produits qu'elles ont vendus à leurs clients.

AMF (Autorité des marchés financiers). Gendarme français des marchés financiers, elle fut créée par la loi « Sécurité financière » du 1er août 2003, et succéda à la COB. Sa mission est triple : protection de l'épargne, obligation d'information aux investisseurs, régulation du marché des instruments financiers.

Angelides (Commission). Commission d'enquête américaine chargée d'enquêter sur la crise des subprimes.

Bad bank. Pour résoudre les crises bancaires, on crée une structure qui récupère les «actifs pourris».

Bail out. Sauvetage d'une banque ou d'un pays.

Bâle 1, Bâle 2, Bâle 3. Série d'accords mis au point par les Banques centrales et la BRI portant sur des recommandations faites aux banques pour assurer leur solvabilité et leur bon fonctionnement.

Bank run («panique bancaire»). Retrait massif des dépôts par les clients des banques. Lorsqu'ils pensent que celles-ci risquent la faillite, ils se précipitent pour retirer leur argent. Autrefois, du temps de l'étalon-or on se précipitait pour empocher l'équivalent de ses avoirs en or, ce qui poussait la Banque centrale à suspendre la convertibilité-or des billets. L'histoire est ponctuée de *bank runs* : de celui de 1797 au Royaume-Uni à la grande panique de 1929 et aux plus récents cas de l'Argentine (1998) et de Northern Rock en juillet 2008, en passant par les multiples paniques bancaires du XIXe siècle. Aucune banque, si solide soit-elle, ne peut résister à un mouvement de ce genre.

BCE (Banque centrale européenne). Créée en 1998, elle a la particularité d'être une Banque centrale ayant la responsabilité d'une monnaie mais n'étant pas adossée à un État jouissant de la plénitude de sa souveraineté. Cela lui pose quelques problèmes.

Bulle. On parle de «bulle spéculative» lorsque le prix des actions, ou de n'importe quel autre actif, augmente de manière exagérée. La crise des subprimes est inséparable de la «bulle immobilière», particulièrement sensible en Extrême-Orient, en Espagne et, bien entendu, aux États-Unis.

Call. Option d'achat. C'est un produit dérivé qui permet d'acheter au temps 2 (demain) au prix du temps 1 (aujourd'hui). Il est utilisé comme assurance contre la hausse d'un prix ou pour spéculer à la hausse avec un fort effet de levier.

Capitalisation boursière. Valeur boursière (*market value*) d'une société à un instant précis. Elle s'obtient en multipliant le nombre d'actions émises par le cours de Bourse à cet instant.

CDO (*Collateralized Debt Obligations*). Titres financiers structurés (issus de la « mise en panier » d'autres titres).

CDS (*Credit Default Swaps*). Produits dérivés protégeant contre la défaillance d'un débiteur. Leur valeur augmente lorsque le risque de « défaut » augmente. On peut acheter des CDS sur la dette des pays sans détenir une part de cette dette. Dans ce cas, c'est un produit très spéculatif.

CESR (Committee of European Securities Regulators, « Comité européen de régulation boursière »). Il joue le même rôle que l'AMF mais au niveau européen.

Comité européen des contrôleurs bancaires. Entité européenne jouant le même rôle que la Commission bancaire, mais au niveau supranational (européen). Sa mission est triple : conseiller la Commission européenne, coordonner les directives bancaires européennes, coordonner et améliorer les processus de contrôle bancaire (évasion fiscale…).

Commission bancaire. Acteur régulateur interbancaire, c'est le gendarme français des flux d'échanges monétaires aux niveaux national comme international (de ou vers la France). La commission lutte ainsi contre le blanchiment d'argent par exemple.

Credit crunch. Effondrement du crédit. Provoque l'asphyxie de l'économie.

Crise systémique. Crise ayant pour principale caractéristique son mode de propagation au sein du système financier tout entier. Comme un virus, un acteur affecté en entraînera un autre dans sa chute, qui en entraînera un autre, puis un autre. On parle d'« effet domino », d'« effet boule de neige »…

Déflation. Baisse du niveau général des prix observée sur le moyen ou le long terme.

Dérivés de crédit. Produits financiers issus des marchés dérivés (CDS et swaps) permettant à un acteur de se protéger contre le risque de défaut de l'entité sous-jacente contre laquelle a été émis le produit en question. Ils sont en général émis par les banques, qui peuvent faire défaut à leurs engagements (avec la crise des subprimes, certains contrats swaps ont pris tellement de valeur que les sociétés émettrices ont pour la plupart fait faillite). Ce sont des « armes financières de destruction massive », selon l'expression de Warren Buffet.

Désintermédiation. Processus par lequel les acteurs économiques tendent à se financer directement sur les marchés, en éliminant peu à peu les acteurs intermédiaires (établissements de crédit...).

Eurobonds. Obligations européennes.

Eurosystème. Système bancaire central visant à coordonner la majeure partie des directives des Banques centrales nationales membres de la zone euro.

Fed (Federal Reserve Bank). La Banque centrale des États-Unis, fondée en 1913, et dont le capital est détenu par les banques privées.

FESF (Fonds européen de stabilité financière). Constitué en mai 2010 lors du sauvetage de la Grèce, il avait pour objectif de prêter aux pays en difficulté, en achetant leur dette et en empruntant lui-même sur les marchés. Il sera remplacé par le MES (Mécanisme européen de stabilité).

Financiarisation. Phénomène d'accroissement de la part des activités financières dans le PIB.

Flight to quality. Après avoir pris des risques insensés avec les produits structurés, les banques se sont tournées vers les titres d'État, estimés plus sûrs... Pas de bol.

FMI (Fonds monétaire international) ou **IMF** (International Monetary Fund). Institution internationale fondée en 1944 et regroupant 188 pays signataires, dont le but est de promouvoir la coopération économique, la stabilité financière (des devises notamment) et le développement (émission de crédits principalement).

Fonds communs de placement (FCP). Fonds d'investissement composés de sommes dont la totalité est issue de particuliers ou d'institutionnels. Ces sommes sont alors gérées par des professionnels (gestionnaires de fonds) dont la mission principale est de générer du profit pour le compte de leurs clients.

Fonds de capital-risque. Fonds d'investissement spécialisés dans l'apport de capital aux sociétés qui ne sont pas cotées sur les marchés financiers (ils sont dits «fonds d'investissement hors marchés»).

Fonds de pension. Fonds gérant l'épargne des systèmes de retraite par capitalisation.

Fonds souverains. Fonds appartenant à des États, issus des excédents du commerce extérieur, souvent d'origine pétrolière.

G8. «G» comme «groupe» ou comme «Giscard». C'est Valéry Giscard d'Estaing qui a en effet convoqué le premier «G6» (Rambouillet, 1975) comme structure informelle de discussion des grands problèmes internationaux. En faisaient partie les États-Unis, la France, l'Allemagne, le Japon, le Royaume-Uni, l'Italie. On est passé au «G7» avec l'arrivée du Canada (1976) puis au G8 avec l'arrivée de la Russie (1998).

G20. Le groupe des 20 pays s'est constitué pour la première fois en 1999 après la crise asiatique. Le 15 novembre 2008, il s'est réuni en pleine crise. En font partie, en plus des pays du G8 : Arabie saoudite, Argentine, Australie, Afrique du Sud, Brésil, Chine, Corée du Sud, Inde, Indonésie, Mexique, Turquie, Union européenne. Le G20 représente 90 % de la richesse mondiale.

Hedge funds. Fonds d'investissement à haut risque dont la gestion est très peu encadrée. Les souscripteurs (investisseurs) attendent des rendements élevés et une gestion active de leur argent.

Krach. Mot d'origine allemande (et à prononcer comme tel) signifiant la chute brutale des cours à la Bourse. Il se produit le plus souvent en octobre. Il s'est révélé très fréquent au cours des dernières décennies (1987, 1989, 2001, 2008...).

LBO (*Leverage Buy Out*, «achat sur effet de levier»). On achète avec de l'argent emprunté. Dans ce processus, l'acheteur finance en grande partie son acquisition grâce à l'intervention d'un ou de plusieurs établissements de crédit. Les LBO sont très nombreux durant les temps de crise.

Libertarianisme. Tendance extrême du libéralisme qui veut un effacement total de l'État. Ce mouvement est représenté notamment par le propre fils de Milton Friedman, David.

Liquidité de marché. Un marché très «liquide» est un marché où l'offre et la demande sont abondantes. Ainsi, le marché peut absorber un flux très intense sans baisse significative des prix. C'est souvent la spéculation qui assure la liquidité d'un marché.

Mark to market. Méthode de comptabilisation des actifs au prix du marché. Lorsque le marché s'effondre, les bilans font triste mine.

Mark to model. Lorsqu'il n'y a plus de marché pour un titre, on le valorise suivant des modèles financiers.

Monolines (rehausseurs de crédits). Entreprises financières qui assuraient les produits de la titrisation – activité amusante mais suicidaire, d'ailleurs les monolines ont disparu dans la crise des subprimes.

Nationalisation. Rachat total ou partiel d'une entreprise par l'État. Dans le passé, on nationalisait pour mettre une entreprise au service de la collectivité, ou pour la punir (Renault). Aujourd'hui, on nationalise les entreprises, notamment les banques, pour les sauver. C'est la collectivité qui est mise au service du privé.

Obligation. Titre de créance. Lorsque vous «achetez» une obligation, vous prêtez de l'argent à l'émetteur (entreprise, banque ou État), qui s'engage à vous rembourser (à court ou à long terme) avec des intérêts. Si l'obligation est «pourrie» (*junk bond*) ou «toxique», vous risquez de ne pas revoir votre argent.

OCDE. Organisation pour la coopération et le développement économique. Regroupe les pays développés.

Option. Produit dérivé permettant d'acheter (ou de vendre) une quantité d'actifs (dits «sous-jacents») à un prix et à une échéance fixés (options européennes) ou durant un laps de temps défini (options américaines).

OTC (*Over The Counter*). Marché de gré à gré.

Privatisation. Contraire de «nationalisation»: c'est le processus par lequel un État va céder une entreprise au secteur privé.

Produit dérivé. Instrument financier servant au départ d'assurance contre la variation non souhaitée du prix d'un actif quelconque. C'est devenu un moyen de spéculation très rémunérateur mais extrêmement risqué (*cf.* Kerviel). Voir *Call*, *Put*.

Put. Option de vente. Produit dérivé permettant de vendre au temps 2 (demain) au prix du temps 1 (aujourd'hui). Permet de s'assurer contre la baisse du prix d'un actif ou de spéculer à la baisse avec un fort effet de levier.

ROE (*Return On Equity*). Taux de rendement. C'est l'indicateur de performance de l'investissement. Autrefois, les investisseurs, notamment en Bourse, considéraient comme excellent un ROE de 5 à 8 %. On est progressivement passé à des taux de 10 à 15 % puis à 20 % et au-delà.

SEC (Securities Exchange Commission). Gendarme de la Bourse de New York.

Short naked selling («position vendeur à découvert»). On se met en position de vendre des titres que l'on n'a pas (on les achètera au moment de les vendre). La vente à découvert a été interdite sur plusieurs marchés financiers (Paris, Rome, Madrid, Bruxelles en août 2011).

Short selling («position courte»). Position vendeur. Spéculation à la baisse.

Slam (*Shareholder Limited Authorized Margin*, «marge actionnariale maximale autorisée»). Dispositif imaginé par Frédéric Lordon qui vise à déterminer pour chaque entreprise cotée un seuil de rémunération actionnariale maximal autorisé. Au-delà de ce seuil, tout dépassement fait l'objet d'un prélèvement fiscal intégral.

Spending review («révision des dépenses»). Opération qui consiste à réduire les dépenses de l'État. Très à la mode dans les pays du sud de l'Europe.

Spread. Écart de taux d'intérêt. Le spread dont on parle le plus est celui qui sépare les taux des emprunts publics allemands, les moins chers, de ceux des autres pays européens, France, Italie, Espagne. Le spread est donné en centaines de points. Ainsi, un spread de 460 pour l'Italie signifie que les Italiens doivent payer 4,6 % de taux d'intérêt de plus que les Allemands (pour la même somme).

Subprime. Le crédit subprime est un crédit risqué et à taux élevé, car souvent accordé à des clients peu solvables. Mixés avec des crédits à faible risque de défaillance (processus de titrisation), les subprimes présentaient un risque masqué, mais toujours existant, ce qui déclencha la « crise des subprimes » de 2008.

Taxe Tobin. Taxe sur les transactions financières, imaginée par l'économiste Tobin. D'abord défendue par les mouvements altermondialistes, elle est adoptée par Sarkozy et l'Union européenne.

Titrisation. Technique d'ingénierie financière (sciences mathématiques poussées appliquées à la finance) qui consiste à créer des « paniers » de différents titres de crédits afin de limiter le risque global du portefeuille, qui devient alors totalement opaque aux nouveaux investisseurs.

Toxiques (actifs) (de *toxic waste*, « déchets toxiques »). Nom donné aux titres très risqués. Le risque, c'est de ne jamais revoir l'argent qu'on a mis dedans.

Trading à haute fréquence (*high frequency trading*). Opérations d'achat-vente automatiques gérées par ordinateur en millionièmes de seconde.

Troïka. Ce mot d'origine russe désigne un groupe dirigeant à trois têtes. On l'utilise pour définir le trio UE-BCE-FMI, qui ces derniers temps vole au secours des États malades. On présente souvent la Troïka comme des docteurs Diafoirus ne connaissant que deux remèdes : la purge et la saignée.

Value at risk. Notion utilisée pour mesurer le risque que comporte un portefeuille de titres. Elle est fondée sur une « distribution normale » des risques. Or, dans la finance, il n'y a rien de normal, et surtout pas la distribution.

Volker rule. Interdiction pour les banques de spéculer pour leur propre compte.

Annexe B

Pour aller plus loin

*V*ous ne comprenez rien à la crise ? Allez au cinéma, ou écoutez un rap qui déménage. Voici quelques conseils pour se divertir et pour s'instruire.

Margin Call

Film de J. C. Chandor (2012).

Quand on veut comprendre la crise, on va au cinéma. Des cadres d'une banque sont licenciés. Ils sont peut-être trop vieux, ou pas assez performants. On leur laisse quelques minutes pour débarrasser leur bureau sous la surveillance des hommes de la sécurité. À l'américaine. On dégraisse, on renouvelle. Ceux qui restent savent à quoi s'en tenir ; cette décimation ne peut que les stimuler. En partant, un des cadres a juste le temps de glisser une clé USB à un des collaborateurs.

C'est la fin de la journée, le jeune homme intrigué regarde les fichiers. Il ne lui faut pas longtemps pour découvrir qu'il tient une bombe dans les mains. Les programmes de gestion de portefeuille de la banque présentent des anomalies. Les calculs sont faux ; bientôt, ce que la banque possède ne vaudra plus que des clopinettes, et ça sera le cas pour d'autres banques.

Le film est quasiment construit en temps réel. Tout se passe l'espace d'une nuit. L'alerte remonte la hiérarchie de la banque, de responsable en responsable, jusqu'au sommet de la pyramide, au P.-D.G., qui arrive en pleine nuit en hélicoptère : de vérification en vérification, chacun voit le gouffre s'ouvrir sous ses pieds. La question qui se pose est simple : que faire ?

Si la banque garde les «actifs toxiques» dont sont truffés ses comptes, elle ne survivra pas une semaine. Il y a une autre solution : se débarrasser de toute cette «pourriture» le plus rapidement possible. Avant que l'alerte soit donnée. Mais cela signifie saborder les autres banques, provoquer la ruine de ses propres clients, ruiner à jamais sa propre réputation. À l'aube, la décision est prise.

It's a Free World

Film de Ken Loach (2007).

On connaît le cinéaste Ken Loach, son engagement, sa capacité à explorer et à révéler l'humanité de ses personnages, notamment les exclus, les pauvres, les laissés pour compte. Il l'a fait de manière magistrale avec *Looking for Eric*, dans lequel Éric Cantona se matérialise pour venir aider un vieux postier dont la vie part en vrille.

Avec *It's a Free World*, plus que dans l'humanité, nous sommes dans l'ambiguïté. L'héroïne du film est une travailleuse précaire qui se bat comme un beau diable pour survivre avec un enfant qu'elle élève seule. Un jour, parce qu'elle n'a pas cédé aux «avances» de ses chefs, elle est licenciée de l'agence d'intérim pour laquelle elle travaille.

Au lieu de baisser les bras, elle se met en tête de continuer de mener son activité à son propre compte. Le travail intérimaire, elle sait comment ça fonctionne. Elle monte donc sa «petite entreprise» d'intérim. Le personnage, qui jusque-là pouvait attirer la sympathie et la compassion, se dédouble progressivement pour devenir à la fin un monstre repoussant. Ce dont elle a été victime, elle le reproduit à l'identique : l'exploitation des «sans-papiers», les combines douteuses, l'illégalité. Le tout en se disant que, si on veut s'en sortir, on ne peut pas faire autrement.

Keynes vs Hayek

On trouve de tout sur Internet ; même des morceaux de rap pédagogiques. Les deux qu'on vous conseille ont fait un véritable malheur sur les réseaux de partage, avec des millions de vues. Il s'agit d'une «battle» comme celles qui opposent des rappeurs de banlieue, mais là, les deux combattants sont deux ténors de la pensée économique : Keynes et Hayek.

Le premier épisode (*Fear the Boom and Bust*), l'original, date de 2010 : participant à un colloque d'économistes, les deux collègues ennemis décident de faire une virée en limousine qui tourne en affrontement sur la nature et les causes de la crise.

Dans le deuxième épisode, *Keynes vs Hayek, Round Two. The Fight of the Century* (2011), beaucoup plus «abouti» de tous les points de vue (y compris musical), les deux ténors sont convoqués devant une commission parlementaire ; leur affrontement finit en match de boxe.

Ces deux clips sont réussis : les acteurs sont très crédibles et ressemblants, certains détails de la mise en scène sont délicieux (notamment la différence de notoriété des deux économistes : Hayek trouve dans un tiroir de sa chambre d'hôtel un exemplaire de la *Théorie générale*), la musique est bonne, mais surtout, et là est le véritable exploit, l'argumentaire économique est exemplaire. Les deux analyses des crises sont parfaitement présentées, avec les idées-forces des deux géants de la pensée économique : les «esprits animaux», les taux d'intérêt, le rôle de la consommation, le malinvestissement… Les auteurs ont même réussi à glisser dans le clip la formule de la «demande effective».

D'après les commentaires des internautes, l'objectif pédagogique est totalement atteint : certains étudiants (probablement américains) ont même découvert Hayek, leurs profs (d'économie) ne leur en ayant jamais parlé.

Un grand bravo aux auteurs, John Papola et Russ Roberts, et un seul conseil aux lecteurs : à vos souris, à vos tablettes ! (Choisissez quand même une version sous-titrée, quel que soit votre niveau d'anglais : le texte doit être savouré dans son intégralité.)

(À voir sur YouTube ou Dailymotion.)

Le B.-a.-ba de la crise des subprimes

Dès la rentrée 2008, une BD expliquant très clairement la crise des subprimes circule à New York, avant de faire le tour du Web. Si le graphisme est simpliste, le contenu est drôle, explicite et toujours d'actualité. L'agence BDDP Unlimited et Rue 89 l'ont traduite et adaptée en une animation au ton très pédagogique et très décalé; on y trouve expliqués la légèreté des courtiers, qui n'étant pas les prêteurs ont ouvert le crédit de façon délirante, le découpage des emprunts toxiques et leur camouflage dans des produits dérivés, astucieux montage ayant permis de mettre sur le marché des valeurs pourries notées AAA ou BBB.

(À voir sur YouTube ou Dailymotion.)

Españistan

Aleix Sallo a concocté une animation impertinente, cynique et provocatrice : la crise espagnole expliquée en détail, qui mine de rien pointe les causes profondes de l'endettement espagnol, le lien avec la politique de l'emploi et la différence entre les slogans politiques et la réalité. On commence avec la nouvelle « loi du sol » proposée par Aznar, qui libéralise la constructibilité des terrains. L'objectif était de relancer la construction, de faire baisser les prix de l'immobilier et de favoriser l'accès à la propriété. Les constructions de logements vont exploser jusqu'à l'absurde, faisant monter les prix des terrains, et au final faisant grimper en flèche les prix de l'immobilier. Les crédits sont accordés trop largement, et même gonflés. C'est le rêve du *Spanish Way of Life*. Les spéculateurs vont s'en donner à cœur joie... D'autant que la loi sur la libéralisation de l'emploi a fait affluer vers l'immobilier un nombre important de salariés. Dès le premier accroc, la spirale inverse se met en route : chômage, expulsions, faillites...

La conclusion est amère : les Espagnols se réveillent avec une sévère gueule de bois, et le sentiment d'être redevenus pauvres; mais la vérité, conclut le film, c'est qu'ils n'avaient jamais cessé de l'être...

(À voir sur YouTube ou Dailymotion.)

Inside Job

Le journal *Libération* prévient : après avoir vu ce documentaire de Charles Ferguson (2010), « le spectateur moyen ne peut pas échapper à l'envie irrésistible de pendre par les pieds, avec plumes et goudron, tout ce qui ressemble à un banquier de Wall Street, un professeur de finance à Harvard ou un conseiller économique du président américain, républicain comme démocrate » (17 novembre 2010).

Ce film très dense, parfois rapide, mais très rigoureux, décortique le rôle du lobbying de Wall Steet, sa mainmise sur le pouvoir politique, le cynisme des milieux financiers, conscients des risques qu'ils faisaient prendre au monde, l'amnésie des responsables de tous bords.

Les professeurs d'économie de grandes universités telles Harvard ou Berkeley sont particulièrement mis en cause pour avoir servi de caution alors qu'ils sont eux-mêmes au conseil d'administration des banques ou des institutions financières liées à la crise. Une perle parmi d'autres : Frederic Mishkin, de la Columbia Business School, avait écrit en 2006, avant la faillite de l'Islande, un texte intitulé *Stabilité financière en Islande*. Il s'agissait en réalité d'une commande de la Chambre de commerce islandaise payée 95 000 euros, pour laquelle il reconnaît n'avoir vérifié aucune donnée. En 2010, sur son CV, le titre du rapport est devenu *Instabilité financière en Europe*. Explication : « Heu… Une coquille… Certainement. »

L'ironie veut que ce réquisitoire implacable ait été réalisé par un cinéaste américain (à quand l'équivalent en Europe ?) qui était devenu milliardaire avec Internet. Il est donc totalement légitime pour pousser dans leurs retranchements ces professeurs, banquiers et politiciens tour à tour ridicules, consternants, révoltants. Le film, distribué par Sony, a décroché l'Oscar du meilleur documentaire en 2011, preuve qu'à Hollywood tout se recycle.

Crise de lire

Et pour ceux qui préfèrent la lecture :

- Michel Aglietta, *La Crise. Comment en est-on arrivé là ? Comment en sortir ?*, Michalon, 2008.
- Jacques Attali, *La Crise, et après ?*, Fayard, 2008.
- Anton Brender et Florence Pisani, *La Crise de la finance globalisée*, La Découverte, 2009.
- Paul Fabra, *Le Capitalisme sans capital*, Eyrolles, 2010.
- Milton Friedmann, *Capitalisme et liberté*, Robert Laffont, 1971.
- John K. Galbraith, *Brève histoire de l'euphorie financière*, Seuil, 1990.
- John K. Galbraith, *La Crise économique de 1929. Anatomie d'une catastrophe financière*, Payot, 2011.
- Paul Jorion, *La Crise : des subprimes au séisme financier planétaire*, Fayard, 2008.
- Paul Krugman, *Pourquoi les crises reviennent toujours*, Seuil, 2009.
- Michel Musolino, *L'Économie pour les Nuls*, First, 2e éd. 2011.
- Michel Musolino, *Fluctuations et crises économiques*, Ellipses, 2010.
- Michel Musolino, *Le Trader et la Ménagère : enquête sur l'hypercapitalisme*, First, 2009.
- André Orléan, *De l'euphorie à la panique : penser la crise financière*, Rue d'Ulm, 2009.
- Joseph Siglitz, *Un autre monde. Contre le fanatisme du marché*, Fayard, 2006.

Index

A

ABS (Asset Backed Securities) 70
accès au logement 230
Ackermann, Joseph 168
activité économique 36, 38, 41, 47, 127, 194, 203, 254
Adenauer, Konrad 183
Adia 86
Afrique du Sud 246, 277
agences de notation 66, 71, 72, 81, 113, 117, 120, 153, 251, 254, 273
Aglietta, Michel 41, 286
AIG 85, 88, 97, 157
Akerlof, George 145, 153, 170
Algérie 13
Aliber, Bob 75
Allais, Maurice 99, 170, 179, 239, 252
Allemagne 17, 26, 27, 28, 58, 59, 61, 76, 84, 108, 110, 111, 115, 132, 133, 134, 136, 177, 184, 185, 186, 194, 196, 219, 223, 232, 243, 248, 277
Allied Irish Banks 115
al-Waleed 86
Amazon 103, 211
AMF (Autorité des marchés financiers) 168, 224, 273, 275
Ancien Régime 22
Andersen, Arthur 82
Angelides 168, 240, 273
Angleterre 14, 17, 21, 74, 257
antisémitisme 26, 59

Argentine 24, 98, 108, 216, 274, 277
Aristote 196
Artus, Patrick 93, 152, 261
Ashton, Catherine 183
Attali, Jacques 120, 121, 216, 286
Australie 245, 277
Autorité des marchés financiers (AMF) 168, 224, 273, 275
autorité monétaire 24, 79
Autriche 27
Axa 154

B

Bachelier, Louis 149
baisse
    baisse de la production 27
    baisse des revenus 23, 52, 120, 245
    baisse des salaires 22, 24, 35, 53
    baisse généralisée des prix 245
Bank of America 86, 87
bank run 83, 102
Bankia 89
banque
    Banque centrale 24, 38, 42, 48, 82, 84, 87, 93, 106, 112, 113, 156, 189, 196, 203, 204, 207, 215, 255, 259, 274, 276
    Banque centrale européenne (BCE) 102, 111, 112, 113, 116, 118, 158, 183, 246, 274, 280

banque d'affaires *86*
Banque d'Angleterre *84*
Banque fédérale *18*
Barclays *85, 146, 147*
Baring Brothers *24*
Barings *82*
Barroso, José Manuel *183*
BCE (Banque centrale européenne) *102, 111, 112, 113, 116, 118, 158, 183, 246, 274, 280*
Bear Stearns *69, 80, 86*
Belgique *85*
Ben Laden, Oussama *126*
Bénard, Vincent *168*
Berlusconi, Silvio *111, 118, 119, 128, 129, 130, 233, 241*
Bernanke, Ben *124, 165*
Bettencourt, Liliane *134*
Biden, Joe *126*
Blanchard, Olivier *164*
Blanqué, Pascal *189, 240*
Bloomberg *101*
BNP *84, 85, 97, 154*
Boesky, Ivan *142*
bouclier fiscal *57, 134*
Bourse *12, 22, 23, 27, 45, 64, 95, 96, 97, 99, 101, 102, 103, 104, 105, 143, 156, 157, 158, 163, 196, 203, 223, 234, 244, 247, 260, 264, 265, 266, 267, 273, 274, 277, 279*
Boyer, Robert *43, 180, 260*
Bradford & Bingley *85*
Braudel, Fernand *144, 174*
Brel, Jacques *232*
Brésil *2, 55, 217, 246, 277*
BRI (Banque des règlements internationaux) *109*
Brown, Donald J. *165*
Brown, Gordon *74, 128*
Buffet, Warren *148, 153, 244, 256, 267, 276*
Bulgarie *246*
bulle spéculative *99, 116, 156, 155, 274*

C

CAC 40 *96, 97, 134, 211*
call loans *27, 265*
Cameroun *98*
Camus, Albert *174*
Canada *2, 245, 277*
capitalisme *14, 17, 18, 34, 35, 39, 40, 41, 42, 53, 57, 91, 142, 143, 144, 146, 155, 169, 173, 174, 187, 209, 223, 225, 247, 248, 254, 258, 260, 261*
Carrefour *29, 229*
Castries, Henri de *154*
CDD *230*
CDI *200, 230*
CDO (*Collateralized Debt Obligations*) *70, 71, 73, 81, 146, 153, 275*
CDS (*Credit Default Swaps*) *71, 73, 81, 146, 223, 275*
Cheminade, Jacques *257*
China Cord Blood Corp *105*
Chine *2, 3, 52, 55, 99, 106, 117, 119, 124, 136, 160, 176, 179, 180, 181, 182, 186, 190, 246, 247, 277*
chômage *1, 2, 13, 14, 22, 23, 24, 27, 28, 29, 30, 34, 35, 36, 38, 51, 52, 58, 60, 100, 116, 117, 120, 124, 131, 184, 194, 195, 209, 210, 219, 220, 221, 222, 223, 245, 284*
Christensen, Lars *75*
Chrysler *125, 126, 188*
Citigroup *83, 86, 97, 156*
classe ouvrière *14, 16*
Clinton, Bill *67*
Comité de Bâle *82*

commerce
  commerce extérieur *12, 58,
    133, 135, 136, 137, 181, 219,
    277*
  commerce international *27,
    179, 180, 181, 186*
  commerce intraentreprise *180*
Commission européenne *113,
  119, 183, 275*
communisme *28, 173*
concurrence *34, 41, 42, 69, 115,
  116, 119, 125, 129, 161, 181, 260*
conditions sociales *14*
consommation *12, 13, 14, 27, 34,
  48, 53, 55, 60, 74, 133, 136, 204,
  205, 228, 229, 235, 237, 249, 283*
contexte économique *67*
contraction du crédit *24, 45, 92*
contrôle de la monnaie *36*
convertibilité-or *26, 48, 274*
Cordonnier, Laurent *197*
Corée du Sud *179, 277*
Coriat, Benjamin *251*
Countrywide *69*
courbe de Phillips *38*
crédit
  crédit à risque *69*
  Crédit agricole *72, 84*
  crédit bancaire *27*
  credit crunch *27, 79, 90, 91,
    92, 93*
  crédit hypothécaire *61, 69,
    70, 153*
  crédit immobilier *67, 84*
  Crédit mutuel *154*
crise
  crise agricole *21, 22*
  crise américaine *55, 64, 119,
    260*
  crise asiatique *77, 96, 189, 277*
  crise bancaire *24*
  crise boursière *24*
  crise brève *45*
  crise capitaliste *23, 27*
  crise de 1847 *23, 100*
  crise de 1873 *25*
  crise de 1882 *25*
  crise de 1907 *18, 25, 267*
  crise de 1929 *1, 14, 18, 21, 25,
    27, 28, 36, 38, 48, 51, 52, 53,
    59, 95, 124, 146, 148, 156,
    162, 165, 187, 194, 202, 215,
    219, 255, 267*
  crise de 1968 *18*
  crise de 1973 *16, 21, 28, 36,
    38, 39, 43, 52, 54*
  crise de 2007 *25, 47, 51, 52,
    55, 56, 115, 164, 264*
  crise de l'euro *1, 18, 107, 112,
    119, 260*
  crise de régulation *42*
  crise du keynésianisme *54*
  crise européenne *55, 119, 127*
  crise française *22, 60*
  crise française de *1787 22*
  crise industrielle *21, 24, 27*
  crise internationale *28*
  crise mixte *22, 100*
  crise politique *28*
  crise russe *96*
  crise sociale *24, 27*
croissance *1, 18, 24, 28, 31, 34,
  39, 40, 42, 53, 60, 67, 74, 76,
  108, 109, 110, 116, 117, 127, 129,
  130, 131, 134, 137, 170, 179, 187,
  195, 202, 206, 209, 210, 213, 215,
  216, 221, 235, 242, 246, 253, 259*
Cuba *246*
cycle *33, 44*
  cycle Juglar *42, 44, 45, 46,
    47, 48*
  cycle Kitchin *45*
  cycle Kondratiev *45*

D

Danske Bank 75
déficit 31, 43, 60, 112, 123, 129, 158, 189, 190, 193, 197, 198, 211, 214, 215, 216, 220
déficit commercial 31, 60, 116, 189
définanciarisation de l'économie 260
déflation 29, 38, 53, 56, 91, 92, 207, 214, 215, 216, 240, 244, 245
demande 22, 23, 30, 31, 32, 33, 34, 35, 37, 80, 99, 106, 157, 160, 177, 178, 187, 205, 222, 278
dépression 23, 44, 45, 46, 47, 203
déréglementation 36, 95, 171, 183, 189, 223
destruction créatrice 15, 40
détenteur de capitaux 23, 24, 125
dette 1, 2, 3, 52, 55, 58, 76, 89, 95, 102, 107, 108, 109, 110, 112, 113, 118, 185, 193, 204, 209, 210, 214, 215, 216, 217, 218, 219, 245, 246, 248, 254, 260, 275
    dette de l'État 60
    dette des États 1, 52, 95, 107
    dette française 108
    dette privée 55, 113, 254
    dette publique 55, 113, 118
Deutsche Bank 259
dévaluation 17, 30, 48, 120, 185
Dexia 72, 84, 85
Diamond, Bob 146
Dimitrijevic, Alexandra 121
dollar 26, 31, 43, 112, 181, 189, 215, 247
Draghi, Mario 102, 103, 158, 183

E

échanges
    échanges de capitaux 181
    échanges internationaux 176, 191
éclatement de la bulle 38, 89, 255
économie
    économie keynésienne 53
    économie mondiale 1, 27, 42, 79, 93, 189, 239, 247, 252, 260
effet
    effet de patrimoine 79, 124
    effet de rétroaction 14
effondrement du gold standard 26
Égypte 98
endettement 3, 55, 56, 64, 65, 66, 68, 69, 74, 77, 109, 115, 145, 146, 156, 213, 215, 224, 234, 252, 284
    endettement des banques 56
    endettement des États 57
    endettement des ménages 56, 77
Enron 82, 144, 154
épargne 12, 24, 65, 74, 86, 123, 133, 205, 206, 234, 252, 273, 277
Escande, Philippe 135
Espagne 2, 55, 56, 59, 76, 84, 89, 108, 113, 114, 117, 124, 128, 132, 133, 181, 185, 213, 232, 233, 245, 268, 274, 279
Estonie 246
étalon-or 26, 42, 48, 165, 203, 274
État providence 16, 42, 52, 54, 55, 193, 194, 196
États-Unis 1, 2, 7, 14, 17, 18, 25, 26, 27, 28, 31, 39, 41, 44, 48, 56,

61, 66, 74, 79, 83, 84, 85, 87, 108, 119, 124, 125, 127, 132, 136, 141, 151, 154, 173, 179, 180, 181, 182, 183, 186, 189, 190, 195, 198, 201, 202, 203, 206, 209, 211, 219, 221, 222, 223, 245, 246, 247, 254, 255, 258, 260, 274, 276, 277
euro *3, 49, 103, 107, 108, 111, 112, 114, 116, 118, 119, 120, 131, 133, 158, 165, 176, 181, 184, 185, 189, 190, 204, 220, 239, 243, 247, 276*
eurobonds *218, 219*
Europe *2, 18, 26, 27, 31, 40, 52, 58, 59, 85, 89, 104, 113, 114, 115, 118, 119, 127, 129, 130, 131, 134, 151, 154, 171, 175, 176, 179, 182, 183, 184, 190, 195, 196, 197, 198, 218, 219, 230, 232, 233, 243, 247, 254, 260, 279, 285*
expansion *18, 24, 40, 45, 47, 48, 91, 203*

F

Facebook *103, 105, 211, 266*
faillite *24, 52, 66, 82, 91, 101, 123, 152, 206, 217, 255, 264, 284*
Fama, Eugène *163*
Fannie Mae *69, 85, 157, 168*
fascisme *26*
Federal Reserve Bank, dite « Fed » *18, 38, 80, 124, 158, 202, 203, 206, 240, 241, 246, 253, 255, 276*
Fédération mécanique internationale (FMI) *5, 11, 85, 99, 107, 109, 110, 113, 117, 119, 168, 217, 276, 280*
Feldstein, Martin *202*
Fiat *126, 136, 188*
finance *1, 3, 15, 55, 73, 75, 77, 90, 95, 98, 105, 111, 140, 141,* 142, 144, 150, 151, 153, 155, 162, 164, 165, 166, 167, 183, 189, 190, 193, 223, 224, 241, 246, 251, 256, 260, 263, 277, 280, 285, 286
Fisher, Irving *37, 47, 215, 216, 252*
Fitch *72, 120, 273*
Flowers, J. Christopher *87*
flux économique *12, 35*
FMI (Fédération mécanique internationale) *5, 11, 85, 99, 107, 109, 110, 113, 117, 119, 168, 217, 276, 280*
fonds spéculatif *16*
Ford *125, 126*
Ford, Henry *26*
fordisme *16, 43*
Fornero, Elsa *130*
France *2, 17, 26, 41, 44, 55, 56, 57, 58, 59, 60, 61, 74, 76, 84, 85, 90, 108, 115, 117, 121, 124, 127, 128, 132, 134, 135, 136, 152, 172, 177, 179, 181, 183, 184, 186, 188, 195, 196, 198, 201, 209, 211, 212, 221, 222, 223, 231, 233, 234, 235, 236, 243, 257, 261, 275, 277, 279*
Freddie Mac *69, 85, 157, 168*
Freeman, Christopher *46*
Friedman, Milton *36, 37, 38, 47, 158, 165, 202, 203, 255, 258, 259, 277*
Friedman, Stephen *158*
Friedman, Thomas *76*
Frydman, Roman *164*
Fuld, Richard *87*

G

G20 *11, 186, 277*
Galbraith, John K. *24, 27, 48, 79, 104, 146, 156, 163, 166, 169, 173, 195, 239, 258, 263, 286*
Gates, Bill *143, 212*

General Motors *125, 126*
GIC *86*
globalisation *95, 189, 206, 211*
GM *125*
Goldberg, Michael *164*
Goldman Sachs *69, 87, 88, 129, 156, 157, 158, 169, 241*
Goldsmith, Jimmy *263*
Google *103, 211*
Gorz, André *19*
Grande Crise *26*
Grande Dépression *23, 57, 156, 255*
Grande-Bretagne *44, 83, 181*
Gréau, Jean-Luc *93*
Grèce *2, 3, 55, 59, 76, 88, 89, 108, 110, 112, 113, 114, 115, 116, 118, 127, 128, 129, 132, 158, 184, 185, 213, 216, 217, 232, 233, 236, 268, 276*
Greenspan, Alan *148, 165, 169, 202, 240, 253, 255*
Grignon, Paul *257*
Guitton, Henri *194*
Gupta, Rajat *241*

H

Haïti *98*
Hartz, Peter *223*
hausse
　hausse des prix *22, 23, 37, 45, 46, 48, 67, 99, 214*
　hausse des taux d'intérêt *48, 109*
Hawtrey *47, 204*
Hayek, Friederich August von *37, 204, 205, 206, 258, 259*
hedge funds *72, 81*
Hessel, Stéphane *173*
Hicks, John *172*
Hitler, Adolf *257*

Hollande *211*
Hollande, François *57, 58, 59, 129, 213*
Hong Kong *179*
hot money *77, 100*
HSBC *85*
HST *104, 105*
Hudson, Richard L. *150, 151*

I

implosion du crédit *27*
Inde *2, 55, 98, 179, 180, 186, 246, 277*
IndyMac *69*
inflation *1, 17, 26, 29, 30, 36, 38, 48, 53, 56, 60, 92, 106, 195, 206, 210, 214, 216*
innovation *33, 39, 40, 41, 43, 47, 67, 91, 155, 166, 169, 248, 263*
innovation technique *66, 95*
instituts de crédit *69*
internationalisation *27, 43*
intervention de l'État *42, 168, 193, 202, 219*
investissement *12, 14, 24, 34, 48, 71, 86, 126, 133, 146, 157, 194, 197, 204, 205, 206, 231, 252, 259, 264, 276, 277, 279*
Irlande *2, 55, 61, 75, 76, 108, 115, 116, 124, 128, 133, 211, 245*
Islande *55, 75, 128, 216, 217, 285*
isolationnisme *26*
Italie *2, 26, 29, 55, 56, 58, 59, 76, 84, 89, 108, 110, 111, 113, 114, 115, 117, 118, 121, 128, 129, 130, 132, 136, 181, 185, 195, 196, 211, 213, 216, 232, 233, 234, 254, 268, 277, 279*
iTunes *103, 211*

Index

J

Japon *31, 74, 77, 87, 108, 179, 180, 181, 190, 207, 246, 277*
Jean Paul II *254*
Jobs, Steve *182*
Jorion, Paul *146, 148, 260, 261, 286*
JPMorgan Chase *86*
Juglar, Clément *44, 252*
Juncker, Jean-Claude *183, 218*
junk bonds *69, 73, 113, 265*

K

Kahneman, Daniel *164*
Kaupthing *75*
Kennedy, Joseph *267*
Kerviel, Jérôme *7, 167, 239, 241, 243, 244, 273, 279*
Keynes, John Maynard *26, 34, 35, 39, 40, 48, 54, 151, 162, 163, 166, 169, 204, 207, 214, 282, 283*
keynésianisme *58, 60, 195*
Klein, Naomi *258*
Knight Capital Group *105*
Köhler, Horst *168*
Kornai, Janos *31, 200*
krach boursier *1, 24, 27, 29, 51, 77, 91, 95, 96, 99, 105, 157, 189, 233, 247, 253, 255, 264, 267*
Krugman, Paul *28, 109, 171, 172, 180, 207, 253, 286*
Kydland, Finn *203*

L

Labrousse, Ernest *21*
Ladreit de Lacharrière, Marc *120*
Laffer, Arthur *198*
LaRouche, Lyndon *257*
LBO (*Leverage Buy Out*) *73, 81, 277*
LCR (*Liquidity Coverage Ratio*) *83*
Leeson, Nick *82, 146, 167*
Lehman Brothers *69, 83, 85, 87, 88, 96*
Lenihan, Brian *115*
Lewis, Ken *87*
libéralisation *57, 128, 253, 284*
libéralisme *36, 37, 54, 58, 74, 183, 198, 202, 259, 277*
Libor (London Interbank Offered Rate) *147*
libre-échange *42, 43, 175, 176, 180, 182, 186, 187, 188*
Libye *245*
Lloyds TSB *85*
Lordon, Frédéric *251, 279*
Lorenzi, Jean-Hervé *189*
Lucas, Robert *163*
Luxembourg *85*
Lynch, Merrill *83, 86, 87*

M

macroéconomie *35, 171*
Madoff, Bernard *86, 144, 146, 241, 263, 268*
Madrick, Jeff *143*
mafia *26, 118*
Malthus, Thomas *34*
Mandelbrot, Benoît *150, 151*
Manet, Édouard *57*
Manning, Robert D. *66*
marché *159, 160, 161*
    marché du travail *12, 60, 120, 128, 130, 133, 135, 221, 222*
    marché financier *24, 95, 96, 100, 105, 125, 150, 159, 161, 162, 163, 164, 166, 167, 189,*

196, 241, 256, 263, 264, 269, 273, 277, 279
Maris, Bernard 146, 172, 261
Markowitz, Harry 149
Marx, Karl 34
masse monétaire 26, 37, 41, 47, 48, 92, 202, 203, 205, 206, 215
MEA (modèle de l'évaluation par arbitrage) 149
Mélenchon, Jean-Luc 252
Menger, Carl 259
Mensch, Gerhard 47
Merkel, Angela 58, 111, 129, 130, 131, 132, 213, 218
Merton, Robert 263
Microsoft 103
Milken, Michael 69, 73, 263
Minsky, Hyman 145, 239
Mises, Ludwig von 144
Mistral, Jacques 65
Mitsubishi 86
Mitterrand, François 57, 58, 60
mode
  mode de création de richesses 15
  mode de production 16
modèle de l'évaluation par arbitrage (MEA) 149
mondialisation 16, 54, 76, 175, 176, 182, 188, 189, 197, 198
monnaie 3, 12, 13, 17, 24, 26, 33, 37, 38, 41, 43, 47, 48, 49, 91, 92, 111, 112, 120, 160, 176, 181, 184, 194, 201, 204, 205, 210, 215, 217, 230, 252, 258, 259, 274
monnaie fiduciaire 48
Monnet, Jean 183
monolines 71, 72, 278
Monti, Mario 111, 121, 129, 130, 131, 158, 213
Moody's 72, 120, 273
Mundell, Robert 119
mutations sociales 66
Muth, John 163

N

Nardelli, Bob 125
Nasdaq 105
Natixis 72, 97
Net-économie 96, 189, 253
neuroéconomie 165
niches 198, 199, 211, 212
Northern Rock 83, 85, 274
Nouvelle-Zélande 245
NSFR (Net Stable Funding Ratio) 83

O

Obama, Barack 125, 126, 158, 182, 224, 247, 257
obligations à haut rendement (OHR) 73
OCDE (Organisation pour la coopération et le développement économique) 82, 117, 221, 278
offre 31, 32, 37, 80, 160, 178, 200, 205, 222, 278
OHR (obligations à haut rendement) 73
OMC 179, 181, 186
Ordonneau, Pascal 147
Orléan, André 166, 251, 286

P

Papandréou, George 112, 114, 128, 241
paradis fiscaux 211, 224
Pastré, Olivier 167
Paulson, Henry 87, 156, 169
pauvreté 236
pays surendettés 48

Pays-Bas *134*, *217*
Pébereau, Michel *154*
pesanteur *43*
Pétain, Philippe *25*
Peugeot *136*, *187*
Pfimlin, Étienne *154*
phase d'expansion *45*
Philippines *98*
PIB *74*, *75*, *76*, *107*, *108*, *109*, *110*, *115*, *118*, *127*, *129*, *132*, *223*, *246*, *276*
Pigs *107*, *119*, *127*, *129*, *134*, *136*, *185*
Pissarides, Christopher *221*
plan
  plan Marshall *190*
  plan Paulson *85*, *96*
Polanyi, Karl *173*
politique
  politique inflationniste *245*
  politique monétaire *23*, *38*, *111*, *165*, *193*, *197*, *201*, *202*, *203*, *204*, *206*
Pompidou, Georges *18*
Portugal *76*, *110*, *113*, *114*, *116*, *117*, *118*, *128*, *132*, *181*, *185*, *236*, *268*
pouvoir d'achat *22*, *32*, *91*, *116*, *119*, *190*, *229*, *245*
précarité *44*, *52*, *117*, *133*, *221*, *223*
Prescott, Edward *203*
principe de l'IAA (irréversibilité des avantages acquis) *43*
production *4*, *12*, *15*, *16*, *22*, *23*, *27*, *30*, *31*, *32*, *37*, *40*, *41*, *42*, *43*, *44*, *45*, *46*, *48*, *55*, *91*, *92*, *99*, *106*, *125*, *135*, *157*, *164*, *176*, *177*, *180*, *182*, *187*, *190*, *204*, *205*, *210*, *230*, *235*, *245*, *260*
production de masse *25*
productivité *30*, *117*, *205*

profit *31*, *32*, *40*, *42*, *75*, *104*, *143*, *147*, *165*, *190*, *205*, *211*, *215*, *254*, *259*, *265*, *276*
protectionnisme *27*, *28*, *44*, *186*, *187*, *188*
Proudhon, Pierre Joseph *90*
puissance mondiale *25*, *79*, *160*
pyramide de Ponzi *145*

R

racisme *26*
Rajoy, Mariano *89*, *111*
Ramaux, Christophe *251*
rapport salarial *41*, *42*, *44*
ratio McDonough *82*
rationalité du marché *161*, *162*
Reagan, Ronald *31*, *38*, *52*, *53*, *142*, *193*, *196*, *198*
récession *1*, *28*, *29*, *40*, *45*, *47*, *51*, *108*, *109*, *114*, *115*, *116*, *123*, *124*, *127*, *129*, *131*, *205*, *216*, *242*
réforme fiscale *212*
régulation
  régulation concurrentielle *42*, *43*
  régulation monopoliste internationale *42*
rehausseurs de crédits *278*
Reinhart, Carmen *109*
remontée de la filière *178*
restructuration *40*, *125*, *210*, *217*
révolution industrielle *12*, *21*, *22*, *46*
Ricardo, David *34*, *177*
rigueur *2*, *49*, *57*, *61*, *111*, *113*, *115*, *117*, *119*, *123*, *124*, *127*, *128*, *130*, *131*, *132*, *183*, *184*, *209*, *210*, *213*, *214*, *215*, *216*, *217*, *219*, *236*, *247*, *251*
RMBS (*Residential Mortgage Backed Securities*) *70*

Robbins, Lionel 219
Rogoff, Kenneth 109
rôle de l'État 36, 42, 44, 109, 170, 206
Romer, Paul 145
Romney, Mitt 125
Roosevelt, Franklin D. 28, 36, 69
Roubini, Nouriel 239
Royaume-Uni 2, 26, 29, 55, 61, 74, 85, 108, 128, 179, 186, 195, 196, 217, 222, 223, 246, 274, 277
Russie 13, 98, 108, 186, 217, 246, 277

S

Samuelson, Paul 30, 148, 180, 195
Santos, Laurie R. 165
Sarkozy, Nicolas 57, 111, 128, 129, 134, 189, 199, 213, 224, 225, 241, 242, 280
Scholes, Myron 263
Schuman, Robert 183
Schumpeter, Joseph 39, 41, 44, 45, 46, 47, 91, 155
SEC 158, 168, 224, 279
Sharpe, William F. 149
Shiller, Robert 145, 148, 155, 165, 166, 239
Singapour 86, 179
Sismondi, Jean Charles Léonard de 34
Smets, Frank 165
SMI (Système monétaire international) 26, 43
Smith, Adam 34, 36, 176, 191, 269
socialisme 31, 32, 39, 90
société de consommation 18
Socrates, José 117, 128
Sombart, Werner 47

Soros, George 267
sous-consommation 33, 35, 53
spéculation 23, 27, 51, 68, 95, 98, 99, 100, 145, 148, 157, 162, 203, 252, 278, 279
sphère économique 14, 15
spread 111, 117, 129, 233, 269, 279
SPV (Special Purpose Vehicle) 70
Standard & Poor's 72, 113, 119, 120, 121, 132, 273
Stanley, Morgan 83, 84, 86
Steinbrück, Peer 143
Sterdyniak, Henri 112, 251
Stiglitz, Joseph 120, 153, 167, 172, 242, 269
stock d'or 26
Strauss-Kahn, Dominique 99
structure sociale 16
subprimes 68, 81, 84, 96, 98, 99, 121, 146, 154, 155, 158, 162, 165, 189, 240, 259, 273, 274, 275, 278, 280, 284, 286
subprimes titrisés 72
Suède 136, 246
suicide 233
Suisse 84, 86
surendettement 215, 248
surinvestissement 13, 206
surproduction 35
Sylvestre, Jean-Marc 172
Syrie 246
Système monétaire international (SMI) 26, 43

T

Taibbi, Matt 156, 158
Taïwan 179
Taleb, Nassim Nicholas 148
Tarp (Troubled Asset Relief Program) 85

taux
   taux d'endettement *65, 74*
   taux d'épargne *65*
   taux d'escompte *23, 24*
   taux d'inflation *29, 214*
   taux d'intérêt *48, 67, 73, 80, 89, 92, 102, 110, 111, 118, 147, 197, 205, 206, 207, 231, 246, 255, 259, 265, 279, 283*
   taux d'intérêt du marché *205*
   taux d'intérêt naturel *205, 206*
   taux de croissance *28, 55, 83, 91, 110*
taxe Tobin *58, 224*
taylorisme *15*
Temasek *86*
Thaïlande *100, 179*
Thain, John *87, 156*
Thatcher, Margaret *38, 53, 74, 173, 196*
théorie
   théorie de la défaillance des marchés par l'information imparfaite *167*
   théorie dite « des bulles rationnelles » *164*
   théorie du chômage d'équilibre *221*
titrisation *68, 69, 70, 71, 80, 81, 97, 148, 152, 189, 265, 278, 280*
Todd, Emmanuel *187*
Tourre, Fabrice *158*
trappe à liquidité *207*
Tremonti, Giulio *84, 99, 146, 218*
trésorerie *23, 27*
Turner, Adair *224*
TVA *113, 128, 130, 133, 210, 212*

U

UBS *84, 86, 105*
Ukraine *98, 108, 186*
Union européenne *76, 83, 85, 101, 108, 111, 113, 114, 116, 117, 118, 131, 175, 183, 184, 185, 197, 218, 219, 220, 224, 246, 277, 280*
URSS *26, 31*

V

vague spéculative *24*
valeur des monnaies *26*
Vatican *251, 254*
Veblen, Thorstein *25*
Vietnam *31, 179*

W

Wagoner, Rick *125*
WaMu *69, 86*
Watson, Mark *164*
Weber, Max *14, 142, 143*
Wells Fargo *69*
Wilthagen, Ton *222*
Wolf, Martin *169*
WorldCom *82, 154*
Wouters, Raf *165*

Z

Zapatero, José Luis Rodriguez *128, 241*

Achevé d'imprimer en octobre 2012
N° d'impression 1209.0323
Dépôt légal, octobre 2012
Imprimé en France